MARILEE ZDENEK

DIE ENTDECKUNG DES RECHTEN GEHIRNS

MARILEE ZDENEK

DIE ENTDECKUNG DES RECHTEN GEHIRNS

Illustrationen: Hal Fletcher, Jr.
Aus dem Amerikanischen übersetzt von
Wolfgang Rössing und Matthias Dehne
Redaktion: Ute Sczech
Herstellung:
Claus Magiera (Berlin) - Katarina Bohm (Frankfurt)
Druck: Nexus Verlag Frankfurt
Bindearbeiten: Lüderitz & Bauer Berlin
Satz: Marion Hembach und das Team von City Satz Berlin
Gesetzt in der Garamond von ITC
auf Apple Macintosh SE und II
Titelsatz: Nagel Fototype Berlin

CIP-Titelaufnahme der Deutschen Bibliothek

Zdenek, Marilee:
Die Entdeckung des rechten Gehirns : d. kreative Prozess ;
d. persönl. Programm zur Befreiung d. schöpfer. Kräfte /
Marilee Zdenek. [Ill.Hal Fletcher. Aus d. Amerikan. übers.
von Wolfgang Rössing und Matthias Dehne].
Berlin : Synchron Verl., 1988
(Reihe Mind)
Einheitssacht.: The right-brain experience <dt.>
ISBN 3-88911-014-2

Die Übungen dieses Buches beruhen auf langjährigen Erfahrungen und sind sorgfältig ausgewählt und erprobt. Sie verfolgen jedoch keine therapeutische Zielsetzung und sollten **nicht** von Personen durchgeführt werden, die emotional überlastet sind. Wer eine psychotherapeutische Behandlung unternommen hat oder sich in ihr befindet, sollte seinen Therapeuten vor Beginn des Übungsprogramms konsultieren.

MARILEE ZDENEK

DIE ENTDECKUNG DES RECHTEN GEHIRNS

- DER KREATIVE PROZESS -

DAS PERSÖNLICHE
PROGRAMM
ZUR BEFREIUNG
DER
SCHÖPFERISCHEN
KRÄFTE

SYNCHRON VERLAG BERLIN

Das englische Wort

MIND

hat übersetzt so unterschiedliche Bedeutungen wie:

Geist	Verstand
Seele	Absicht
Gedächtnis	Wille
Gemüt	Kopf
Meinung	Gedanke
Geschmack	Erinnerung

Keine dieser deutschen Vokabeln erfaßt jedoch die vollständige Bedeutung des englischen *mind*. Der Gehalt dieses Wortes ist so komplex, daß man sich ihm fast immer nur durch die Verwendung mehrerer deutscher Wörter annähern könnte. Um eine Reduktion des Bedeutungsgehaltes zu vermeiden, haben wir uns daher entschieden, Mind unübersetzt zu übernehmen.

Diese sprachlichen Überlegungen stehen in einem besonderen Zusammenhang mit dem Inhalt des vorliegenden Buches. Dem Leser wird dies deutlich, wenn er sich veranschaulicht, daß es in der Regel die linke Gehirnhälfte ist, die sprachlich zergliedert und differenziert - bis sie "den Wald vor lauter Bäumen nicht sieht". Mit der rechten Hemisphäre denken wir hingegen ganzheitlich und in Zusammenhängen.

So haben uns vor allem auch die Beschäftigung mit den Möglichkeiten der rechten Gehirnhälfte und damit die Betonung einer ganzheitlichen Betrachtungsweise bewogen, Mind als neues Wort in dieses Buch und ebenso in die anderen Bücher dieser Reihe aufzunehmen. Mind ist assoziativ weniger belastet als *Geist, Seele, Verstand, Kopf* und mag daher - das ist unsere Hoffnung - den, der sich auf den Weg begeben hat, in sich selbst Neues zu entdecken, von überflüssigem Reisegepäck entlasten.

Es ist gesagt worden, daß der Mensch mit der wissenschaftlichen Untersuchung seines Gehirns während der letzten Jahrzehnte begonnen habe, den letzten unbekannten Kontinent dieser Erde zu erforschen. An diesem Bild ist viel Wahres. Wenn unsere Bücher unter anderem die Aufgabe von Reiseführern auf diesen Entdeckungsreisen wahrnehmen, so schließt dies die Verantwortung ein, im Umgang mit unserem Mind zu Achtsamkeit und Behutsamkeit anzuhalten. So sicher wie hier die größten Schätze entdeckt werden können, so gewiß verlockt auch dieses Neuland zu Ausbeutung und Mißbrauch.

Jede dogmatische Einseitigkeit, das oberflächliche Stilisieren einer neuen Mode oder der unbedachte Umgang mit Teilerkenntnissen könnten nachhaltige Schäden anrichten.

Bei der Entdeckung des rechten Gehirns geht es um etwas sehr Kostbares, Flüchtiges, Einzigartiges: Um das Schöpferische im Menschen, die bewußte Gestaltung der Zukunft.

Mit der Reihe MIND möchten wir dazu beitragen, ein ganzheitliches Denken zu fördern. Unsere Autoren laden zur Entdeckung des rechten Gehirns ein, weil es in unserer linkshirn-dominierten Welt oft zu wenig Beachtung findet. Keineswegs soll das dazu führen, das Training des linken Gehirns zu vernachlässigen oder gar zu verteufeln. Es geht um die Balance, das Gleichgewicht, und vor allem darum, mit beiden Seiten bewußt umgehen zu lernen; sich nicht länger von dem einen oder dem anderen Modus unseres Gehirns dominieren zu lassen, sondern eine neue Freiheit auf höherer Ebene zu gewinnen.

SYNCHRON VERLAG

Danksagungen

Die Entstehung dieses Buches ist einer Anregung von Robert Kirsch zu verdanken, die Beziehung zwischen der Stimulierung des rechten Gehirns und dem kreativen Prozeß zu untersuchen. Jahre später legten mir Barbara Goldsmith, Frank Perry und Paula Nelson nahe, meine Untersuchungen zu einem Buch zusammenzufassen. Ich bin jedem von ihnen für ihre Ermutigungen und Unterstützung aus tiefsten Herzen dankbar.

Ich bedanke mich bei meinem Agenten Don Congdon für seine Begeisterung über das Konzept und seinen entscheidenden Vorschlag für die Erweiterung der endgültigen Fassung. Ebenso danke ich meiner Herausgeberin Lou Aschworth für ihre sachkundigen Ratschläge, die mir sehr geholfen haben.

Die im folgenden genannten Mediziner und Wissenschafler haben viel Zeit und Sachkunde investiert, um das Buch während seines Entstehungsprozesses zu lesen und mit wertvollen Beiträgen zu bereichern. Ich bin ihnen für ihre Hilfe und Unterstützung sehr dankbar.

Klaus D. Hoppe, M.D., Psychoanalytiker, ließ sein Wissen aus jahrelanger Arbeit mit split-brain-Patienten einfließen und stellte wichtige medizinische Unterlagen zur Verfügung, die für das Gelingen des Buches einen erheblichen Beitrag leisteten.

Bruce W. Christianson, M.D., Psychiater, förderte mein Verständnis von den inneren Prozessen bei Phantasie-Reisen und von ihrem Einfluß, den sie auf die Kreativität haben. In vielen schwierigen Phasen der Arbeit war mir seine Hilfe unverzichtbar.

Stanley J. Leiken, M.D., Psychoanalytiker, sensibilisierte mein Bewußtsein für die Bedeutung von Träumen und freien Assoziationen bei der Vermittllung von wichtigen Botschaften unseres Unbewußten; seine Unterstützung war für meine Arbeit an dem Buch ein wichtiger Faktor.
James S. Grotstein, M.D., Psychoanalytiker, bestätigte mich ebenfalls darin, die Vorstellungskraft mit bestimmten Übungen zur Stimulierung der Kreativität einzusetzen.
John R.F. Penido, M.D., Brustchirurg versorgte uns stets mit faszinierenden Aufsätzen und aufmunternden Worten.
Mein Schwiegersohn, Gene W. Zdenek, M.D., Augenchirurg, gab mir hilfreich Ratschläge und scharfsinnige, kenntnisreiche Kommentare.

Jay Myers, der zur Zeit mit split-brain-Untersuchungen am *Cal Tech* beschäftigt ist, war für uns eine unschätzbar wertvolle Informationsquelle; seine Mitwirkung während des Schreibprozesses war ein großes Glück.

Meinen tiefsten Dank richte ich an meinen Ehemann, Albert N. Zdenek, M.D., Allgemeinmediziner, für seine medizinischen Kommentare und ständigen Ermunterungen.

Ebenso bin ich all jenen zu Dank verpflichtet, die bereit waren, ein Interview mit mir zu machen, und jenen Studenten und Patienten, die an den Tests zu den Übungen mit dem rechten Gehirn beteiligt waren.

Hal Fletcher, Jr. stellte das graphische Design für die Mandalas und die Zeichnungen zur Verfügung. Für die stete Unterstützung von Tamara Fletcher danke ich herzlich. Amy Louise Shapiro war die erste Leserin des Buches; ihr sensibles Verständnis war für das Buch ein ausschlaggebender Beitrag. Die Ratschläge von Perla Earle waren ebenfalls immer hilfreich. Meine Tochter Gina stand mir während vieler langer Tage und Nächte als meine Sektretärin zur Seite, nicht nur um die tägliche Arbeitsergebnisse in den Computer einzugeben, sondern auch um mir mit vielen wertvollen Ratschlägen die Arbeit zu erleichtern.

INHALT

TEIL III

IHR PERSÖNLICHES ÜBUNGSPROGRAMM

Einleitung:

Jedes der obenstehenden Kapitel enthält die unten genannten elf Übungsabschnitte. Die größtmögliche Wirkung erreichen die Übungen dann, wenn man sie in chronologischer
Reihenfolge durchgeht.

Übungsgruppe 1   Überlisten der linken Gehirnhälfte
Übungsgruppe 2   Biofeedback-Training
Übungsgruppe 3   Phantasie-Reise
Übungsgruppe 4   Erinnerungsstücke
Übungsgruppe 5   Schreiben mit der "anderen" Hand
Übungsgruppe 6   Die Stimulierung der Sinne
Übungsgruppe 7   Phantasieren
Übungsgruppe 8   Traumarbeit
Übungsgruppe 9   Freies Assoziieren
Übungsgruppe 10   Geschenke der rechten Gehirnhälfte
Übungsgruppe 11   Affirmationen

Einführung

Die Kreativität und ihre Beziehung zur rechten Hemisphäre unseres Gehirns ist ein recht fesselndes Thema, und dies nicht allein für den Wissenschaftler oder Forscher. Es ist für alle interessant, die gern lernen möchten, wie sie die Kräfte ihrer Phantasie wirkungsvoll anregen können. Ich selbst bin Psychologe und Psychiater, und ich beschäftige mich vor allem mit der Erforschung der rechten Hälfte des Großhirns. Als solcher bin ich beeindruckt von dem Übungsprogramm, das Marilee Zdenek zur Förderung unserer Kreativität erstellt hat. Dieses Übungsprogramm basiert auf wesentlichen wissenschaftlichen Erkenntnissen.

Die neurophysiologischen Entdeckungen von Roger Sperry, Joseph Bogen und Michael Gazzaniga haben gezeigt, daß die beiden Hälften des Großhirns Informationen auf ganz unterschiedliche Art und Weise verarbeiten und jeweils über ihre eigenen speziellen Wirkungsbereiche verfügen. Diese Entdeckungen haben den Anstoß zu vielfältigen experimentellen und klinischen Forschungen geliefert.

Die operative Durchtrennung der Verbindung zwischen den beiden Großhirnhälften hat die separate Beobachtung und Untersuchung der Hemisphären ermöglicht. Dabei zeigte sich, daß die linke Hemisphäre auf verbales, logisches und lineares Denken spezialisiert ist und den Wald sozusagen vor lauter Bäumen nicht sehen kann. Die rechte Hemisphäre hingegen ist auf ganzheitliche, visuelle und räumliche Wahrnehmung spezialisiert: Sie nimmt den ganzen Wald sinnlich wahr. In ihr werden Details, die zueinander gehören, als *Gestalt* erkannt und können somit von anderen

Einzelwahrnehmungen als Ganzes unterschieden werden. Zusätzlich werden uns durch die rechte Gehirnhälfte unsere Gefühle vermittelt, es ist die Seite, die eine *affektive* Sprache spricht.

In den siebziger Jahren durfte ich ein seltenes Forscherprivileg genießen: Dr. Bogen machte mich mit zwölf Patienten bekannt, deren Großhirnhälften operativ voneinander getrennt worden waren. Mit diesen zwölf Patienten und ihren Verwandten habe ich in den letzten zehn Jahren gearbeitet und sie psychiatrisch untersucht. Dabei konnte ich entdecken, daß Menschen mit voneinander isolierten Großhirnhälften sich nur selten an Träume erinnern oder Phantasien entwickeln; waren sie ausnahmsweise doch einmal dazu in der Lage, so erwiesen sich ihre Träume und Phantasien als wenig bildhaft, starr, in reinem Nützlichkeitsdenken und der Wirklichkeit verhaftet. Zusammen mit Joseph Bogen stellte ich fest, daß sie weder ihre Gefühle verbalisieren noch phantasievolle Gedanken zum Ausdruck bringen konnten.

Diese klinischen Daten stützen J.E. und B.M. Bogens Entdeckung, wonach eine Unterbrechung des Informationsaustausches zwischen den beiden Hälften des Großhirns einen Kreativitätsschwund herbeiführt. Insbesondere der künstlerische Mensch muß zur "anderen Seite des Gehirns" (d.h. zur rechten Hemisphäre) Zugang haben.

Marilee Zdenek vermittelt diese wissenschaftlichen Entdeckungen in einer besonderen Sprache, reich an Intuition und Poesie. In ihrem Buch *Die Entdeckung des rechten Gehirns* vertieft sie das Verständnis für unser eigenes Potential, das uns insbesondere in unserer rechten Hemisphäre zur Verfügung steht.

Ihre Gespräche mit besonders kreativen Menschen offenbaren ein subtiles Einfühlungsvermögen, das wir leider viel zu oft in unserer täglichen psychiatrischen und psychotherapeutischen Praxis nicht aufbringen, die doch eigentlich eine Verbindung von Wissenschaft und Kunst sein sollte. Marilee Zdeneks Sechs-Tage-Programm verschmelzt alte Meditationsformen mit modernen Entspannungs- und Imaginationstechniken. Sie greift auf Einsichten von Freud, Jung und Winnicott zurück, sowie auf die Entdeckungen moderner Psychologen wie etwa Erik Erikson.

Intuition und Begeisterung der Autorin stecken ihre Leser und Leserinnen an, die so an eine Begegnung und Erfahrung mit den eigenen kreativen Möglichkeiten herangeführt werden. Im Verlaufe dieses Prozesses befreien wir uns von der überkritischen Stimme unseres Wach-Bewußtseins, das sich gewöhnlich im logischen und sequentiellen Stil der linken Hemisphäre äußert. Stattdessen stimulieren wir die rechte Gehirnhälfte und erwecken damit Phantasie und Vorstellungskraft zum Leben, das wir sonst häufig nur den Träumen überlassen.

Marilee Zdeneks Optimismus stärkt unsere Selbstachtung. Ihr Buch scheint mir deswegen ein hilfreiches Gegengewicht zu der täglichen Konfrontation mit dem Elend und der Niedergeschlagenheit in unserer Welt zu sein, die ein Psychoanalytiker bei seiner Arbeit ja ganz besonders deutlich erfährt. *Die Entdeckung des rechten Gehirns* fördert im Leser die Fähigkeit, das Dasein als einen "Wald von Zeichen und Symbolen" zu erfahren, wie Baudelaire es einmal ausdrückte, das Leben als eine Reise unendlicher Selbstentdeckung und kreativer Verwirklichung.

Klaus D. Hoppe, MD, PhD.
Außerordentlicher Professor für klinische Psychiatrie der University of California, Los Angeles;
Leiter für medizinische Forschung und Fortbildung an der Hacker Klinik

Teil I

Die Kräfte des Mind

1

Eine Einladung

Folgendes spielte sich vor sehr vielen Jahren in Rom ab: Ein barfüßiger Junge saß auf einer hohen Mauer und beobachtete einen Mann unter sich. "Werter Herr", rief er, "warum meißelt Ihr an diesem Stein herum?" Michelangelo sah zu ihm auf und erwiderte: "Weil ein Engel in ihm gefangen ist, mein Junge, der gerne heraus möchte."

In der Tat eine ungewöhnliche Vorstellung vom Wesen des schöpferischen Aktes. Ungewöhnlich, weil wir unter Kreativität fast ausschließlich den bewußten und willentlichen Ausdruck von Ideen verstehen, die wir selbst so gut es geht entworfen und im voraus strukturiert haben. Michelangelo sah es offensichtlich anders. Zur Schöpfung einer Skulptur gehörte in seinen Augen eine ganz andere Einstellung: Er würde den Felsen so lange behauen, bis der darin gefangene Engel in Form eines vollendeten Kunstwerks endlich befreit wäre.

Die Entdeckung des rechten Gehirns will für Sie und Ihre Kreativität das leisten, was eben diese Einstellung für Michelangelo und seinen Engel geleistet hat. Ihr "Engel" oder Mind muß nicht unbedingt genauso einmalig wie der von Michelangelo sein; auf jeden Fall aber stehen auch uns geeignete Werkzeuge zur Verfügung, mit denen wir unsere verhärtete Einstellung zum schöpferischen Akt wegmeißeln können. Wir können den Engel befreien. Ob wir es tun oder nicht, liegt an uns selbst.

Die meisten Menschen möchten gern kreativer sein. Viele glauben, daß Schriftsteller, Maler, Musiker, Designer und andere künstlerisch Begabte ein Monopol auf die Kreativität besäßen. Dies ist eine begrenzende Annahme. In jedem von uns steckt ein Künstler. Vorstellungskraft und Erkenntnisfähigkeit schlummern in den Tiefen unseres Minds. Oft nehmen wir sie nicht einmal wahr. Häufig schenken wir ihnen keine nähere Beachtung.

An diesem Punkt setzt unser Buch an. Es will Ihren Ideenreichtum und Ihre schöpferischen Aktivitäten voll zur Entfaltung bringen. Indem Sie mit den umfassenden Einsichten in Berührung kommen, die tief in den Schatzkammern Ihrer rechten Hemisphäre ruhen, werden Sie außerdem Ihre Fähigkeit entdecken, komplexe Probleme viel leichter als bisher bewältigen zu können.

Für etwa fünfundneunzig Prozent der Bevölkerung ist die linke Gehirnhälfte die Hemisphäre des sprachlichen Ausdrucks. Sie geht logisch und analytisch vor. Hingegen zeigt sie sich für Imagination und intuitive Einsichten wenig begabt. Dies sind nach Ansicht vieler Gehirnforscher vielmehr Eigenheiten der rechten Gehirnhälfte.

Unsere Gesellschaft mißt den logischen, linearen Fähigkeiten der linken Hälfte des Gehirns großen Wert bei. Die eher intuitiven und künstlerischen Begabungen der rechten Hemisphäre werden dagegen grob vernachlässigt. In der großen Mehrheit der erwachsenen Bevölkerung sind die Phantasie und Vorstellungskraft des rechten Gehirns so gut wie verkümmert. Dennoch ist es durchaus möglich, die

4

latenten Fähigkeiten der rechten Gehirnhälfte durch besondere geistige Übungen zu entwickeln.

Meine Bekanntschaft mit den Kräften des rechten Gehirns verdanke ich meinem Freund Robert Kirsch, der viele Jahre bei der *Los Angeles Times* als Literaturkritiker tätig war. Robert Kirsch hatte für sich eine Reihe von imaginationsfördernden Techniken entwickelt, um seine an sich schon sehr produktive Arbeit noch weiter zu verbessern, und schlug mir vor, ich solle doch ebenfalls einmal mit diesen Übungen experimentieren. Ehrlich gesagt war ich anfänglich recht reserviert. Ich wollte meine Zeit nicht an Übungen verschwenden, die mir zu leicht und zu unterhaltsam erschienen, um meine Arbeit ernstlich beeinflussen zu können. Immerhin war ich neugierig und machte deswegen die Probe aufs Exempel. Zu meiner eigenen Überraschung zeigten einige seiner Vorschläge eine außerordentlich positive Wirkung. Die Ergebnisse faszinierten mich, und so begann ich, seine Übungsanweisungen zu modifizieren und zu einem regelrechten Übungsprogramm zur Stimulierung der rechten Gehirnhälfte auszubauen.

Ich hatte schon seit 1970 Workshops über verschiedene Aspekte der Kreativität geleitet. Als ich dann jedoch eine ganze Übungsreihe zur Belebung der rechten Gehirnhälfte entwickelte und in meinem Seminar präsentierte, konnte ich die tiefgreifende Wirkung beobachten, die diese Übungen in den Teilnehmern auslösten. An diesem Geschehen beeindruckte mich besonders, daß es so unmittelbar war. Ermüdende gedankliche Sperren wichen phantasiebeflügelten neuen Vorstellungen. Ich sah "Engel" hervortreten, wo vorher nur harter Stein gewesen war.

Die Übungen, die ich zur Belebung der rechten Gehirnhälfte vorstellen werde, haben mehrere Quellen. Einige sind viele tausend Jahre alt und gehen auf verschiedene Meditations- und Yoga-Formen zurück. Andere verdanken ihre Existenz den Anregungen, die Psychologen, Psychiater und Biofeedback-Experten mir gaben. Wieder andere beruhen auf den ursprünglichen Vorschlägen von Robert Kirsch. Viele habe ich speziell für das hier vorliegende Übungsprogramm entworfen.

Drei Fragen

In allen meinen Seminaren erwarten die Teilnehmer Antworten auf diese drei Fragen:

1. Was ist die wissenschaftliche Grundlage für *Die Entdeckung des rechten Gehirns*?

2. Mit welchen Übungen und Techniken aktivieren erfolgreiche Menschen die rechte Hälfte ihres Gehirns?

3. Wie können solche Methoden unser eigenes Leben beeinflussen?

Aus diesen Fragen hat sich die Gliederung des Buches in drei Teile ergeben. Die Antworten ermöglichen zunächst ein intellektuelles Verständnis der Funktion des rechten Großhirns, dann das Kennenlernen des schöpferischen Prozesses und schließlich das Erleben eigener Kreativität.

Im ersten Teil wird gezeigt wie die neuen Erkenntnisse mit dem alten Märchen von der sogenannten Unfaßbarkeit schöpferischer Begabung aufräumen. Indem wir die Verschiedenartigkeit der beiden Großhirnhemisphären verstehen, tun wir bereits den ersten Schritt: Wir regen die unterentwickelte rechte Hälfte an und setzen die in ihr gebundenen Vorstellungskräfte frei. Es ist aber nicht die Absicht dieses Buches, der rechten Gehirnhälfte eine Sonderrolle einzuräumen, und ihre Förderung soll keinesfalls zum

Selbstzweck werden. Vielmehr geht es darum, die vernachlässigte Seite zu ermuntern und zu stärken, damit beide Gehirnhälften harmonisch zusammenarbeiten können. Diese *Balance der Hemisphären* wird Sie befähigen, die Leistungsfähigkeit Ihres ganzen Gehirns für Ihre Zwecke einzusetzen. Ferner werden Sie im ersten Teil des Buches elf Gruppen von Übungen vorgestellt finden, die ich entworfen habe, um das rechte Großhirn zu gesteigerter Tätigkeit anzuregen.

Sehr viele Menschen aus sehr unterschiedlichen Berufen haben sich schon ihrer ganz persönlichen Techniken zur Anregung der rechten Gehirnhälfte bedient, um auf diesem Weg kreativer und produktiver zu werden und Probleme sinnvoll lösen zu können. Solche Methoden haben vielen Männern und Frauen zu beruflichem Aufstieg verholfen. Acht teilweise sehr bekannte Zeitgenossen, die es in ihrem Tätigkeitsbereich alle zu etwas gebracht haben, waren bereit, mit mir über ihr Verständnis des schöpferischen Prozesses zu sprechen: Ray Bradbury (*Fahrenheit 451,* Drehbuch zu *Moby Dick*) und Barbara Goldsmith, beide Schriftsteller; der Karikaturist Charles Schulz (*Peanuts*); der Fernsehautor und Showmaster Steve Allen; Ib Melchior, vormals Agent in der Spionageabwehr, jetzt Drehbuchautor und Fernsehdramaturg; Robert McKim, Professor an der Technischen Hochschule der Universität Stanford; die Designerin Cleo Baldon; Marge Champion, die Tänzerin und Choreographin. Die deutsche Auflage konnte zu meiner Freude um ein neuntes Gespräch ergänzt werden, das mein Verleger mit dem Dichter und Liedkomponisten Konstantin Wecker führte. Diese Gespräche machen deutlich, daß diese ideenreichen und erfolgreichen Menschen alle über Wege verfügen, ihre rechte Gehirnhälfte zu stimulieren - ganz gleich, ob sie sich mit der Hemisphärenforschung gründlich, ein wenig oder gar nicht beschäftigt haben. Die

Interviews im zweiten Teil des Buches enthalten also die persönlichen Methoden, mit denen meine jeweiligen Gesprächspartner ihre Vorstellungsgabe beleben.

Der dritte Teil will Ihr eigenes Hand- und Übungsbuch sein. Siebenundsechzig Übungen, unterteilt in elf Gruppen, führen Sie dazu, in sich selbst einen Reichtum an Vorstellungen und Phantasie zu entdecken, der unerschöpflicher ist, als Sie es sich jemals erträumt haben. Sie werden über die Materialfülle überrascht sein, die diese Erfahrung aus Ihrem Unterbewußten hervorzaubert, und über deren unmittelbare Wirkung auf Ihr Leben staunen. Die Beschäftigung mit den Übungen ist so fesselnd wie ein Abenteuer, noch dazu außerordentlich fruchtbar. Sie möchten gern Ihre kreativen Möglichkeiten erweitern? Sie möchten schwierige Probleme lösen können? Dann werden diese Übungen Sie Ihren Zielen näherbringen.

Die Entdeckung des rechten Gehirns ist als Übungsprogramm angelegt, das Sie im Selbststudium durcharbeiten können. Wenn wir gemeinsam daran arbeiten könnten, würde ich Ihnen vorschlagen, daß wir uns sechs Tage lang jeweils zwei Stunden damit befassen. Wenn Sie das Programm Ihrem eigenen Lebensrhythmus anpassen wollen, werden Sie wahrscheinlich etwas langsamer vorgehen müssen. Bedenken Sie jedoch, daß die Wirkung der Übungen bei regelmäßigem Training zunimmt. Die tägliche Beschäftigung mit ihnen fördert demnach ihren Erfolg. Wer bereits zu seinen eigenen Gefühlen und Empfindungen direkteren Zugang gefunden hat, wird schon nach einigen Übungen spüren, daß seine Kreativität zugenommen hat; eine gewisse Intensität macht sich bemerkbar. Aber auch wer mit seinem Fühlen und Empfinden weniger vertraut ist, wird sehen, daß sich dieser Erfolg nach einigen Tagen der Beschäftigung mit dem Übungsprogramm einstellt.

Übend werden Sie lernen, sich mühelos in einen Zustand erhöhter Bewußtheit zu versetzen. *Sie selbst* können entscheiden, wann und wie Sie mit Perioden gesteigerter Schöpferkraft umgehen wollen; wann und wie Sie sich diesen überlassen wollen.

Ein Wort zur Vorsicht

Das rechte Großhirn beherbergt allerdings nicht nur die Engel und die Muse; es ist auch das Reich der Drachen. Wenn Sie sich im geheimnisvollen Reich des Mind umtun, können Sie diese Ungeheuer leicht wecken, die das Zauberschloß Ihrer Muse bewachen. Seien Sie davor gewarnt.

Drachen speien gelegentlich Feuer und können uns gefährlich werden, wenn sie uns in dem Moment überraschen, in dem unser Schutzschild geschwächt ist. Es gibt Zeiten, da sollten wir das Unbewußte einfach nicht anrühren. Ich würde Ihnen zum Beispiel nicht empfehlen, das Übungsprogramm zu einer Zeit zu beginnen, in der Sie emotional so verletzlich sind, daß Sie intensive Gefühle schwerlich verarbeiten können. Außerdem gibt es Menschen, die das Unbewußte auf keinen Fall ohne therapeutischen Beistand anrühren und aufwecken sollten. Sie müssen selbst einschätzen, was für Sie richtig ist und sich dementsprechend entscheiden - und zwar unter Einsatz der rechten und der linken Gehirnhälfte. Hüten Sie sich vor Menschen, die Ihnen einreden wollen, es gäbe stets nur einen Weg, eine Sache richtig anzupacken. Der beste Beweis für die Unwahrheit solcher Behauptungen ist, daß so mancher Mensch schon seit Jahren Methoden zur Stimulierung des rechten Großhirns anwendet, ohne auch nur von diesem Begriff gehört zu haben und ohne jemals Übungen von der Art, wie wir sie hier vorstellen wollen, kennengelernt zu haben. Er hat eben einfach einen anderen Zugang zur schöpferischen Hälfte seines Gehirns gefunden. Er hat seinen eigenen Hammer und Meißel entdeckt, den äußeren Panzer jener repressiven Mechanismen zu durchbrechen, die wir uns während unserer Schulzeit zugelegt haben, wo man ausschließlich an unsere linke Gehirnhälfte appellierte.

Falls Sie zu den Menschen gehören, die schöpferisch arbeiten, dann haben Sie gewiß andere Methoden entdeckt, Ihr Unbewußtes anzuregen, damit es am schöpferischen Akt partizipieren kann. Ich hoffe, Sie finden in diesem Buch trotzdem neue Anregungen und neue Zugangswege, die Ihre Erfahrungen bereichern. Wir alle können uns zu unserer Entwicklung einer Vielzahl von Methoden bedienen. Die hier vorgestellten sind so angelegt, daß sie Ihnen helfen, sich noch weitaus tiefere Schichten von Bewußtheit und Produktivität zu erschließen.

Viele von Ihnen haben bereits eine Periode intensiver schöpferischer Tätigkeit und das sie begleitende Gefühl der Ekstase erfahren. In den meisten Fällen werden Sie diese Zeit als einen geheimnisvollen, ja geradezu mystischen oder auch nur mysteriösen Prozeß betrachten, den Sie weder verstehen noch bewußt steuern können. Besonders Schriftsteller und insbesondere Lyriker schreiben diese Erfahrung zumeist ihrer Muse zu. Und diese Muse ist ein ganz und gar sagenhaftes Wesen. Sie lebt irgendwo in den Himmeln, aus denen sie herniedersteigt und brillante Einsichten und köstliche Sprachbilder aus ihrem Füllhorn schüttet... Oder sie bleibt unerreichbar und hat nur Spott übrig für den, der sich ihr nähern möchte.

Soviel zum Thema Einbildung. - Die Muse lebt in uns. Sie inspiriert nicht nur den Schriftsteller, sondern auch Maler und Wissenschaftler, Hausfrauen und Geschäftsleute. Die tieferen Schichten unserer Persönlichkeit geben ihr ihre Form, und sie kann frei über die Kräfte unserers Unbewußten verfügen. Müßig und genießend lebt sie in unserem rechten Großhirn und ist wahrscheinlich entsetzt über den Wust von steifer und starrer "Ausbildung", der uns daran hindert, sie frei schweifen zu lassen.

Diese Muse ist unsere Freundin. In irgendeinem Moment, während Sie dieses Buch lesen oder bei einer der Übungen, wird sie Ihnen begegnen. Vielleicht schon ganz am Anfang, vielleicht erst auf den letzten Seiten. Freuen Sie sich auf dieses Treffen. Was daraus entstehen mag, liegt in Ihren eigenen Händen.

2

Das logische und das intuitive Gehirn in Ihnen

Das wunderbar leichte Lebensgefühl der Kreativität

Vor ein paar Jahren arbeitete ich in völliger Zurückgezogenheit an einem Theaterstück, das in nur einem Monat fertig sein mußte. Ich war selbst überrascht als ich feststellte, daß es eine wunderbare Sache war, rund um die Uhr zu arbeiten, sich nur zum Essen eine Pause zu gönnen und erst an einem Punkt echter Erschöpfung schlafen zu gehen. Wenn die Arbeit zügig voranging, die Worte sich gewissermaßen selbst zu schreiben schienen und der Hauptcharakter des Stückes, eine Frau, mir so nah und lebendig war, daß ich ihre Tränen in meinen Augen brennen fühlte, erlebte ich an mir selbst eine Reihe von physiologischen Veränderungen. Farben waren plötzlich intensiver. Vertraute Musikstücke klangen vollkommen neu in meinen Ohren und besaßen viele Feinheiten, an die ich mich nicht erinnern konnte. Ich verspürte keinen Hunger und bemerkte ein Prickeln auf meiner Haut, so als wäre

sie von einer Aura aus Energie umgeben, die eine belebende Wirkung auf sie ausübte. Vielleicht läßt sich
dieses Gefühl am besten einfach als ganz intensive *Freude*
beschreiben. Ein mich völlig durchdringendes, kaum aus-
zuhaltendes Gefühl von Freude. Es war wie eine innige
Begrüßung, eine stürmische Umarmung zwischen den
tiefen intuitiven Wahrnehmungen und dem klaren Erkennen des wachen Bewußtseins. Eine wunderbare Vereini-
gung. Phantastisch, sie zu erfahren.

Als ich dann später über mein Lebensgefühl während
dieser Zeit nachdachte, kamen mir die körperlichen Empfindungen, die ich damals an mir festgestellt hatte, doch
erstaunlich vor. Ich erinnerte mich an ein Gefühl des
Gelöstseins, Fließens und Fliegens. Es war wie ein Höhen-
rausch gewesen. So etwas hatte ich bis dahin noch nicht
gekannt. Ich amüsierte mich über den Wahnsinn, der mich
offensichtlich beim Schreiben befallen hatte, und fragte
mich nun, ob andere diese Erfahrung mit mir teilten, wenn
sie ebenso intensiv arbeiteten, wie ich an dem Stück gearbeitet hatte. Oder war es etwa nur mir so ergangen?

Rollo Mays Buch *Mut zur Kreativität* (*The Courage to
Create*) bestätigte mich. Ich fand darin die Erfahrungen
beschrieben, die andere in ihren Perioden intensiven
kreativen Schaffens gemacht hatten, und diese Berichte
kamen meinen eigenen Empfindungen sehr nah.

Mystiker, Dichter und Wissenschaftler scheinen demnach eine Erfahrung gemeinsam zu haben: das Gipfelerlebnis. Ich glaube, daß alle Menschen ähnliche Erfahrungen machen, wenn sie nur den Mut aufbringen, frei in den
eigenen unbekannten Regionen herumzustreifen und die
Fragen zuzulassen, die allein die Weisheit des Unbewußten zu beantworten vermag.

Genießen Sie den Moment ganz bewußt, wenn Sie das
Prickeln spüren, das ein solches Gipfelerlebnis von

innen her auslöst. Fühlen Sie, was in Ihrem Körper geschieht und freuen Sie sich darüber: Es ist ein Geschenk, das die rechte Gehirnhälfte Ihnen nur selten macht. Diese Erfahrung kann so mächtig und erschütternd sein, daß viele Menschen sich kaum vorstellen können, daß diese Ekstase nur aus ihnen selbst kommt. Sie werden es eher für "göttliche Eingebung" oder ein "Geschenk der Muse" halten.

Nur selten schreibt jemand über die Ekstasen, die das rechte Gehirn auslösen kann, und wir erwarten solche Schilderungen wohl hauptsächlich von Schriftstellern oder Philosophen. Dabei kann jeder sie erfahren, der sich bei seiner Arbeit gelegentlich von seiner Intuition leiten läßt. In *Science 82* schrieb der Physiker Alan Lightman dazu: "*Meine ersten Erfahrungen beim wissenschaftlichen Arbeiten mit der rechten Gehirnhälfte machte ich vor etwa zehn Jahren, als ich am* California Institute of Technology *meine Doktorarbeit in Physik schrieb.*

Schon viele andere vor mir haben das erhebende Gefühl zu beschreiben versucht, das sich einstellt, wenn alles ganz plötzlich zusammenpaßt. Mir drängt sich dafür ein besonderer Vergleich auf. Es ist wie beim Segeln in einem Rundkiel-Boot. Normalerweise bleibt der Rumpf im Wasser und der Strömungswiderstand hemmt die Geschwindigkeit. Bei starkem, böigem Wind löst sich der Rumpf jedoch gelegentlich aus dem Wasser, so daß der Strömungswiderstand augenblicklich dem Nullpunkt zustrebt. Es fühlt sich an, als würde man von einer Riesenhand gepackt und fortgeschleudert wie ein Kiesel, der über die Wasseroberfläche tänzelt: Man hebt ab.

In meiner ganzen wissenschaftlichen Laufbahn bin ich nur in wenigen Momenten abgehoben, und auch dann nur für Sekunden. Einstein und Darwin haben es vielleicht mehrere Stunden ohne Unterbrechung geschafft.

Wie dem auch sei, ich habe die vielen Jahre der Routine, des Feilens und Ausarbeitens an meinem Schreibtisch nur ertragen können, weil mir diese Sekunden vergönnt waren. Ich könnte eine Menge mehr davon brauchen."

Wider die alten Märchen

Seit undenklich langen Zeiten glauben wir an den Mythos, daß eine *äußere Quelle* den Künstler *zu seinen Ideen* inspiriert. Auch heute lassen sich noch viele damit hinters Licht führen. Sie wissen nicht, woher ihre zündenden Gedanken eigentlich kommen und deswegen fühlen sie sich verwundbar. Sie glauben ihre launische Muse entziehe sich einfach ihrer Kontrolle. Schauen wir uns an, was einige bekannte Schriftsteller über diese Ängste zu sagen haben:

JOSEPH HELLER: "Ich begreife nicht, nach welchen Gesetzen sich meine Vorstellungskraft entwickelt. Ich weiß nur, daß ich ihrer Gnade ziemlich hilflos ausgeliefert bin. Ich habe das Gefühl, als ob Einfälle und Gedanken um mich herum durch die Luft schwirren würden, um sich schließlich auf mir niederzulassen, wenn ich für sie der rechte Ort zu sein scheine. Sie fliegen mir also zu. Ich erschaffe sie nicht willentlich.

JAMES DICKEY: "Wenn ich schreibe, ist das im Grunde eine Art Trunkenheit oder Wahnsinn ... Ich weiß eigentlich nicht, was es ist."

JOAN DIDION: "Schreiben ist für mich zum größten Teil eine sehr mysteriöse Angelegenheit..."

ERICA JONG: "Ich weiß nicht, woher die erste Zeile kommt, und ebensowenig weiß ich, wer sie mir eingibt. Vielleicht die Muse (übrigens bin ich tatsächlich von ihrer Existenz überzeugt)."

GORE VIDAL: "Ich weiß nie, was als nächstes kommt ... Es ist alles reichlich seltsam..."

16

Wie alle übrigen Menschen scheinen also auch Schriftsteller unfähig zu sein, ihre schöpferischen Kräfte eigenständig zum Leben zu erwecken. Sie können sich weder ihre Perioden gesteigerter Kreativität noch die erniedrigenden Zeiten erklären, die sie durchmachen, wenn ihre Vorstellungskraft plötzlich blockiert ist.

In den letzten Jahren haben wir jedoch das Phänomen Kreativität immer besser verstehen gelernt. Wir können die alten Märchen aus einer ganz neuen Sichtweise verstehen. Wir stellen nun fest, daß wir den Launen der Muse nicht machtlos ausgeliefert sind. Wir wissen inzwischen, daß Eingebungen nicht durch die Luft schwirren, nein: Sie strömen *durch unseren Kopf.* Und wir haben uns Methoden erarbeitet, diese Eingebungen und Gedanken so zu kanalisieren, daß sie uns im richtigen Moment zugänglich sind. Menschen, denen dies gelingt, haben gelernt, den Kräften des Unbewußten zu vertrauen. Sie kennen die Wege, die es anregen, am schöpferischen Akt zu partizipieren.

Die Anfänge

Während ich an diesem Kapitel schreibe, quillt mein Schreibtisch über mit medizinischen Fachzeitschriften und Forschungsberichten. Auf der einen Seite stapeln sich die Transkripte von den Bändern, die ich bei meinen Gesprächen mit verschiedenen Neurologen, Psychiatern und Psychologen aufgenommen habe. Es ist ein ansehnlicher Haufen Papier. Wie Ziegel übereinandergeschichtet, türmen sich die Bücher fast wie eine kleine Mauer rund um die Arbeitsfläche.

Welches Buch, welchen Bericht ich auch zur Hand nehme, immer erscheinen darin dieselben drei Namen: Sperry,

Bogen und Gazzaniga. Sperry, das ist der Psychobiologe Roger Sperry vom *California Institute of Technology*. Für seine Untersuchung über die Hemisphären im "geteilten Gehirn" erhielt er 1981 den Nobelpreis für Medizin. Michael Gazzaniga war sein Schüler; er testete die Patienten nach ihrer Operation. Joseph Bogen dagegen führte die neurologischen Tests durch und war zusammen mit Phillip Vogel der erste Neurochirurg, der die beiden Hirnhemisphären operativ voneinander trennte. Diese Männer haben uns in Zusammenarbeit mit zahlreichen Kollegen die ersten Einsichten in die Unterschiede zwischen den beiden Hälften des Gehirns vermittelt. Die Erforschung der Zweiteilung des Gehirns an menschlichen Versuchspersonen nahm in den sechziger Jahren am *California Institute of Technology* ihren Anfang. Nachdem eine Reihe von Wissenschaftlern in den fünfziger Jahren ausschließlich mit Versuchstieren gearbeitet hatte, bot sich ihnen dort nun eine einmalige Gelegenheit: Sie konnten ihre Untersuchung an "W.J." fortsetzen; sie hatten eine menschliche Versuchsperson gefunden.

W.J. war während des zweiten Weltkrieges Fallschirmjäger und hinter der Front über Feindesland abgesprungen. Er geriet in Gefangenschaft. Im Lager schlug man ihm mit dem Gewehrkolben den Kopf ein. Die Folge war ein schwerer Hirnschaden, der sich in Form heftiger epileptischer Anfälle manifestierte, in unerträglichen Leiden, die durch keinerlei medizinische Behandlung zu lindern waren. Seine Epilepsie ließ sich nicht bändigen. Die Ärzte planten einen letzten Versuch, und W.J. sollte auf diesem Weg der erste Mensch werden, bei dem man die Verbindung zwischen den beiden Großhirnhälften durchtrennte.

Die behandelnden Neurochirurgen wollten also den Balken (*corpus callosum*), den Nervenstrang, der die beiden Hemisphären wie eine Brücke miteinander verbindet, trennen, weil dieser Balken die epileptischen Anfälle von einer Gehirnhälfte zur anderen weiterleitet. Man bezeichnet diesen Eingriff als Kommissurotomie. Er isoliert die Gehirnhälften voneinander. Die Ärzte waren der Ansicht, daß nach dem Eingriff die in der beschädigten Hälfte ausbrechenden Anfälle nicht mehr in den gesunden Teil des Gehirns weitergeleitet werden würden. Die Anfälle würden weniger heftig sein, so daß sie sich medikamentös behandeln ließen. W.J. würde nach seiner erfolgreichen Operation wieder ein normales Leben führen.

Die Operation glückte, so daß man sie bald an einem anderen und danach an zehn anderen Patienten wiederholte. Der drastische Eingriff besserte zuverlässig den Zustand des jeweiligen Patienten. Auch heute noch läuft die Aufarbeitung der dabei gewonnenen Ergebnisse weiter. Die Patienten lassen sich regelmäßig am *California Institute of Technology* untersuchen, damit die Langzeitwirkungen der Operation festgestellt werden können.

Die Entdeckung

Aber was haben die Forscher bei ihren Untersuchungen entdeckt? - Sie fanden zum Beispiel ihre Annahme über die Funktion des *corpus callosum* bestätigt. Als bedeutende Kommunikationsbrücke gewährleistet dieser "Balken" den Informationsaustausch zwischen den beiden Hemisphären. Nach Durchtrennung des Balkens können die Gehirnhälften nicht mehr miteinander kommunizieren. Es ist, als lebten in ein und demselben Menschen "zwei Mind" - und zwar vollkommen unabhängig voneinander. Ohne die Hilfe des Balkens arbeitet jeder dieser "beiden Mind" für sich, ohne auch nur zu ahnen, was in seinem Partner in der anderen Gehirnhälfte vor sich geht. Infolgedessen waren die Wissenschaftler in der Lage, die Funktionen der beiden

Gehirnhälften isoliert zu untersuchen. Dies war erstmals durch die Trennung des Balkens möglich geworden. Ausgeklügelte Tests halfen bei der Bestimmung der Aufgaben, für deren Erledigung die linke und die rechte Gehirnhälfte jeweils spezialisiert sind. (Siehe dazu auch den Anhang; dort sind die einzelnen Tests näher beschrieben.)

Man entdeckte, daß jede Gehirnhälfte ihren besonderen Aufgabenbereich und ihre besondere Art der Informationsverarbeitung aufweist. Spätere Untersuchungen haben dann geholfen, die Rolle des Balkens im normal funktionierenden, nicht getrennten Gehirn zu verstehen. Der Balken sorgt dafür, daß die beiden Gehirnhälften bei fast allen Aktivitäten zusammenwirken, auch wenn bei der einen oder anderen Aufgabe jeweils eine Gehirnhälfte dominiert.

Neue Einsichten in das Wesen schöpferischer Leistung

Von den drei Männern, deren Arbeit an Patienten mit voneinander getrennten Gehirnhälften die medizinische Anschauung vom Gehirn revolutionierte, setzte sich nur Joseph Bogen mit dem Thema Kreativität auseinander. Heute verbinden wir noch ein Dutzend oder sogar mehr Namen mit der praktischen Umsetzung dieses Forschungszweiges, mit seiner Anwendung im tatsächlichen kreativen Prozeß.

Bei fünfundneunzig Prozent der Bevölkerung übernimmt die linke Gehirnhälfte die Aufgabe, sich an Namen zu erinnern, Zahlenreihen zu addieren, die Zeit zu messen - kurz, sie geht logisch und linear vor. Die rechte Hemisphäre hingegen ist die geheimnisvolle, künstlerisch, ganzheitlich veranlagte Seite des Gehirns. Sie begreift Sinnbilder und erfaßt Gefühle. In ihr kommen Träume und geistige Bilder zum Vorschein. Sie ist die Quelle unserer Phantasie.

Die rechte Gehirnhälfte läßt den Künstler intuitiv erkennen, wie er Farbe und Linienführung seines Werkes gestalten will. Sie bestimmt das Steigen und Fallen der Melodiebögen bei einer Jazzimprovisation. Sie ergreift Besitz vom Schriftsteller, wenn er ansetzt, eine Szene zu beschreiben und dabei den beteiligten Personen lauscht, so als würden sie selbst den Text vorsprechen. In der rechten Gehirnhälfte liegen die Quellen von Leidenschaft und Kreativität.

Wir leben in einer Gesellschaft, in der vor allem denjenigen Menschen Respekt gezollt wird, deren linke Gehirnhälfte dominiert. Die sprichwörtliche "Intelligenzbestie", die alle Vokabeln lernt, in der Rechtschreibung keine Fehler macht, ihre Mathematikaufgaben richtig löst und überhaupt alles sauber und systematisch anpackt, hat in der Schule leichtes Durchkommen. Sie ist bei allen Lehrern und Lehrerinnen gut angeschrieben. Anders die träumerischen Schüler, bei denen die rechte Hemisphäre überwiegt. Sie folgen ihren Tagträumen, starren in ferne Wolken und erzählen lieber Geschichten, als daß sie ihre Lektion lernen. Dafür bekommen sie als Lohn den "blauen Brief" oder eine disziplinarische Verwarnung mit auf den Weg nach Hause.

So lernen die meisten Kinder schon sehr früh, daß Anpassung und Zurückhaltung eher belohnt werden als der Versuch, kreativ zu sein.

Mangelnder Anreiz und fehlende Ermutigung lassen die rechte Gehirnhälfte verkümmern wie einen Muskel, der nicht gebraucht wird und infolgedessen atrophiert. Unsere schöpferischen Begabungen mögen noch so unterentwickelt sein, wir sollten sie in jedem Fall zu neuem Leben erwecken. Der erste Schritt zur Wiederherstellung der vollen Kraft der rechten Hemisphäre besteht darin, daß wir sehen lernen, was wir uns von jeder Gehirnhälfte erwarten dürfen.

Aufgaben der linken Gehirnhälfte

Die linke Hälfte des Gehirns ist die Hemisphäre der *Logik*. Bis vor kurzem hielt die Medizin sie sogar für die "generell dominierende" Hälfte. Im Grunde genommen setzt sie sich jedoch nur bei folgenden Aufgaben durch:

Wortverarbeitung: Die linke Gehirnhälfte hat sehr viel mit unseren Sprachfertigkeiten zu tun. Sie kontrolliert unsere Rede und befähigt uns zu lesen und zu schreiben. Sie kann sich an Fakten, Namen und Jahreszahlen erinnern und hilft uns, die Worte richtig zu buchstabieren.

Analyse: Die linke Hemisphäre ist die logische, analytische Seite des Gehirns. Sie kann Tatsachen rational einordnen und bewerten.

Buchstäbliches Verständnis: Die linke Hemisphäre kann alle Worte nur buchstabengetreu interpretierem, sie versteht keine Metaphern.

Lineares Vorgehen: Die linke Gehirnhälfte verarbeitet Informationen Stück für Stück nacheinander.

Mathematik: Zahlen und mathematische Symbole werden in der linken Hemisphäre erfaßt. Das zur Lösung schwieriger mathematischer Aufgaben erforderliche logische, analytische Denken ist ein Produkt des fachmännischen Geschicks der linken Gehirnhälfte.

Bewegungskontrolle der rechten Körperhälfte: Die linke Gehirnhälfte kontrolliert die Bewegungen der rechten Körperhälfte. Sie können Ihren rechten Daumen nur krümmen, wenn Ihre linke Gehirnhälfte den entsprechenden Nervenimpuls aussendet.

Aufgaben der rechten Gehirnhälfte

Die rechte Gehirnhälfte ist die Hemisphäre der *Intuition*. Auch wenn sie häufig als die "nicht-dominante" Gehirnhälfte bezeichnet wird, ist sie doch ausschlaggebend bei folgenden Aktivitäten:

Bildverarbeitung: Die rechte Hemisphäre erkennt nicht mit Hilfe von Worten, sondern denkt in Bildern. Sie ist also *non-verbal*.

(nicht-lineares) Ganzheitsdenken: Die rechte Gehirnhälfte kann viele Arten von Informationen gleichzeitig verarbeiten, betrachtet alle Probleme *holistisch* und ist zu großen Erkenntnissprüngen fähig. Sie kann ein Problem sofort in seiner Gesamtheit überschauen. Indem sie alle charakteristischen Merkmale bündelt und "zusammenschaut", hilft sie uns z.B. Gesichter wiederzuerkennen.

Räumliche Wahrnehmung: Die rechte Gehirnhälfte verarbeitet alle Wahrnehmungen, die mit Lokalisierung und räumlicher Relation zu tun haben. Wenn wir ein Puzzle zusammensetzen, machen wir von ihr Gebrauch; ebenso, wenn wir uns in unserer Umgebung zurechtfinden, ohne uns zu verlaufen

Musikalität: Angeborene musikalische Begabung wie auch die Fähigkeit, für Musik überhaupt empfänglich zu sein, sind Funktionen der rechten Gehirnhälfte. (Eine gründliche musikalische Ausbildung bringt jedoch auch die linke Gehirnhälfte ins Spiel.)

Sinnbilder: Die rechte Hemisphäre versteht Metaphern und Vorstellungsbilder. Sie kann der buchstäblichen Bedeutung einer Aussage den richtigen Sinn unterlegen. Sagt uns

23

jemand: "Der Kerl sitzt mir im Nacken!", so erkennt die rechte Gehirnhälfte den Unterschied zwischen dem, was gesagt wurde, und dem, was damit ausgedrückt werden sollte.

Phantasie: Das rechte Großhirn ist phantasiebegabt. Es erfindet Geschichten, ersinnt Träume und läßt uns spielen. Außerdem spekuliert es gern und stellt sich gern Dinge vor. Die rechte Hemisphäre ist zum Staunen geboren und natürlich zum Fragen: "Was wäre, wenn?..." ist ein beliebtes Spiel von ihr.

Künstlerische Begabung: Zeichnen, Malen und Modellieren sind die natürlichen Gaben der rechten Gehirnhälfte.

Gefühlswahrnehmung: Hervorgerufen werden die Gefühle zwar vom sogenannten Limbischen System im Hirnstamm, doch kann die rechte Hemisphäre sie uns viel deutlicher empfinden lassen als die linke.

Sexualität: Die Liebe ist eine Erfahrung, mit der uns die rechte Hemisphäre beglückt - vorausgesetzt, es geht nicht um die reine Funktion der Fortpflanzung, nicht um krampfhaftes Bemühen und nicht um eine Fixierung auf die "richtigen Techniken".

Spiritualität: Die rechte Hemisphäre ist das Tor zum Glauben, zum Gebet, zu religiösen Erfahrungen und zur Mystik.

Quelle unserer Träume: Unsere Träume sind hauptsächlich eine Funktion der rechten Gehirnhälfte. Sie ist der phantasiebegabte, sinnbildreiche innere Dichter, der unsere Traumbilder erzeugt.

Bewegungskontrolle der linken Körperhälfte: Die rechte Gehirnhälfte kontrolliert die Bewegungen der linken Körper-

24

hälfte. Sie können Ihren linken Daumen nur krümmen, wenn Ihre rechte Gehirnhälfte den entsprechenden Nervenimpuls aussendet.

Die restlichen fünf Prozent

Die Aufgabenteilung der beiden Großhirnhälften trifft auf etwa fünfundneunzig Prozent der Bevölkerung zu. Sie gilt praktisch für alle Rechtshänder. Bei den Linkshändern, die etwa zehn Prozent der Bevölkerung ausmachen, ist sie weniger klar umrissen. Allerdings folgen die Gehirnhälften auch bei ihnen mehrheitlich derselben Aufgabenteilung. Bei einigen ist sie jedoch gemischt: Sprachverarbeitung und räumliche Orientierung sind auf beide Gehirnhälften verteilt. Bei Linkshändern, deren Mutter ebenfalls Linkshänderin war, können die Aufgaben sogar umgekehrt verteilt sein: Die Sprachverarbeitung ist dann in der rechten, die räumliche Orientierung in der linken Hemisphäre angesiedelt.

Die Übungen in Teil III des Buches werden Ihnen in jedem Fall nützen, auch wenn Sie zu den fünf Prozent der Bevölkerung gehören, in denen die Gehirnfunktionen nicht streng voneinander geschieden, nicht ausschließlich in der einen oder in der anderen Gehirnhälfte angesiedelt sind. Die Übungen werden genau jene Bereiche anregen, die auf kreatives Denken und schöpferische Vorstellung spezialisiert sind, unabhängig davon, in welcher Seite des Gehirns sie lokalisiert sind.

Die Entwicklung der Hemisphären

Die Spezialisierung der beiden Großhirnhälften auf bestimmte Funktionen scheint eine Besonderheit des erwachsenen Menschen zu sein. Andere Primatenarten und Kleinkinder verfügen, wenn überhaupt, nur über eine sehr rudimentäre Spezialisierung der Hemisphären. Ja, ein Kleinkind kann sogar eine gesamte Gehirnhälfte verlieren und trotzdem mit normaler Intelligenz aufwachsen, weil beide Hälften des Großhirns *potentiell* die Funktionsweise der jeweils anderen Hälfte übernehmen können. Nach dem fünften Lebensjahr führt der Verlust einer Hemisphäre jedoch zu Dauerschäden. (Die Mehrheit der Wissenschaftler nimmt an, daß die Spezialisierung der Hemisphären mit dem Spracherwerb zusammenhängt.)

Die vollkommene Partnerschaft

Sobald die Hemisphären wirksam und zweckmäßig funktionieren, vollzieht sich ihre Zusammenarbeit als vollkommene Partnerschaft. Sie verfolgen beide auf ihre Weise das gleiche Ziel und kommen sich dabei doch keineswegs in die Quere. Jede Hälfte unterstützt die andere und leistet, was sie am besten kann. Die Gehirnhälften ergänzen sich bei fast allen Tätigkeiten.

- Der Dichter schöpft aus der rechten Hemisphäre die tiefen Empfindungen und sein Verständnis für Metaphern und Vorstellungen. Die linke Hemisphäre dagegen findet die Worte, die zu diesen Gefühlen und Einsichten passen und sie treffend beschreiben.
- Der Architekt benutzt die rechte Gehirnhälfte, um räumliche Proportionen entsprechend seiner ästhetischen Vorstellung zu entwerfen. Mit der linken Hemisphäre dagegen wird er die Maße, die Belastbarkeit des Materials und die Bauverordnungen in seine Überlegungen einbeziehen.
- Der Wissenschaftler braucht seine linke Gehirnhälfte zur Deduktion. Die intuitive rechte Hemisphäre wird ihn hingegen häufig zu jenem Erkenntnissprung hinführen, der ein vielschichtiges Problem lösen kann.

Kreatives Schaffen verlangt von uns zumeist die vereinten Kräfte von intuitiver Bewußtheit und logischem Denken.

Wir müssen deswegen immer bedenken, daß die Hemisphären bei fast jeder Tätigkeit zusammenwirken, daß sie aber ihre Informationen auf ganz unterschiedlichen Wegen verarbeiten. Es hängt von der jeweiligen Aufgabe ab, wie stark die eine oder andere Großhirnhälfte an der Lösung beteiligt ist.

Wenn die Partner im Streit liegen

Im Wirtschaftsleben ruiniert es gewöhnlich das Geschäft, wenn von zwei Teilhabern einer so aggressiv und unternehmungslustig wird, daß er die Rolle des anderen Teilhabers ebenfalls an sich reißen will. Im Gehirn stellt sich zuweilen dasselbe Problem. Die linke Hemisphäre schlägt oft über die Stränge. Sie will alles mit ihren logischen Überlegungen lösen. Sie ist recht aggressiv. Deswegen versucht sie, Aufgaben zu übernehmen, die eigentlich die rechte Gehirnhälfte viel besser bewältigen kann. Wenn dies geschieht, ist die Partnerschaft der Hemisphären in einer Krise.

Wer sich zu sehr auf die linke Hemisphäre verläßt, könnte die intuitiven Kräfte der rechten Gehirnhälfte einbüßen. Ja, vielleicht streitet er sogar die Existenz dieser Kräfte ab, weil er sich von seinem Unbewußten so weit entfernt hat, daß er jedes Gespür für seine Präsenz verloren hat. Ein solcher Mensch tut sich gewöhnlich in zwischenmenschlichen Beziehungen schwer. Man braucht eben einfach die Hilfe der sensibleren rechten Hemisphäre, wenn man mit anderen Menschen harmonisch auskommen und zusammenarbeiten will.

Noch eine weitere Schwierigkeit ist typisch. Viele Menschen packen eine Aufgabe spontan mit der falschen Gehirn-

A CAR FOR THE LEFT SIDE OF YOUR BRAIN.

The left side of your brain, recent investigations tell us, is the logical side.

It figures out that $1 + 1 = 2$. And, in a few cases, that $E = mc^2$.

On a more mundane level, it chooses the socks you wear, the cereal you eat, and the car you drive. All by means of rigorous Aristotelian logic.

However, and a big however it is, for real satisfaction, you must achieve harmony with the other side of your brain.

The right side, the poetic side, that says, "Yeah, Car X has a reputation for lasting a long time but it's so dull, who'd want to drive it that long anyway?"

The Saab Turbo looked at from all sides.

To the left side of your brain, Saab turbocharging is a technological feat that retains good gas mileage while also increasing performance.

To the right side of your brain, Saab turbocharging is what makes a Saab go like a bat out of hell.

The left side sees the safety in high performance. (Passing on a two-lane highway. Entering a freeway in the midst of high-speed traffic.)

The right side lives only for the thrills.

The left side considers that *Road & Track* magazine just named Saab "The Sports Sedan for the Eighties." By unanimous choice of its editors.

The right side eschews informed endorsements by editors who have spent a lifetime comparing cars. The right side doesn't know much about cars, but knows what it likes.

The left side scans this chart.

Wheelbase	99.1 inches
Length	187.6 inches
Width	66.5 inches
Height	55.9 inches
Fuel-tank capacity	16.6 gallons
EPA City	19 mpg *
EPA Highway	31 mpg *

The right side looks at the picture on the opposite page.

The left side compares a Saab's comfort with that of a Mercedes. Its performance with that of a BMW. Its braking with that of an Audi.

The right side looks at the picture.

The left side looks ahead to the winter when a Saab's front-wheel drive will keep a Saab in front of traffic.

The right side looks at the picture.

The left side also considers the other seasons of the year when a Saab's front-wheel drive gives it the cornering ability of a sports car.

The right side looks again at the picture.

Getting what you need vs. getting what you want.

Needs are boring; desires are what make life worth living.

The left side of your brain is your mother telling you that a Saab is good for you. "Eat your vegetables." (In today's world, you need a car engineered like a Saab.) "Put on your raincoat." (The Saab is economical. Look at the price-value relationship.) "Do your homework." (The passive safety of the construction. The active safety of the handling.)

1982 SAAB PRICE** LIST		
900 3-Door	5-Speed	$10,400
	Automatic	10,750
900 4-Door	5-Speed	$10,700
	Automatic	11,050
900S 3-Door	5-Speed	$12,100
	Automatic	12,450
900S 4-Door	5-Speed	$12,700
	Automatic	13,050
900 Turbo 3-Door	5-Speed	$15,600
	Automatic	15,950
900 Turbo 4-Door	5-Speed	$16,260
	Automatic	16,610

All turbo models include a Sony XR70, 4-Speaker Stereo Sound System as standard equipment. The stereo can be, of course, perfectly balanced: left and right.

The right side of your brain guides your foot to the clutch, your hand to the gears, and listens for the "zzzooommm."

Together, they see the 1982 Saab Turbo as the responsible car the times demand you get. And the performance car you've always, deep down, wanted with half your mind.

*Saab 900 Turbo. Remember, use estimated mpg for comparison only. Mileage varies with speed, trip length, and weather. Actual highway mileage will probably be less. **Manufacturer's suggested retail price. Not including taxes, license, freight, dealer charges or options desired by either side of your brain.

A CAR FOR THE RIGHT SIDE
OF YOUR BRAIN.

SAAB
The most intelligent car ever built.

hälfte an, nämlich mit der, die dafür weniger geeignet ist. Manche Tätigkeiten verlangen eindeutig die Beteiligung der linken, andere eindeutig die Beteiligung der rechten Hemisphäre. Aber es gibt auch eine Grauzone, in der die Kompetenzen nicht so klar verteilt sind. Es gibt Tätigkeiten, die wir sowohl mit der intuitiven rechten als auch mit der analytischen linken Gehirnhälfte angehen können. Und in dieser Grauzone kommt es zu vielen Konflikten. Wir neigen einfach dazu, die eine oder andere Vorgehensweise vorzuziehen, und zwar aus Gewohnheit, anstatt uns klarzumachen, welche Hemisphäre für die anstehende Aufgabe wohl geeigneter sein könnte. Dies kommt nicht von ungefähr, denn die medizinische Forschung weiß erst seit wenigen Jahren, daß wir unsere Leistungsfähigkeit steigern können, wenn wir die eine oder andere Gehirnhälfte *bewußt* stimulieren.

Nachdem erstmals die Hemisphären an einem Versuchspatienten operativ getrennt worden waren, hat es in den medizinischen Fachpublikationen eine ganze Flut von Informationen über die sogenannte zerebrale Lateralisierung (dies ist der Fachbegriff für die Aufgabenteilung der beiden Gehirnhälften) gegeben.

Es herrschen sehr kontroverse Meinungen über diese Forschungsergebnisse, und jede Arbeit zieht zur Bestätigung ihrer Thesen natürlich nur solche Ergebnisse heran, die in das eigene Konzept passen. (Wissenschaftler sind wirklich ein gründliches Völkchen. Besonders beeindruckt war ich von Joseph Bogens Zusammenfassung der bisherigen Forschungsergebnisse, die er unter dem Titel "Die andere Seite des Gehirns" veröffentlichte; er hat darin sage und schreibe 382 Referenzen zusammengetragen!)

Als Laie ging es mir hauptsächlich darum, aus dieser immer weiter anschwellenden Informationsflut möglichst sichere Daten und Fakten herauszugreifen. Jay Myers half mir dabei. Er arbeitet gegenwärtig am *California Institute of Technology* an den Untersuchungen der Folgen einer chirurgischen Trennung der Gehirnhälften. Deswegen konnte er mich fachkundig auf die neuesten Forschungsergebnisse hinweisen, die es auf diesem Gebiet gibt. Und da die Bewußtseinsvorgänge, die bei der schöpferischen Tätigkeit zusammenspielen, im Brennpunkt meines Interesses standen, suchte ich auch bei Dr. Klaus Hoppe Rat. Er war damals der einzige Psychiater, der mit den ersten Patienten gearbeitet hatte, bei denen man die Gehirnhälften voneinander getrennt hatte. Klaus Hoppe leitet heute eine psychoanalytische Praxis in Los Angeles und war so freundlich, mich in mehreren Gesprächen über seine Arbeit zur hemisphärischen Lateralisierung aufzuklären.

Träume, so hatte ich gelesen, sind eine Funktion der rechten Hemisphäre. So war ich überrascht, als mir Dr. Hoppe dies nur einschränkend bestätigen konnte. Er hatte nämlich eine Patientin gehabt, die ihm von einem Traum berichten konnte, obwohl ihre rechte Großhirnhälfte operativ entfernt worden war. Aber was für ein Traum! Ihm fehlte alles Beiwerk, das Träume gewöhnlich auszeichnet.

Dr. Hoppe stellte seine Patientin als "Frau G." vor. Sie war vor dem Eingriff Sängerin und Schauspielerin gewesen, damals zweiunddreißig Jahre alt. In den ersten Sitzungen erzählte sie ihm, daß sie sich an keine Träume oder irgendwelche Vorstellungsbilder erinnern konnte. Schließlich schilderte sie jedoch den folgenden Traum: "Ich fuhr mit Dr. Bogen und einem Psychologen in dessen Volkswagen zu einem Restaurant, wo sie mich zu Martinis und Hummer einluden." Genau das war auch in Wirklichkeit kurz zuvor geschehen. - Der einzige Traum, den sie zu berichten wußte, kam der Wirklichkeit also mehr als nahe. Ihm fehlten alle typischen Merkmale, die wir mit Träumen gemeinhin assoziieren.

Ein rein hypothetischer Fall

Ich möchte nun die Eigenschaften, die nach wissenschaftlicher Erkenntnis den Gehirnhemisphären beigeordnet sind, anhand von zwei absolut hypothetischen Fällen erläutern und zusammenfassen. Es geht um zwei Männer Anfang Dreißig. Sie befinden sich zur Zeit im Krankenhaus, wo sie sich einer Gehirnoperation unterzogen haben, einer sogenannten Hemisphärektomie, der operativen Entfernung einer Hälfte des Großhirns. Der erste Patient hat dabei die linke Hemisphäre verloren, der andere die rechte.

Vor dem Eingriff waren beide überdurchschnittlich lateral bestimmt gewesen: Rechtshänder und auf sprachlichen Ausdruck getrimmt, im Gehirn also "linkslastig". Damit weichen sie nicht im geringsten von der Norm ab. Von der ihnen verbliebenen Hälfte des Gehirns nimmt man an, daß sie uneingeschränkt funktionstüchtig ist, aber noch nicht gelernt hat, wie sie die fehlende Hälfte kompensieren soll.

Patient A sitzt auf der Bettkante. Seit man ihm wegen eines Tumors die gesamte rechte Großhirnhälfte entfernt hat, ist eine Wochen vergangen. Seine linke Hemisphäre ist unversehrt und funktioniert normal. Nennen wir ihn deswegen "Linkshirn Ludwig".

Patient B teilt das Zimmer mit ihm. Er sitzt auf einem Stuhl und starrt aus dem Fenster. Auch bei ihm hat man wegen eines Tumors eine Großhirnhälfte entfernt und zwar die linke. Seine rechte Hemisphäre ist weiterhin uneingeschränkt funktionstüchtig. Wir wollen ihn deswegen "Rechtshirn Richard" taufen.

Stellen Sie sich nun vor, Sie arbeiten an einer Untersuchung über die Folgen der Hemisphärektomie. Sie betreten das Krankenzimmer, beobachten die beiden Männer und sehen sich dabei mit der folgenden Situation konfrontiert.

(Nicht vergessen: Jede Hälfte des Gehirns steuert die Bewegungen der gegenüberliegenden Körperseite.)

Zuerst zu "Linkshirn Ludwig". Da seine linke Hirnhälfte normal funktioniert, kann er seine rechte Körperseite ohne Schwierigkeit bewegen. In der rechten Hand hält er eine Tasse Kaffee. Gerade verlagert er sein rechtes Bein. Sie fragen ihn: "Möchten Sie Sahne in Ihren Kaffee?" Er antwortet: "Nein, danke." Seiner Stimme fehlt jede Schwankung, jeder emotionale Ton. Sie ist ausdruckslos. Neben ihm auf dem Bett liegt eine Zeitung, und Sie bemerken, wie er die Schlagzeilen überfliegt. Wenn Sie ihm eine mathematische Aufgabe stellen wollten, könnten Sie sicher sein, daß er diese lösen wird, wie vor dem Eingriff.

Je mehr Sie mit ihm reden, desto klarer erkennen Sie jedoch, daß die Operation für Ludwig schreckliche Folgen hatte. Da er keine rechte Hemisphäre mehr besitzt, ist seine linke Körperhälfte vollkommen gelähmt. Ludwig hat sich zwar mit Ihnen unterhalten können, aber gelegentlich hat er sehr merkwürdig geantwortet, zum Beispiel als Sie ihn fragten, wie er sich denn fühle. "Mit meinen Händen", hat er da gesagt. Er nimmt alles sehr wörtlich. Seinem Denken fehlt jede Vorstellungskraft, und er ist auch zu keinen intuitiven Erkenntnissen mehr fähig.

Sie helfen Ludwig in den Rollstuhl und schieben ihn auf den Gang hinaus, weil Sie die Umgebung wechseln möchten. Sofort weiß er nicht mehr, in welcher Richtung sein Zimmer liegt, denn er kann nicht räumlich koordinieren, was er sieht. Da Ihnen dies auffällt, wissen Sie, daß er weder ein Puzzle legen noch ein Kinderspielzeug zusammensetzen kann. Ludwig kann sich ohne fremde Hilfe nicht einmal anziehen. Er wüßte nicht, was der Hemdsärmel wohl mit seinem Arm zu tun hat.

Urplötzlich schreien sich zwei Passanten auf dem Gang an. "Linkshirn Ludwig" versteht zwar die Worte, aber mit den Emotionen, die hinter diesen Worten stehen, weiß er nichts anzufangen. Er reagiert nicht darauf. Er reagiert auch nicht auf die Tränen seiner Frau und auf ihre teilnahmsvollen Worte für ihn. Ja, er ist wegen seiner Operation noch nicht einmal deprimiert, denn die Fähigkeit zu trauern liegt jenseits der Kräfte der ihm verbliebenen linken Hälfte seines Großhirns.

Wieder im Zimmer angelangt, fragen Sie ihn, ob er gern Musik hören möchte. Sie stellen das Radio an. Eine Melodie ertönt. Ludwig bleibt ungerührt. Dann betritt ein alter Freund das Zimmer. Ludwig scheint ihn nicht zu erkennen, denn die ihm verbliebene Hälfte seines Gehirns kann Gesichter nur schwer auf Anhieb zuordnen.

Wenn Sie ihn nach seinen Träumen fragen würden, würde er Ihnen wahrscheinlich antworten, daß er keine hat. Kann er trotzdem einen Traum erzählen, so wird er wahrscheinlich etwas beschreiben, was sich vor nicht allzu langer Zeit tatsächlich zugetragen hat.

Und wie steht es mit Patient B? - Die ganze Zeit hat er Sie von seinem Sessel aus beobachtet. Jetzt wenden Sie sich ihm zu und stellen sofort fest, daß sich nur die linke Körperseite bewegt, wenn er seine Haltung verändert. Aber Sie sehen auch seine Trauer. Sie möchten ihn trösten, lächeln ihn deshalb an und sagen, daß er schon besser aussieht. Obwohl er nicht sprechen kann, haben Sie das Ge-fühl, daß er trotzdem versteht, was Sie gerade gesagt haben.

Seine Frau kommt ins Zimmer. Er erkennt sie sofort und sein Gesicht hellt sich bei ihren einfachen und liebevollen Worten sichtbar auf. Sie hat ein kleines Stereogerät mitgebracht. Die Musik macht ihm Freude. Als das Lied zu Ende ist, jagt "Rechtshirn Richard" allen einen kleinen Schrecken ein: Er, der nicht einmal seinen eigenen Namen aussprechen kann, weil er ihm entfallen ist, stimmt plötzlich ein Kirchenlied an, das er als Kind einmal gelernt hat.

Sie loben ihn für seine gute Artikulation der Worte, denn Sie konnten sie verstehen. Deshalb bitten Sie ihn, noch andere Lieder zu singen. Aber die rechte Hälfte von Richards Großhirn kann sich nur an den einfachen Text erinnern, den er vor vielen Jahren gelernt hat. Darüber hinaus kann er die Worte eines Kindergebets mechanisch hersagen. Er hatte sie als kleiner Junge im gleichen Tonfall vielfach nachgesprochen und behalten. Und, ganz zur Überraschung seiner Frau kann Richard fluchen wie eh und je. Die derbe Sprache hat sich offensichtlich tief in die emotionale rechte Hemisphäre eingegraben. Aber das ist auch schon alles. Mit Ausnahme von Kirchenlied, Kindergebet und Flüchen hat Richard seine Sprache restlos verloren.

Sie wollen ihn beschäftigen und bringen ihm ein Puzzle mit vielen Teilen. Richard setzt es ohne Schwierigkeiten zusammen. Als Sie ihn später in seinem Rollstuhl durch die Gänge schieben, scheint er genau zu wissen, wo er ist. Sie bemerken kein Zeichen der Desorientierung an ihm.

"Rechtshirn Richard" kann zwar weder lesen noch Arithmetik-Aufgaben lösen, aber er hat es gern, wenn Sie ihm Gedichte vorlesen. Und ein Arzt sagt Ihnen, daß er letzte Nacht bei Richard schnelle Augenbewegungen (REM) beobachten konnte, was darauf hindeutet, daß Richard träumt.

Sie haben sich inzwischen das Verhalten und die Fähigkeiten der beiden Männer sorgfältig notiert und Sie fragen sich, ob diese wohl auch noch andere Dinge leisten können, die Sie bisher noch nicht bemerkt haben. Immerhin ziehen Sie die ersten Schlüsse. Am Beispiel dieser beiden Patienten konstatieren Sie, daß jede Hälfte des Gehirns hochspezialisiert und auf dramatische Weise einseitig ist.

Sie haben nun die Begabungen der beiden Hemisphären an zwei extrem hypothetischen Fällen veranschaulicht bekommen.

Das anpassungsfähige Gehirn

Der menschliche Körper ist außerordentlich regenerationsfähig, wenn es darum geht, sich von einer Krankheit zu erholen. Deswegen kann ein Hemisphärektomie-Patient in den Wochen und Monaten nach der Operation in der ihm verbliebenen Gehirnhälfte einige Fähigkeiten wecken und weiterbilden, die dort schlummern. Ist er noch jung, darf er sogar mit einer beachtlichen Besserung seines Zustandes rechnen. Die medizinische Forschung vertritt diesbezüglich sehr unterschiedliche Meinungen. Einige Ärzte gehen davon aus, daß die vollständige Wiederherstellung der Leistungsfähigkeit nur bis zum Alter von fünf Jahren möglich ist. Andere halten sie bis zum Einsetzen der Pubertät im großen und ganzen für denkbar. Wieder andere meinen, daß die Grenze erst mit dem zwanzigsten Lebensjahr überschritten ist. Fest steht jedoch, daß sich ältere Patienten nur noch geringfügig erholen. Sie können ihre normalen Wahrnehmungsfunktionen nicht zurückgewinnen.

Das Wissen unserer Ahnen

Die alten Völker wußten bereits intuitiv von der Arbeitsteilung der beiden Großhirnhälften, lange bevor die Wissenschaft diese Vorstellung entwickelte. Über die ganze Welt verstreut haben die unterschiedlichsten Kulturen die von der rechten Gehirnhälfte kontrollierte linke Seite des Körpers als die Seite der Geheimnisse und den Sitz der Gefühle angesehen. Im Gegensatz dazu assoziierten sie mit der rechten Körperhälfte, die von der linken Hemisphäre gesteuert wird, Schicklichkeit und Moralität. Willam Domhoff bemerkt in seiner Untersuchung über den Mythos und die Symbolik von Links und Rechts, daß man mit der von der rechten Gehirnhälfte gesteuerten linken Hand gewöhnlich das Tabu in Verbindung bringt, das Heilige, Unbewußte, Weibliche, Intuitive, Traumversunkene. Die rechte Hand, die bekanntlich von der linken Hemisphäre gesteuert wird, wird deswegen mit anderen Eigenschaften in Verbindung gebracht, nämlich mit Rechtschaffenheit, Männlichkeit, Logik und der Beherzigung der konventionellen Anstandsregeln. Die Hopi-Indianer aus dem Südwesten der Vereinigten Staaten benutzen je nach Tätigkeit die eine oder die andere Hand, zum Beispiel: die rechte zum Schreiben und die linke zum Musizieren. Im Orient reinigt man sich nach dem Stuhlgang mit der linken Hand, die rechte hingegen braucht man beim Essen. Im europäischen Mittelalter wurde allgemein geglaubt, daß Hexen Linkshänderinnen sein müßten, und man meinte zukünftige Heilige daran erkennen zu können, daß sie als Säuglinge die linke Brust der Mutter verschmähten. Man war ferner davon überzeugt, daß die Samen des linken Hodens Mädchen, die Samen des rechten Hodens hingegen Knaben zeugen würden.

Angeblich hat Hippokrates als erster auf Unterschiede zwischen den beiden Hälften des Gehirns verwiesen. Darauf gebracht hatte ihn die Beobachtung verwundeter Krieger, denn er hatte festgestellt, daß Schwertwunden an der rechten Seite des Kopfes sich auf die linke Körperhälfte auswirkten, während Schwertwunden an der linken Seite des Kopfes die rechte Körperhälfte beeinträchtigten. Daraus schloß er: "Das Gehirn des Menschen ist zweigeteilt."

Fast zweitausend Jahre mußten vergehen, bevor man sich für diese Äußerung von Hippokrates zu interessieren begann. Dies geschah im Jahr 1861, als ein junger französischer Arzt namens Paul Broca zwischen dem Verlust der Sprache (er nannte diesen Zustand Aphasie) und der Beschädigung der linken Seite des Gehirns einen Zusammenhang herstellen konnte.

Von nun an gab es ein lebhaftes Interesse für das Gehirn und seine Funktionen seitens der medizinischen Wissenschaft. Man begann darauf zu achten, in welcher Hinsicht sich Tumor- oder Schlaganfallpatienten voneinander unterschieden, je nachdem ob die linke oder die rechte Seite ihres Gehirns davon in Mitleidenschaft gezogen war. Man untersuchte zahlreiche Hemisphärektomie-Patienten und erkannte, daß die Folgen je nach betroffener Gehirnhälfte sehr unterschiedlich ausfielen. Aber erst in den sechziger Jahren waren die Wissenschaftler dann endlich in der Lage, die Fähigkeiten der rechten und linken Hemisphäre in ein und demselben Menschen getrennt voneinander zu untersuchen, denn dies war erst durch die operative Durchtrennung des Balkens möglich geworden. Die Isolierung der Hemisphären in einem Menschen ist zur wichtigsten Informationsquelle über die Unterschiede zwischen den Hälften des Gehirns geworden.

Die Kontroverse

Wissenschaftliche Untersuchungen stoßen immer auf Skepsis, wenn sie althergebrachte Annahmen in Frage stellen. Immerhin müssen wir den Kritikern der gegenwärtigen Forschungsergebnisse zugestehen, daß die Gehirnforschung gerade erst begonnen hat, die Funktionsunterschiede der beiden Hälften des Gehirns aufzudecken. Das Gehirn ist seit uranfänglichen Zeiten ein Mysterium gewesen, und es wird partiell auch für viele Jahre noch ein Mysterium bleiben. Ganz gleich, wie lange wir noch leben sollten: Weder in meinem noch in Ihrem Leben werden alle Antworten gefunden werden. Wir stehen am Anfang eines langen Weges und müssen deswegen bedenken, daß sicherlich noch viele widersprüchliche Annahmen vor uns liegen, bevor die Wissenschaft nach langen Jahren der Forschung mit Ergebnissen aufwarten kann, die über jeden Zweifel erhaben sind. Heute sind wir am besten vorsichtig, wenn wir etwas über den Menschen und die Funktionen seines Gehirns aussagen wollen. Deswegen benutze ich meine Äußerungen zumeist unter Vorbehalt mit Worten wie "zumeist", "gewöhnlich" oder "selten".

Roger Sperry sagte in seiner Dankansprache nach Empfang des Nobelpreises: *"Je mehr wir dazulernen, desto komplexer wird das Bild der Voraussagen, die wir über irgendeinen Menschen machen können, und desto mehr scheint uns dieses Bild in der Erkenntnis zu bestärken, daß die Nervennetze unseres Gehirns sehr viel einmaliger sind. Fingerabdrücke und Gesichtszüge scheinen daneben eher plumpe und simple Gradmesser menschlicher Individualität abzugeben.*

Die medizinische Forschung schreitet langsam voran. Zum Glück haben die bisher gewonnenen Kenntnisse schon einiges bewirkt. So hat zum Beispiel die Verhaltensforschung die bisherigen Ergebnisse im Bereich der Kreativitätsentwicklung anwenden können. Sollten Sie sich für diese Forschungsergebnisse interessieren, finden Sie in den Anmerkungen und in der Bibliographie wertvolle Hinweise dazu.

Das Übungsprogramm dieses Buches ist zwar aus den Erkenntnissen entstanden, die die wissenschaftliche Forschung über die Hemisphären des Gehirns gewonnen hat, aber diese Forschungsergebnisse bilden nur den Hintergrund. Ganz gleich, welche Entdeckungen die Neurologie in Zukunft noch machen wird - diese Übungen sind unabhängig von der medizinischen Arbeit und werden Ihnen in jedem Fall helfen, Ihre schöpferische Leistungsfähigkeit zu steigern. Für diesen Zweck ist es gänzlich unerheblich, ob Sie über entsprechende wissenschaftliche Kenntnisse verfügen oder nicht.

3

Der Schlüssel zur Kreativität

An dieser Stelle des Buches möchte ich einen Moment innehalten und mich - auch wenn das über das Medium bedruckter Seiten recht schwierig sein mag - mit Ihnen als Leser über den Sinn dieses Buches unterhalten.

So spannend das Verfolgen der wissenschaftlichen Bemühungen zu diesem Thema auch sein mag, der Zweck dieses Buches ist ein anderer. Es geht mir nicht darum, Ihnen das gesammelte Wissen zur Hemisphärenforschung vorzustellen, sondern darum, Ihre eigene Entdeckerfreude zu wecken. All das, was ich schreibe, wird bei Ihnen erst lebendig werden, wenn Sie Lust bekommen, selbst Ihr rechtes Gehirn in freifließender Aktivität zu erleben. Damit Sie wirklich das bekommen, was ich Ihnen mit diesem Buch geben möchte, ist es wichtig, den Sinn und Zweck jeder einzelnen Übung des Sechs-Tage-Programms zu verstehen. Stellen Sie mir beim Lesen ruhig ein paar Fragen: Warum wirken diese Übungen? Und was bewirken sie? Auf welchen Wegen stimulieren sie die rechte Gehirnhälfte?

Die folgenden Seiten werden uns dazu einige Antworten geben und uns ein Verständnis ihrer Wirkungsweise vermitteln; sie werden uns zeigen, wie die linke Hälfte des Gehirns diese Zusammenhänge versteht. Das ist sehr wichtig. Andererseits werden Sie die Wirkungskraft der Übungen im Teil III nur dann vollständig aufnehmen und begreifen, wenn die rechte Hälfte Ihres Gehirns die Übungen tatsächlich verarbeitet hat.

Es kann sein, daß Sie bereits einige Techniken aus unserem Übungsprogramm kennen. Viele gehen auf verschiedene Meditationsformen, auf Biofeedback und auf Erkenntnisse aus Psychiatrie, Psychologie und verwandte Wissensgebiete zurück. Erst die Synthese der verschiedenen Techniken macht die hier angeregte "Entdeckung des rechten Gehirns" zu der einmaligen Methode, die es ist.

Die Übungen sind ein Extrakt der jeweils potentesten Werkzeuge, die in den genannten Gebieten zur Verfügung stehen. Aus dem Bereich der Meditation werden Sie mit Entspannungs- und Konzentrationsübungen vertraut werden, die Ihre Spontaneität und Konzentration anregen und verstärken. Auch aus der Psychologie stammen wertvolle Einsichten. Sie zeigen, wie wir Kindheitserinnerungen und die Stimulierung unserer Sinne einsetzen können, um Gefühlsstimmungen auszulösen, die uns bei der Lösung gegenwärtiger Probleme helfen. Ferner werden Sie lernen, sich Ihre Träume konkret nutzbar zu machen. Zu diesem Zweck werden Sie sowohl Techniken aus der Psychiatrie anwenden als auch das Wissen eines Eingeborenenstammes aus Malaysia einsetzen, der auf diesem Gebiet sehr viel Erfahrung besitzt. In vielen Wissensgebieten haben Experten mit sehr viel Sachverstand und Lebenserfahrung jene Vorstellungen und Methoden entwickelt, die ich in unserem Buch zusammengetragen habe. Ich habe sie wie seltene Kostbarkeiten aus vielen Weltgegenden zusammengesucht, um unsere Entdeckungsreise damit reich und vielfältig zu machen.

Zwar enthält das Programm viele psychologische Techniken, aber nicht zum Zweck der Selbstanalyse. Wenn Sie trotzdem therapeutische Einsichten gewinnen, sind diese nurmehr ein unbeabsichtigtes Nebenprodukt. Die Übungen verfolgen einen eindeutig bestimmten anderen Zweck: Jede Gruppe von Übungen ist so strukturiert, daß sie Ihre Schöpferkraft und Leistungsfähigkeit unmittelbar steigert.

Haben Sie dieses Kapitel durchgelesen und verstanden, was die elf Übungsgruppen jeweils im wesentlichen auszeichnet, werden Sie erkennen, daß die schöpferischen Menschen aus Kunst und Wissenschaft, die ich interviewt habe und im zweiten Teil des Buches zu Wort kommen lasse, bei ihrer Arbeit nach ähnlichen Verfahren vorgehen. Sie werden vermutlich den Äußerungen der rechten Hälfte Ihres Gehirns eher vertrauen und diese mit Freude weiterentwickeln, wenn Ihnen einmal an diesen Beispielen vorgeführt wurde, wie sich kreative Menschen das Potential ihrer rechten Hemisphäre erschlossen haben.

Unser Übungsprogramm dauert sechs Tage. Sie werden jeden Tage zu allen elf Übungsgruppen jeweils eine Übung machen. (Am ersten Tag kommt noch eine Sonderübung hinzu.) Die Übungsfolge ist so aufgebaut, daß sie Sie Schritt für Schritt tiefer in das Reich des rechten Gehirns hineinführt.

Übungsgruppe 1:
Überlisten der linken Gehirnhälfte

Wir werden für die Einsichten der rechten Hemisphäre besonders empfänglich, wenn wir körperlich entspannt sind und unser Geist von dem ständigen inneren Geplapper frei ist. Deswegen gehen dem eigentlichen Programm zwei

Aufwärm-Übungen voraus. Diese helfen Ihnen, in einem Zustand körperlicher und geistig-seelischer Aufnahmebereitschaft zu beginnen.

Sie haben vielleicht schon einmal den Querschnitt eines Zweiges oder einer Schneeflocke unter dem Mikroskop betrachtet. Diese Bilder veranschaulichen, was ein Mandala ist: geometrische Strukturen, die sich in einer Reihe konzentrischer Formen um einen Brennpunkt gruppieren. Auch das menschliche Auge hat eine Mandala-Form: Die Pupille ist das Zentrum dieses besonderen Mandalas und die Iris vervollständigt das symmetrische Muster. Darüber hinaus harren viele andere mandalaähnliche Strukturen ihrer Entdeckung: in Edelsteinen, Blumen, Samen und so weiter.

Die Mystiker haben schon seit Jahrhunderten Mandalas benutzt; sie haben mit ihrer Hilfe ihre Konzentration vertieft und sich in einen Zustand geistig-seelischer Empfänglichkeit versetzt, um zu spirituellen Eingebungen zu gelangen.

Kunst, Architektur und religiöse Symbole sind ebenfalls reich an symmetrischen Formen, die aus sich heraus harmonisch sind und in vielen Fällen Muster eines herausragenden Gestaltungswillens darstellen. Schauen Sie einmal in ein Kaleidoskop und betrachten Sie die sich ständig wandelnde Gestalt seines Mandalas. Viele Künstler haben solche Mandalas eingesetzt, in vieltausendfachen Formen: auf Emailleschmuck, auf Gemälden, in der Töpferei (besonders im Orient). C. G. Jung hat Mandalas während seiner eigenen psychologischen Entwicklung eingesetzt und sie dann als therapeutisches Hilfsmittel auch bei seinen Patienten angewandt. Er hat uns berichtet, daß Mandalas häufig in Träumen erscheinen und daß in ihnen ein Sinn liegt, der weit über die eigenen Erfahrungen des Träumenden hinausgreift.

Glasmalereien in Kirchen und Kathedralen Europas und Nordamerikas enthalten häufig Mandalas, die sowohl

Künstlern wie Gläubigen seit vielen Jahrhunderten als Gegenstand ihrer Verehrung galten.

In dieser Aufwärm-Übung werden Sie sich einige Minuten auf das Zentrum des Mandalas konzentrieren, Ihre linke Gehirnhälfte entspannen und Ihre speziell mit visueller Wahrnehmungsfähigkeit ausgestattete rechte Gehirnhälfte aktivieren.

Wir können solche Mandalas in unserem Übungsprogramm zur Förderung der rechten Hemisphäre dann am wirkungsvollsten benutzen, wenn wir uns in bequemer Haltung an einem ruhigen Ort hinsetzen, in der Absicht, uns zu entspannen und zu konzentrieren. Sobald Sie sich auf das Zentrum eines Mandalas einstimmen, Ihre ganze Aufmerksamkeit auf das Zentrum ausrichten, werden Sie sich allmählich entspannen. Während Sie sich fünf Minuten oder länger auf die sichtbare Struktur konzentrieren, wird der Geist ganz ruhig. Diese Ruhe verdrängt nach und nach das innere Selbstgespräch, das wir gewöhnlich fortwährend mit uns führen. Nach einigen derartigen Sitzungen mit dem Mandala werden Sie entdecken, daß Sorgen und unwesentliche Gedanken während dieser Zeit nicht mehr in Ihr Bewußtsein eindringen können.

Sind Sie mit dem Gebrauch eines Mandalas noch nicht vertraut, werden Sie sich vielleicht fragen, wie sich Ihre Stimmung allein dadurch verändern soll, daß Sie ein simples graphisches Muster anschauen. Aber es gibt durchaus einen Grund. Die Wissenschaft verweist uns seit kurzem auf eine unmittelbare Verbindung zwischen der Fähigkeit auf einfache räumliche Konfigurationen (wie etwa ein Mandala) zu reagieren, und der Funktion der rechten Gehirnhälfte. Je nach Art seiner Tätigkeit erzeugt das Gehirn eine andere Art von Wellen.

Konzentrieren Sie sich zum Beispiel intensiv auf ein einfaches graphisches Muster, so beginnt das Gehirn, sich in einen (langsamen) Alpha-Wellen-Rhythmus einzuschwingen. Diese Alpha-Wellen lassen sich mit Hilfe von Biofeedback-Geräten messen und zeigen an, daß eine oder sogar beide Hemisphären des Gehirns in einem entspannten Zustand sind. Zwar kann das linke Gehirn mit graphischen Mustern wenig anfangen, aber es mag trotzdem versuchen, die Kontrolle zu bewahren, indem es das vorliegende Muster in seine Einzelteile, Quadrate, Kreise oder Kreuze aufgliedert. Sie können dieser Tendenz entgegenarbeiten. Zu diesem Zweck müssen Sie sich nur auf das Zentrum des graphischen Musters konzentrieren, wobei Sie gleichzeitig versuchen, so viel wie möglich von der Peripherie in Ihr Blickfeld einzuschließen, ohne es zu analysieren. Irgendwann wird die linke Hemisphäre das Analysieren aufgeben und sich nach und nach den Kräften der rechten Hemisphäre fügen. Das heißt, Sie überlisten mit Hilfe des Mandalas die linke Hemisphäre, so daß Sie sich auf den Wahrnehmungsmodus der rechten Hemisphäre einlassen können.

Übungsgruppe 2:
Biofeedback-Training

Bei den Biofeedback-Übungen entspannen Sie sich körperlich, indem Sie den Körper über einen geistigen Prozeß zur Entspannung anleiten. Dies wird Ihnen helfen, für die Anregungen Ihrer rechten Hemisphäre empfänglicher zu werden.

Vor etwa fünf Jahren konsultierte ich Dr. Melvyn Werbach, der damals die Forschungsstelle für klinisches Biofeedback an der *University of California* in Los Angeles leitete und jetzt der *Biofeedback Medical Clinic* in Beverly Hills vorsteht. Ich brauchte seine Hilfe gegen meine physischen Beschwerden: Eine häufig wiederkehrende Migräne.

Meine Besuche erwiesen sich in einer Weise nützlich, die ich damals noch nicht vorhersehen konnte, denn ich lernte eine Technik kennen, die für den kreativen Prozeß ein unschätzbar wertvolles Werkzeug ist.

Dr. Werbach befestigte an meinen Fingern und an den Muskelsträngen entlang der Wirbelsäule Elektroden, die mit einem Biofeedback-Computer verdrahtet waren. Dann blitzten Lichter auf der Maschine auf. Ein Piep-Ton zeigte an, daß mein Bewußtsein meine Angst an den Körper weitergeleitet hatte; die Drähte dieses erstaunlichen Gerätes ermöglichten eine Art Rückkopplungsmechanismus: Lichter und Töne vermittelten die Informationssignale, die mein Körper tatsächlich aussandte. Ich konnte die körperliche Verspannung, unter der ich litt, tatsächlich sehen und hören.

Danach machte mich Dr. Werbach mit verschiedenen Methoden der Tiefenatmung und anderen grundlegenden Entspannungsübungen bekannt. Er zeigte mir ferner, wie ich mich mit Hilfe bestimmter Imaginationsübungen entspannen konnte. Aber mein Argwohn gegen alles, was da vor sich ging, ließ die Maschine nur um so heftiger aufleuchten und piepen. Ich weiß noch, wie ich mich darüber beschwert habe, daß das ja doch nichts bringe (und nie etwas bringen würde). Aber nach und nach "ließ ich los" und hörte auf, "mich zu bemühen" (zwei für diesen Prozeß sehr wichtige Schritte). Die Lichter blitzten nur noch gelegentlich auf, und von den Piep-Tönen war bald gar nichts mehr zu hören. Jeder sorgenvolle Gedanke jedoch bewirkte, daß die Maschine aufs neue aufleuchtete und piepte. Indem ich Geist und Körper beruhigte, konnte ich auch die Maschine dazu bringen, sich ruhig zu verhalten. Ich blieb weiterhin an die Maschine angeschlossen und versank allmählich in einen Zustand tiefer Entspannung. Dabei lernte ich, die Verspannungen meiner Rückenmuskeln zu lockern und den Blutkreislauf zu regulieren, indem ich die Temperatur meiner Hände durch bewußte Steuerung einige Grade ansteigen ließ. Während des gesamten Vorgangs zeigte die Maschine an, welche Fortschritte ich dabei machte.

Die Behandlung war vom medizinischen Standpunkt aus erfolgreich: Auch fünf Jahre danach habe ich die Migräne noch zu fünfundachtzig Prozent unter Kontrolle. Darüber hinaus hatte die Behandlung noch andere weitreichende Folgen. Ich hatte nun eine neue Art der Kontrolle über den Zustand der Tiefenentspannung gewonnen, der für kreatives Arbeiten und anhaltende Produktivität von größter Bedeutung ist.

Ich entdeckte ebenfalls, daß der Bilderreichtum meines "geistigen Auges" in tiefer Entspannung erstaunlich zunahm. Da lag ich nun mit geschlossenen Augen und vor meinem Geist zogen Bilder vorbei in Farben, von denen ich nicht einmal gewußt hatte, daß es sie gibt. Ich fing an, mir abstrakte Formen vorzustellen, während ich vom Normalbewußtsein in einen Zustand veränderten Bewußtseins hinüberglitt. Wann immer sich die linke Hemisphäre entspannte und ich feststellte, daß das Schwergewicht der Bewußtseinsaktivität auf die rechte Hemisphäre übersprang, spürte ich ein Gefühl des Fließens und Aufstrebens, einen ungeheuren Frieden und ein tiefes Vertrauen.

Da beide Gehirnhälften die langsamen Alpha-Wellen hervorbringen, beschränkt sich der Wert der Tiefenentspannung nicht nur auf die rechte Hemisphäre. Vielmehr mag sich dieser Zustand veränderten Bewußtseins sogar als ausgleichender Faktor auswirken. Er könnte dafür sorgen, daß die Hemisphären gemeinsam zu zwangloser Ruhe kommen. Aus diesem Gleichgewicht heraus könnte die rechte Hemisphäre dann viel leichter ihre Kräfte zur Geltung bringen.

Was ich von Dr. Werbach gelernt hatte, so erkannte ich sehr bald, konnte sich weit über die unmittelbare physische Situation hinaus auswirken. Zum Beispiel schrieb ich viel besser, wenn ich mich in einem Zustand tiefer Entspannung befand.

Natürlich verschwand dieses schöne Gefühl wunderbarer Leichtigkeit nach ein paar Stunden und alles war wie zuvor: Ich verspannte mich körperlich und geistig. Deswegen legte ich mir ein Konzept zurecht: Ich würde eine praktische Methode entwickeln, die mir helfen sollte, diesen neuen Zustand der Bewußtheit in die Alltagsroutine einzubringen.

Viele der Entspannungstechniken meines Übungsprogramms habe ich ursprünglich von Dr. Werbach gelernt. Andere habe ich um Elemente aus dem Yoga, aus dem Autogenen Training und anderen Meditationsformen erweitert. Die Übungen werden auch ohne die Monitorfunktion einer Biofeedback-Maschine Ihren Körper und Ihr Bewußtsein dramatisch verändern. Vielleicht vermittelt Ihnen Ihre neugewonnene Kreativität dieses Feedback.

Übungsgruppe 3:
Phantasie-Reisen

Wenn Sie in ein fremdes Land reisen, lernen Sie am besten die Sprache dieses Landes oder suchen sich einen Begleiter, der beide Sprachen spricht. Ansonsten ist es schwierig zu erklären, was man will und auf die gestellten Fragen Antworten zu bekommen. Solange Sie die Bedeutung der fremden Wörter nicht verstehen, müssen Sie sich auf Ihre Fähigkeit verlassen, einen Gesichtsausdruck richtig zu deuten, das Gemeinte aus dem Ton der Stimme herauszuhören, Sie müssen Gesten und Körpersprache lesen können. Darüber hinaus hilft nur Intuition und Einfallsreichtum.

Dasselbe gilt auch für eine Reise ins Reich der rechten Hälfte Ihres Gehirns. Wollen Sie verstehen, was sich dort abspielt, müssen Sie auf eben solche Fertigkeiten zurückgreifen. Die rechte Hemisphäre erkennt nicht mit Hilfe von Worten, sondern über Bilder, Metaphern und Symbole.

Sie müssen es nur auf den Versuch ankommen lassen. Dann werden Sie auch auf dieser Ebene ohne Schwierigkeiten kommunizieren können.

In den Träumereien am Tag wie in den Träumen der Nacht erschafft Ihr Mind sichtbare Bilder. Und das ist Imagination, eine Abfolge geistiger Bilder. Sobald Sie diese visuelle Sprache deuten lernen, finden Sie Zugang zu dem bedeutenden Kommunikationsmodus der rechten Hemisphäre. Sie begreifen, wie die rechte Hälfte Ihres Gehirns Ideen übermittelt.

In den Übungen der dritten Gruppe werde ich Sie jeweils in eine Lage bringen, in der Sie die Vorstellungskraft Ihrer rechten Hemisphäre einsetzen müssen. Die Zeit dafür ist reif, denn Sie haben ja die linke Hemisphäre bereits mit Hilfe von Mandala-Betrachtungen und Biofeedback-Übungen entspannt. Nun sind Sie bereit, den Wahrnehmungsmodus der rechten Hemisphäre noch tiefer zu erleben. Zu diesem Zweck werde ich Sie auffordern, sich scheinbar fremde Orte und Erfahrungen vorzustellen. Dabei werden Sie entdecken, daß Ihre eigenen schöpferischen Kräfte nach Ausdruck drängen. Ihr Mind wird lebhafte Bilder erzeugen; darüber hinaus treten plötzlich Gerüche, Geschmacks- und Berührungsempfindungen gemeinsam mit diesen Vorstellungsbildern auf. Diese sind ein wesentlicher Bestandteil Ihrer Phantasien - sehr starke Empfindungen und gelegentlich sogar außerordentlich angenehm.

Sollte unser Übungsprogramm für Sie die erste Bekanntschaft mit dieser Art kreativer Imagination sein, werden Sie vielleicht darüber staunen, daß Ihr Bewußtsein die Kraft hat, dermaßen lebendige Szenen und intensive Gefühle hervorzurufen. Was Sie erfahren, ist weitaus mächtiger als die üblichen Tagträumereien, und Sie können es überdies viel besser steuern als die Träume in der Nacht. Sie erfahren nicht mehr ausschließlich die Wirklichkeit, wie die linke Hälfte Ihres Gehirns sie Ihrem Bewußtsein darstellt. Vielmehr leben Sie nun in der Wirklichkeit Ihrer rechten Hemisphäre und dieses Erleben ist in gleichem Maße gültig, besitzt ebenso Wirklichkeitsgehalt wie das logische Denken der linken Hemisphäre.

Einige unserer Phantasie-Reisen befähigen Sie, sich einen "inneren Ratgeber" zu schaffen. Es handelt sich dabei um eine imaginäre Gestalt, die in Ihrem Unbewußten wohnt und alle Weisheit Ihrer rechten Hemisphäre personifiziert. Diese Gestalt hat zu allen Gefühlen und Ereignissen Zugang, die Sie jemals erfahren haben. Deswegen kann sie Sie in einer Weise beraten, die Ihre Entscheidungen im persönlichen und beruflichen Leben positiv beeinflußt.

Der "innere Ratgeber" oder die "innere Ratgeberin" sind sehr weise und außergewöhnlich liebevoll. Sie können ihnen also die geheimsten Sehnsüchte Ihrer Seele anvertrauen und offen mit ihnen darüber sprechen. Zwar mögen Sie erfahren, daß einige dieser Sehnsüchte den Widerspruch des logischen Selbst Ihrer linken Gehirnhälfte ernten werden, doch der "innere Ratgeber" wird Ihnen helfen, Ihre Bedürfnisse besser zu verstehen. Was immer Sie fühlen, er ist weise genug, es hinzunehmen, wie es ist, ohne es in irgendeiner Weise zu verurteilen.

Nehmen wir an, Sie sind Musiker, dann können Sie den "Weisen" oder die "Weise" in Ihnen um ein Lied bitten, so ursprünglich und schön, wie ein Lied nur sein kann, so vollendet, wie Sie jemals ein Lied gehört haben. Wenn Sie es dann später zu Papier bringen, werden Sie erkennen, daß es tatsächlich Ihr Lied ist: Es entsprang den tiefsten Regionen Ihres Mind.

Als Geschäftsmann oder -frau haben Sie wahrscheinlich andere Sorgen und Fragen. Dann möchten Sie mit dem oder der "Weisen" in Ihnen vielleicht ein spezifisches Problem diskutieren, das Sie augenblicklich beschäftigt. Kann sein, daß Sie dieses in seiner Gesamtheit durchschauen oder daß Sie wissen möchten, was Sie tief in Ihrem Innern dazu fühlen. Auch dies ist möglich.

Auch wenn Sie sich mit einem persönlichen, einem sogenannten "emotionalen" Problem herumschlagen, kann der oder die "innere Weise" Ihnen sinnvoll helfen, so daß Sie Klarheit über Ihre Gefühle gewinnen.

Ein Wort zur Vorsicht: Ich will nicht behaupten, daß Ihre intuitive Hemisphäre stets die richtige Antwort parat hat und in jedem Fall überlegen ist. Aber sie wird Ihnen die Sache unter dem Gesichtspunkt Ihres *fühlenden* Selbst beleuchten. Ist dies geschehen, können Sie die Anregungen und Hinweise des "inneren Ratgebers", der Ihr inneres Selbst ist, mit den Einsichten und Meinungen Ihres *analytischen, logischen* Selbst vergleichen und schließlich eine Entscheidung fällen, die auf der Sachkenntnis des *ganzen* Gehirns beruht.

Imaginationsübungen fördern jedoch nicht nur die Kreativität. Auch die Medizin hat inzwischen ihren Wert erkannt und greift in vielen Fällen darauf zurück - in der Psychotherapie, in der Onkologie (Geschwulstlehre) und in zahlreichen anderen Bereichen. Die Übungen in unserem Buch sind zwar eindeutig nicht auf den medizinischen Gebrauch zugeschnitten, aber es ist natürlich trotzdem wissenswert, wie die Medizin Imaginationsübungen einsetzt, um bestimmte Krankheiten zu heilen. Ich habe mich darüber mit einigen Ärzten unterhalten.

Zum Beispiel mit Dr. Bruce Christianson, einem Psychiater aus Los Angeles. Er erzählte mir, daß er bei verschiedenen Patienten mit Imaginationsübungen und dem "inneren Ratgeber" arbeitet. Außerdem führt er seine Patienten in den Gebrauch der Selbsthypnose ein, damit sie ihre Ängste mildern und mit der tieferen Bewußtheit der rechten Hemisphäre in Berührung kommen können. Selbsthypnose ist ein möglicher Zugang zu geistigen Bildern. In Verbindung mit Imaginationsübungen kann sie zu großen Erfolgen führen.

Dr. Christianson, der an der *Mayo-Clinic* studiert hat und einen von der Psychoanalyse und Freud geprägten Hintergrund besitzt, sagte mir: "Ich denke, daß die Zukunft der Psychotherapie im Gebrauch von Imaginationsübungen und anderen Techniken der rechten Gehirnhälfte liegt. Nach meiner Beobachtung führen Sie wesentlich schneller zu Ergebnissen als die konventionellen Therapien. Zudem fördern sie eine größere Unabhängigkeit vom Therapeuten."

Auch in der Fachklinik für Schmerzkrankheiten der *University of California* in Los Angeles sind Phantasie-Reisen und bewußt erlebte Tagträume ein wichtiges Therapeutikum geworden. Ihr Gebrauch geht auf die Pionierarbeiten von Dr. David Bresler zurück, deren Ergebnisse er in seinem Buch *Free Yourself from Pain* (*Befreie Dich von Deinen Schmerzen*) zusammengefaßt hat. Darin empfiehlt Dr. Bresler Imaginationsübungen und den "inneren Ratgeber" als wertvolle Hilfsmittel zur Beseitigung chronischer Schmerzen. Und was er über die Gespräche mit einem solchen "inneren Ratgeber" schreibt, entbehrt nicht einer gewissen Ironie: "Ich bringe meinen Klienten heute Dinge bei, deren Praktizierung noch vor zehn Jahren für mich Grund genug gewesen wäre, sie in eine psychiatrische Anstalt zu überweisen." Er fährt fort: "Aber meine Klienten berichten, daß die Imaginationsübungen ihnen helfen. Außerdem scheinen sie bei richtigem Gebrauch vollkommen ungefährlich zu sein. Wir müssen einfach anerkennen, daß das Unbewußte das autonome Nervensystem steuert, das seinerseits unsere Lust- und Schmerzempfindungen reguliert. Deswegen führt die wirkungsvolle Kommunikation mit der rechten Hemisphäre unter Umständen zu dramatischen körperlichen Veränderungen."

Dr. O. Carl Simonton ist Spezialist für Strahlenmedizin in Fort Worth in Texas. Für seine Krebspatienten hat er ein Programm der Geschwulstbehandlung entwickelt, das in seiner Art einmalig ist, denn er leitet sie mit Hilfe von Imaginationsübungen dazu an, ihre Körper in einem kraftvollen Genesungsprozeß klar und deutlich zu visualisieren. Dieses einzigartige Heilverfahren hat in Verbindung mit konventionellen Behandlungsmethoden zu Rückbildungen der Geschwulste geführt, die die üblichen Heilungsquoten bei weitem übertreffen.

So bereichern Techniken, die die Kräfte der rechten Hälfte unseres Gehirns einsetzen, die Medizin mit neuen Therapieformen. Wie bei allen Neuerungen sind die Meinungen darüber geteilt: Es gibt Ärzte, die über diese neuen Möglichkeiten geradezu ins Schwärmen geraten, während andere sie nicht recht ernst nehmen. Die Patienten jedoch, die mit solchen Techniken gearbeitet und deren Erfolge an sich erfahren haben, sind überglücklich über eine Behandlungsmethode, die ihnen Schmerzen erspart, keine zusätzlichen Medikamente beinhaltet und und neue Hoffnungen schafft.

Übungsgruppe 4:
Erinnerungsstücke

Unter einem Erinnerungsstück verstehen wir einen Gegenstand, der uns in früher Kindheit einmal gehört hat, eine Schmusedecke zum Beispiel oder einen Teddybär - Dinge also, die die Identität des Kleinkindes aufbauen und seine

Abhängigkeit von der Mutter schwächen helfen. Die Übungen dieser Gruppe werden Sie darin unterstützen, sich an bestimmte Gegenstände aus Ihrer Kindheit zu erinnern, die damals für Ihr noch junges Leben eine besondere Bedeutung hatten.

Die Erinnerung daran bewirkt, daß Sie sich plötzlich auch ganz lebhaft an Emotionen und Ereignisse aus jenem fernen Lebensabschnitt werden erinnern können. Erinnerungsstücke, das sind natürlich zuerst einmal normale, greifbare Dinge; aber auch die Erinnerung an eine Sinneswahrnehmung kann diese Rolle ausfüllen. So erinnerte sich ein Psychiater zum Beispiel während einer gemeinsamen Sitzung mit mir an einen besonderen Geruch. Dieser Geruch wiederum ließ ihn an das Haus seiner Großmutter denken und damit an den guten Geist, den sie in sein Leben einpflanzte, und der ihn seitdem nährt und trägt.

Können Sie sich an einen greifbaren Gegenstand aus Ihrer frühen Kindheit erinnern, der für Sie eine besondere Bedeutung hat? - Denken Sie einen Augenblick nach und warten Sie ab, was Ihnen auf diese Frage vielleicht einfällt. In den Übungen dieser Gruppe werden wir also mit solchen Erinnerungsstücken arbeiten, mit Auslösern von Assoziationsketten, und zwar in dem Sinn, daß unsere Erinnerungen uns nun die Werkzeuge für reife, kreative Leistungen in die Hand geben. Die meisten unserer erfolgreichen Zeitgenossen, die es auf ihrem Gebiet zu etwas gebracht haben, befinden sich mit dem "Kind in sich" in Harmonie. Viele von ihnen bewahren irgendwo in ihrem normalen Lebensraum Bilder oder Gegenstände von früher auf, gewissermaßen als Quelle der Erinnerung, die sie an Ereignisse gemahnt, die ihre Entwicklung gefördert oder ihnen die Gelegenheit gegeben haben, sich in der Herausforderung zu bewähren.

Ob Sie sich an Vergangenes erinnern, um seinen Einfluß auf Ihr Leben zu verstehen, oder ob Sie eben diese Erinnerung in sich wachrufen, weil sie Ihnen das Rohmaterial für eine schöpferische Leistung liefern wird, bleibt einerlei. Die Erinnerungen sind in jedem Fall ein wichtiger Teil Ihres inneren Selbst. Als solche verdienen sie Ihre Aufmerksamkeit und Ihr Interesse.

Aber Erinnerungen vermitteln uns zumeist nur einen schwachen Schatten der ursprünglichen Erfahrung - ein Gesprächsfetzen, das dumpfe, irgendwie unbegreifliche Echo eines Gefühls, das die Erinnerung in uns auslöst. Sobald dann jedoch die rechte Hemisphäre unsere Erfahrung wieder lebendig macht, können wir uns den Luxus leisten, uns so zu erinnern, als würden wir die Ereignisse der Vergangenheit nochmals erleben.

Wenn Sie dies tun, müssen Sie jedoch darauf achten, keine traumatischen Erinnerungen wiederzuerwecken. Damit sollen Sie sich nur unter fachkundigem Beistand auseinandersetzen.

Sie sollten sich stattdessen ermutigen, an Erfahrungen zu rühren, die Sie innerlich reicher gemacht haben - und vielleicht auch an solche, die Sie verletzbarer, menschlicher werden ließen. Sie haben den ersten Schritt zur Integrierung des "inneren Kindes" in Ihr Erwachsenenleben getan, wenn Sie Ihre zarten und zerbrechlichen Gefühle wieder unmittelbar präsent machen können. Für viele Formen schöpferischer Tätigkeit ist dies unerläßlich.

Es mag Menschen geben, die haben für sich entschieden, daß sie sich an ihr frühes Leben unter keinen Umständen erinnern wollen. Sie haben es sehr häufig "einfach vergessen" und können sich infolgedessen an nichts mehr lebhaft erinnern; sie haben ihr Erinnerungsvermögen gedämpft und beschädigt.

Allein der Wunsch hilft schon weiter: Wenn Sie sich tatsächlich erinnern wollen, haben Sie Ihre Vergangenheit auch nicht wirklich verloren. - Der Neurologe und freudianische

Analytiker Lawrence Kubie beschreibt an einer Stelle den Versuch, den er mit Patienten unter Hypnose durchgeführt hatte. Er führte seine Versuchspersonen zuerst im Normalzustand in einen ihnen unbekannten Raum, wo sie sich nur wenige Minuten aufhalten durften. Danach geleitete er sie wieder heraus und bat sie, so viele Gegenstände aus diesem Raum zu nennen, wie sie in Erinnerung behalten hatten. Es wurden daraufhin durchschnittlich zwanzig bis dreißig Dinge aufgezählt. Dann versetzte Kubie dieselben Versuchspersonen in Hypnose und führte sie abermals in den Raum: Als sie danach wieder herauskamen, konnten sie sich durchschnittlich an gut zweihundert Dinge aus dem Raum erinnern!

Sie müssen nicht unter Hypnose stehen, um die vielen verschütteten Erinnerungen auszugraben, die Ihr Leben reicher machen werden. Die auf die rechte Hemisphäre abgestimmten Techniken dieses Buches können bestimmte Momente zum Leben erwecken, die Sie schöpferisch inspirieren und Ihnen gleichzeitig ein nützliches Werkzeug in die Hand geben, gegenwärtige Schwierigkeiten zu bereinigen.

Übungsgruppe 5:
Schreiben mit der "anderen" Hand

Welchen Vorteil könnte es Ihnen bringen, einmal mit der Hand zu schreiben, mit der Sie gewöhnlich nicht schreiben? - Sie werden sich zuerst vielleicht unbeholfen fühlen. Sie werden das Geschriebene nur schwer oder gar nicht lesen können. Der Versuch mag Ihnen dermaßen töricht vorkommen, daß Sie sich innerlich dagegen sperren.

Aber fest steht nun einmal: Die Beziehung zwischen jeder Gehirnhälfte und der ihr entgegengesetzten Körperseite ist eine wechselseitige Beziehung. Das rechte Gehirn steuert die linke Hand. Demzufolge beeinflußt die linke Hand

58

rückwirkend das rechte Gehirn. Wenn Sie also in ganz bestimmten Schlüsselsituationen unseres Übungsprogrammes linkshändig schreiben, können Sie damit unbewußte Inhalte zutage fördern.

Beißen sich meine Klienten an einem Problem fest, so bitte ich sie gewöhnlich, darüber zu schreiben, und zwar zuerst mit der normalen Schreibhand. Dann stelle ich ihnen gezielt Fragen dazu und fordere sie auf, diese ebenfalls schriftlich zu beantworten - diesmal mit der anderen Hand. Nach einem kurzen Lachen der Verlegenheit kommt das "schriftliche Sprechen" dann allmählich in Fluß und meine Klienten sind häufig sehr überrascht über das, was ihre andere Hand niederschreibt.

Auch bildende Künstler haben den Wert dieser Technik bereits erkannt. Deswegen legen viele Professoren ihren Malschülern nahe, für eine gewisse Zeit mit der anderen Hand zu malen. Dieses Experiment vermittelt dem Schüler eine wichtige Erfahrung: Wenn er nämlich nach einer Weile wieder mit der normalen Hand malt, wird er zumeist entdecken, daß er nun freier und spontaner arbeiten kann. Beim Schreiben kann diese einfache Methode kleinere Schreibblockaden durchbrechen helfen, besonders dann, wenn uns nicht die passenden Bilder und Metaphern einfallen wollen. Auch Sie können darauf zurückgreifen, wann immer Sie für den Bewußtseinsmodus Ihrer rechten Hemisphäre offen sind.

An der medizinischen Fakultät der *Cornell-University* hat man einen jungen Mann auf die Reaktionen seiner rechten und linken Gehirnhälfte getestet, von dem man bereits wußte, daß die Fähigkeit der Sprachverarbeitung bei ihm auf beide Hemisphären verteilt war. Auf die Frage nach seinem Berufswunsch verleitete ihn die linke Hemisphäre zu antworten, er wolle Konstruktionszeichner werden. Als man seinem rechten Gehirn anschließend dieselbe Frage vorlegte, entschied es sich ganz anders: Seine linke Hand wählte neue Scrabble-Spielsteine und bildete damit das Wort "Rennfahrer". Seine rechte Hemisphäre sah einen ganz anderen Beruf für ihn vor als seine linke. Es ist für uns sehr wichtig zu wissen, wann unsere Hemisphären unterschiedliche Ziele verfolgen. Wir müssen diese Ambivalenz unbedingt erkennen.

Wenn Sie im Laufe unseres Programms zu dieser Übungsgruppe gelangen, bei der Sie mit der anderen Hand schreiben sollen, haben Sie sich vielleicht bereits auf den Funktionsmodus der rechten Gehirnhälfte eingestimmt. Sobald Sie dann in diesem traumähnlichen Zustand Ihre linke Hand gebrauchen, werden Sie allein durch diesen Schritt häufig mit Ihren unbewußten Zielen und Bedürfnissen in Berührung kommen.

Ich möchte Sie allerdings daran erinnern, daß die rechte Hemisphäre nicht in jedem Fall das letzte Wort behalten sollte. Ihre Vorschläge können durchaus unangebracht sein und zwar aus Gründen, die wiederum die linke Gehirnhälfte am besten zu beurteilen vermag. Aber zumindest wird die Kenntnis davon, wie die rechte Gehirnhälfte zu einem Problem Stellung nimmt, einen Informationsaustausch zwischen beiden Bewußtseinsmodi in die Wege leiten.

Übungsgruppe 6:
Die Stimulierung der Sinne

Denken Sie an eine Rose, eine Beethoven-Sonate, ein Glas Wein, ein exquisites Parfum, eine Daunendecke. Was haben alle diese Dinge gemeinsam? Als erstes wird Ihnen dazu vielleicht einfallen, daß alle diese Dinge Ihre Sinne stimulieren. Vielleicht haben diese Begriffe bei Ihnen aber auch romantische Assoziationen hervorgerufen. Denn schließlich wird die Liebe durch die rechte Hemisphäre erfahren und alle Sinne sind daran beteiligt und arbeiten zusammen, damit es ein intensives Erlebnis wird. Wenn Sie sich vorstellen, die Blume zu sehen, den Wein zu schmekken, das Parfum zu riechen und die weiche Decke zu fühlen, stimulieren Sie Ihre Sinne und lösen Reaktionen Ihrer rechten Gehirnhälfte aus. Im Verlauf dieser Übungsgruppen werden Sie lernen, jeden Ihrer fünf Sinne getrennt wahrzunehmen, und den einzigartigen Beitrag schätzen lernen, den er zu Ihrer Erfahrung der Welt leistet.

Die Funktion der Übungen zur sensorischen Stimulierung ist der Funktion der Übungsgruppe "Erinnerungsstücke" sehr ähnlich. Beide Übungsgruppen werden als eine Art "Transportmittel" genutzt, um Sie zu eindrucksvollen Erfahrungen der Vergangenheit zurückzubringen.

Swanns Welt von Marcel Proust enthält eines der schönsten literarischen Beispiele davon, wieviel Erinnerungen an eine lange zurückliegende Vergangenheit mit einem bestimmten Geschmack verknüpft sein können. Proust beschreibt seine Empfindungen beim Genuß einer Tasse Tee und kleiner Kekse, den *petites madeleines,* die er viele Jahre lang nicht mehr gegessen hatte:

> In der Sekunde nun, als dieser mit dem Kuchengeschmack gemischte Schluck Tee meinen Gaumen berührte, zuckte ich zusammen und war wie gebannt durch etwas Ungewöhnliches, das sich in mir vollzog. Ein unerhörtes Glücksgefühl, das ganz für sich allein bestand und dessen Grund mir unbekannt blieb, hatte mich durchstömt. (...) Woher strömte diese mächtige Freude mir zu? Ich fühlte, daß sie mit dem Geschmack des Tees und des Kuchens in Verbindung stand, aber darüber hinausging und von ganz anderer Wesensart war. (...) Und dann mit einem Male war die Erinnerung da. Der Geschmack war der jener Madeleines,

die mir am Sonntagmorgen in Combray (...) meine Tante Léonie anbot, nachdem sie sie in ihren schwarzen oder Lindenblütentee getaucht hatte. (...) (S)o werden allein, zerbrechlicher aber lebendiger, immateriell und doch haltbar, beständig und treu Geruch und Geschmack noch lange wie irrende Seelen ihr Leben weiterführen, sich erinnern, warten, hoffen, auf den Trümmern alles Übrigen und in einem beinahe unwirklich winzigen Tröpfchen das unermeßliche Gebäude der Erinnerung unfehlbar in sich tragen.

Anhand Ihrer geschmacklichen, akustischen, taktilen, olfaktorischen oder optischen Empfindungen können Sie Ereignisse aus der Vergangenheit rekonstruieren, um auch in der Gegenwart über sie zu verfügen. Sie können als Katalysator für kreative Entdeckungen dienen oder Ihr Verständnis dafür erleichtern, warum Sie ganz bestimmte Entscheidungen in Ihrem Berufs- oder Privatleben treffen. Wieder ist der Stoff auf dem Webrahmen unserer Kindheit mit all unserem Handeln als Erwachsene verknüpft. Diese Übungen werden Ihnen die Farben und Strukturen Ihrer persönlichen Einzigartigkeit deutlicher vor Augen führen.

Eine Stimulation der Sinne kann auch dazu dienen, daß Sie die Welt mit mehr Sinn für das Erstaunliche und Schöne erfassen können. Hören Sie sich ganz bewußt Musik an, unterscheiden Sie die Töne jedes einzelnen Instruments, ehe Sie sich davon einnehmen lassen. Gehen Sie ganz bewußt und langsam durch einen Garten, um die verschiedenen Düfte im Vorbeigehen wahrzunehmen. Geniessen Sie die Berührung von Samt oder Seide auf Ihrer Haut. Schauen Sie sich eine wohlgeformte Skulptur an und erfahren Sie durch Ihre Augen die Patina, die Struktur und die Umrisse mit gesteigertem Bewußtsein. Bringen Sie Ihre

Sinne in Einklang, um ein neues Bewußtsein für Ihre Umwelt zu erzeugen; vielleicht werden Sie überrascht sein, wenn Sie feststellen, wie derartige Wahrnehmungen des Hier und Jetzt Ihre Beobachtungsgabe der Menschen und Situationen, die Sie umgeben, verstärken.

Die Sinne werden nicht ausschließlich durch die rechte Gehirnhälfte erfahren, aber die Art und Weise, wie sie in der rechten Hälfte unseres Gehirns Gefühle und Erinnerungen auslösen, ist in diesem Programm von besonderer Bedeutung. Durch die Erweiterung Ihrer sinnlichen Erfahrungen eröffnet sich Ihnen eine vollkommen neue Welt, und zwar sowohl im wörtlichen als auch im übertragenen Sinn.

Übungsgruppe 7:
Phantasieren

Die Gesellschaft vermittelt uns allen widersprüchliche Mitteilungen über den Wert von Phantasie und Einbildungskraft. Einerseits werden Menschen gelobt, wenn dank ihrer Einfälle ein erfolgreiches Produkt entsteht. Kann er jedoch kein konkretes Ergebnis vorweisen, wird ein kreativer Mensch häufig einer wilden Phantasie bezichtigt. (Was sich schnell dahingehend steigern kann, ihn einen "Spinner" zu nennen...) Wenn ein Mensch die Erfahrung macht, daß Phantasie lediglich Ablehnung hervorruft, kann jeglicher Wunsch nach Kreativität in ihm erstickt werden. Wird ein Träumer jedoch davon abgebracht zu träumen, so ist nicht nur er allein der Verlierer, sondern die ganze Gesellschaft.

Kreative Menschen von robuster emotionaler Gesundheit und ausgeprägtem Selbstbewußtsein werden natürlich trotz gesellschaftlicher Ablehnung ihren Weg finden. Menschen mit außergewöhnlicher Weitsicht - jene Träumer, die nach fernen Sternen greifen - haben stets gewußt, wie wichtig es ist, ihrer Einbildungskraft am äußeren Rande der Realität freien Lauf zu gewähren. Albert Einstein, von dem es hieß, er sei andauernd geistesabwesend, malte sich aus, wie es wohl wäre, auf einem Lichtstrahl ins All zu fliegen. Ich frage mich, wie viele Menschen ihn nicht mehr ernst nahmen, als er sagte: "Einbildungskraft ist wichtiger als Wissen." Einstein dachte nach eigener Aussage eher in Bildern als in Worten, er vertraute seiner Intuition und sagte, daß er seine besten Ideen nicht im Labor, sondern beim *Rasieren* gehabt hätte!

Phantasie reißt die Mauern vorgefaßter Weltbilder ein. In unserer Phantasie können wir uns mit Königen und Mystikern unterhalten, wir können zurück in die Vergangenheit reisen und Mozart oder Sokrates oder auch Kleopatra auf ihrer Barkasse besuchen. Wir können auch in die Zukunft reisen und als erster Mensch einen anderen Planeten besiedeln; wir können weit oben über der Erde umherreisen und über den Regenbogen in einer langen, sanften Abfahrt auf die Erde zurückkehren. Wir können China ohne Visum bereisen und alle Regeln der Physik, die uns an die Erde binden, brechen - zumindest für einen Moment lang. Aber dieser Moment ist entscheidend.

In diesen Übungen können Sie Ihre Phantasie auch dazu nutzen, die Effekte derzeitiger Aktionen anzutesten. In einem durch die Techniken der rechten Gehirnhälfte veränderten Bewußtseinszustand können Sie in die Zukunft vorauseilen und zwanzig Jahre älter sein, Sie könne sich dann ein Bild davon machen, wohin der von Ihnen gewählte Weg Sie geführt hat. Vielleicht führt die Tatsache, daß Sie einen experimentellen Blick auf die Welt von morgen geworfen haben, zu einer dramatischen Umgestaltung Ihrer gegenwärtigen Pläne. Phantasie gibt uns Gelegenheit, in unerforschten Gebieten zu spielen und die Risiken zu erkunden, ehe wir ihnen in der Realität begegnen.

Meine "Phantasie-Übungen" werden manchmal zusammen mit "Erinnerungsstück-Übungen" angewandt, um in die Vergangenheit zurückzukehren. Mit Hilfe Ihrer Phantasie können Sie Mißerfolge in Erfolge verwandeln, indem Sie das Drama rekonstruieren; natürlich können Sie nicht die *Realität* der Vergangenheit ändern, aber diese Übungen zeigen Ihnen, wie Sie die durch diese Erfahrungen erzeugten *Gefühle* bewältigen können. Diese neue Sichtweise der Kindheit nimmt unserem Intellektualismus die Kälte, die unser Lachen zu einem Lächeln reduziert und unsere Begeisterung in Vorsicht umwandelt. Phantasie ermöglicht es uns außerdem, visuell und experimentell zu denken. Nachdem wir diese Methode der Situationsbewertung durch unsere rechte Gehirnhälfte erfaßt haben, können wir die daraus resultierenden Erkenntnisse unserer linken Gehirnhälfte zur Begutachtung übergeben.

Übungsgruppe 8:
Traumarbeit

Zu allen Zeiten haben Träume die Menschheit zugleich fasziniert und beunruhigt. Diese wilden, anregenden Bilder, verwirrten Metaphern und komplexen Filme sind das Produkt unserer rechten Gehirnhälfte.

Die Übungen dieser Kategorie bieten mehrere Möglichkeiten, ganz bewußt von unseren Träumen zu profitieren. Bereiten Sie sich auf diese Übungen vor, indem Sie Ihre Träume aufschreiben. Wenn es Ihnen Schwierigkeiten bereiten sollte, sich an Ihre Träume zu erinnern, wird Ihnen das tägliche Aufschreiben Ihrer Träume erleichtern, die flüchtigen Bilder wieder hervorzurufen. Wir werden verschiedene Zugänge für die Arbeit mit Träumen darstellen, mit denen Sie täglich experimentieren können.

Alte Kulturen, wie zum Beispiel die Hebräer und die Griechen, glaubten, daß Träume direkte Botschaften der Götter waren. Menschen, die diese Botschaften zu interpretieren verstanden, genossen großes Ansehen. Die Bibel enthält viele Geschichten über Träume und Ihre Bedeutung. Alexander der Große ordnete seine Schlachten anhand von Traumdeutungen an. Die Träume zahlreicher großer Persönlichkeiten haben den Lauf der Geschichte beeinflußt.

Im zwanzigsten Jahrhundert hob Freud die psychologische Bedeutung von Träumen hervor. Seine Behauptung, daß Träume der Ausdruck sexueller Empfindungen seien, schockierte und empörte eine Gesellschaft, die es vorzog, diese unerwünschten und überwältigenden Mitteilungen des Unbewußten zu ignorieren. Carl Jung war mit Freud einer Meinung, daß Träume einen direkten Zusammenhang zwischen dem Unbewußten und dem Bewußten darstellten, allerdings stimmte er den freudschen *Interpretationen* von Traumsymbolen in vielen Fällen nicht zu. Schlafforscher berichten, daß Träume ungefähr 20 Prozent des Schlafes einer Durchschnittsperson einnehmen - das wären bei einem achtstündigen Schlaf ungefähr neunzig Minuten. Schnelle, rotierende Bewegungen des Augapfels weisen auf eine Traumphase hin (den sogenannten REM-Schlaf). Wenn Menschen während dieses Zeitraums geweckt werden, können sie sich im allgemeinen sehr lebhaft an ihre Träume erinnern.

Psychiater betrachten Träume als Röntgenbilder der Gefühle. Sie enthüllen die Ängste, Wünsche und Befürchtungen der Patienten. Traumtagebücher gewinnen mehr und mehr an Popularität, seit viele Menschen entdeckt haben, daß diese nächtliche Kommunikation mit der rechten Gehirnhälfte eines der besten Mittel für das Verständnis innerer, seelischer Vorgänge ist. In dieser Übungsgruppe werden Sie lernen, wie Sie sich besser an Träume erinnern können und diese Botschaften des Unterbewußten auf Ihre gegenwärtige Situation anwenden können. Es werden Ihnen spezielle Techniken vorgestellt werden, mit Hilfe derer Sie die wichtige Rolle, die das "Traumtheater" in Ihrem Leben spielt, besser verstehen lernen.

Träume sind auch als Briefe aus dem Unterbewußtsein bezeichnet worden. In diesem Buch werden wir jeden Tag einen solchen Brief öffnen und nachschauen, ob er eine wichtige Botschaft für uns enthält. So könnten wir etwa Warnzeichen über sich anbahnende Probleme vorfinden und Wege, wie diese zu umgehen sind. Einige Briefe könnten Lösungen für ganz spezifische Probleme enthalten, es könnten aber auch Briefe aus Ihrer Kindheit sein, die über ein noch immer unbewältigtes Trauma berichten. Beim Öffnen der Briefe werden wir verschiedene "Übersetzungsmethoden" anwenden, da die rechte Gehirnhälfte sich durch eine Vielzahl komplexer Codes mitteilt.

Der Psychoanalytiker Dr. James S. Grotstein hat mich viel über das Geheimnis der Traumdeutung gelehrt. In seinem Buch *Do I Dare Disturb the Universe* schreibt er:

"Als Medizinstudent in meinem zweiten Studienjahr hatte ich in der Nacht vor meiner Abschlußprüfung in Pharmakologie einen Traum, an den ich mich über die Jahre hinweg wie folgt erinnern kann: Ort der Handlung war ein ödes Moorgebiet im Schottischen Hochland, das von dichtem Nebel eingehüllt war. Ein kleiner Teil des Nebels lichtete sich langsam und ein surrealistischer Engel erschien und fragte: "Wo ist James Grotstein?" Die Stimme klang feierlich und getragen. Dann wurde der Engel wieder langsam vom Nebel umhüllt, als hätte er nie existiert oder gesprochen. Wie in einem zuvor arrangierten Schauspiel hob sich der Nebel anschließend wieder, dies-

mal jedoch weiter entfernt bei einem Vorgebirge, wo eine Felsenspitze aus der Wolkenbank herausragte und einen zweiten Engel enthüllte, der auf die Frage des ersten Engels folgendermaßen antwortete: "Er ist im Himmel und sinnt über das Ausmaß an Kummer auf der Erde nach."

... Als ich aus diesem Traum erwachte, empfand ich ein eigenartiges Gefühl der Ruhe, dem ich es wohl zu verdanken habe, daß ich die Prüfung am nächsten Tag gut bestand. Was jedoch damals - und ich muß gestehen, bis zum heutigen Tag - meine Aufmerksamkeit am meisten anzog, war das, was ich für die Schönheit und Poesie des Traumes hielt ...

Langsam gelangte ich zu der Erkenntnis, daß mein Traum ein Theaterstück war oder Teil eines längeren Theaterstückes: eine Erzählung, die ein kluger Bühnenautor ersonnen und ein sparsamer und dramatischer Produzent realisiert hatte; unter der Regie eines Regisseurs, der ein Gefühl für richtiges Timing, unheimliche und spannende Augenblicke besaß; von einem Bühnenbildner ausgestattet, der Hintergrund und Szenerie des Traumes so geschickt gestaltete, daß ein Höchstmaß an Gefühlsintensität vermittelt wurde; und einem Intendanten, der ein Flair für die mittelalterliche und romantische Natur des Theatralischen besaß. Insbesondere wollte ich den Autor kennenlernen.

Er faszinierte mich am meisten, frustrierte mich allerdings auch am meisten, weil ich sein Skript bewunderte, zugleich jedoch Frustration empfand, weil er mir so fremd war ... Ich bewunderte, beneidete, idealisierte mein Selbst, das diesen Traum geschrieben hatte, und das mir so unbekannt war. In der Tat war es mir so fremd, daß es eine andere Person hätte sein können."

Mit Hilfe der Traumübungen werden Sie spezielle Techniken erlernen, um Autor, Produzent und Regisseur Ihrer Träume kennenzulernen. Wenn Sie lernen, ihnen Fragen zu stellen und entdecken, wie Sie für die Antworten empfänglich werden, können Sie diese Botschaften der rechten Gehirnhälfte zu Ihrem größten Vorteil nutzen. Schließlich stellen ja alle diese Charaktere einen Teil Ihres kreativen Selbst dar. Die Fähigkeit steckt in Ihnen; die Entscheidung, ob Sie mit dieser Fähigkeit kommunizieren wollen, liegt bei Ihnen.

Dr. Gerald Epstein, Psychiater an der *Mt. Sinai School of Medicine* in New York berichtete:

"Bei der Behandlung benutze ich Träume, um meinen Patienten zu helfen, Alltagsprobleme zu lösen. Ich fordere Sie auf, einmal zu versuchen, von sich selbst einen Traum zu verlangen, der Antwort auf eine Frage gibt, die sie sich vor dem Einschlafen gestellt haben. Während der Patient mit geschlossenen Augen im Bett liegt, stellt er sich einen weißen Kreis vor. In diesen Kreis "schreibt" er die Frage, auf die er im Traum eine Antwort erwartet. Anschließend fordert er einen Traum, der Antwort auf die Frage liefert. Beim Aufwachen sollte der Traum schriftlich festgehalten und anschließend analysiert werden, um zu sehen, was die Antwort des Traumes enthüllt haben könnte."

In einer Gesellschaft fernab von unserer westlichen Kultur gibt es ein Volk von Eingeborenen, das einen dramatischen Einfluß auf unser Verständnis von Träumen und ihre Anwendungen ausgeübt hat. Tief im Dschungel in Malaysia lebt ein außergewöhnlicher Stamm, genannt Senoi. Jegliche Form der Gewalt ist ihnen nahezu unbekannt, sie leben in gutem Einverständnis mit ihren Nachbarn und psychische Störungen tauchen nur selten auf. Sie sind kreativ und sanftmütig, was unter Eingeborenenstämmen sehr selten ist.

1972 schrieb der Anthropologe Kilton Stewart, der auch in der Psychoanalyse erfahren ist, über diese ungewöhnliche Gemeinschaft, die sich so intensiv mit ihren Träumen beschäftigt. Er beschrieb einen typischen Morgen, an dem eine Senoi-Familie zum Frühstück zusammenkommt. Jedes Familienmitglied, selbst das jüngste Kind, das kaum sprechen kann, wird ermuntert, von seinen Träumen während der vergangenen Nacht zu erzählen. Und wenn Kinder ermuntert werden, sich zu erinnern, können sie sich dann auch tatsächlich erinnern. So könnte zum Beispiel ein Kind von einem Traum berichten, in dem es von einem Tiger verfolgt wird (Tiger sind für Senoi-Kinder eine reale Bedrohung), und sein Vater würde fragen, wie es darauf reagiert hat. Das Kind könnte antworten, daß es so schnell es konnte davongerannt ist.

Daraufhin würde der Vater sein Kind mit der Methode der Senoi vertraut machen, wie es einen furchteinflößenden Charakter in einem Traum bewältigen kann. Die richtige Reaktion, so würde der Vater seinem Kind erzählen, ist, sich dem Angreifer zu stellen und ihn zu besiegen. Der Tiger könne es nur verletzen, wenn es davonrennen würde. Wenn das Kind anschließend noch immer nicht in der Lage wäre, das Raubtier zu besiegen, würde sein Vater ihm raten, "Traumfreunde" um Hilfe zu bitten.

Sich einer Gefahr zu stellen und sie zu überwinden, ist die wichtigste Regel im Leben der Senoi. Das Kind lernt, daß der Tiger, wenn er einmal besiegt ist, ihm ein Geschenk darbieten muß – etwas, das für das Kind selbst oder den Stamm nützlich ist. Es kann ein Lied oder ein Tanz sein, oder ein Entwurf für ein Gewand, aber es muß ein schönes Geschenk sein. Wenn es dem Kind nicht gefällt, muß es ein schöneres verlangen. Schließlich wird dem jungen Träumer gesagt, daß es den "Tigertraum" schon bald wieder träumen wird, und daß es dann wissen wird, wie es sich zu verhalten habe. Stewart berichtet, daß ein Kind in einer gegebenen Situation seinen Tigertraum wieder hervorrufen wird und tatsächlich mit den Mitteln der Senoi reagieren wird.

Wenn ein Senoi von einem "Falltraum" berichtet, wird ihm entgegnet, daß dies ein wunderbarer Traum sei. Man wird ihm den Rat erteilen, daß er beim nächsten Falltraum ununterbrochen weiterfallen muß und sich vorstellen soll, zu fliegen. Dieses Gefühl soll er genießen, bis er an sein Ziel gelangt, wo ihn irgend etwas erwartet, von dem er lernen kann. Findet er sich an einem feindseligen Ort wieder, werden Traumfreunde ihm bei der Landung helfen.

In seinen Träumen muß der junge Senoi drei Dinge lernen, die für sein Heranreifen zum Erwachsenen unverzichtbar sind: sich Gefahren zu stellen und sie zu überwinden, angenehme Gefühle anzustreben und ein glückliches Ende herbeizuführen. Am Ende der Pubertät haben die Senoi nur noch sehr wenige Alpträume. Aber ihren Träumen wird stets große Aufmerksamkeit geschenkt, um persönliche Entwicklung, kreative Ideen zu fördern und Vorschläge, die den Stamm betreffen zu berücksichtigen.

Für uns wird es sehr viel schwieriger sein, unsere Träume zu manipulieren als für ein Kind, das in einer Kultur aufgewachsen ist, in der Träume ein so großes Ansehen genießen. Und die meisten von uns sind nicht bereit, die Zeit und Energie aufzubringen, die eine Traumkontrolle verlangt. Aber in diesem Buch werden wir diese Technik in veränderter Form bei einigen Übungen anwenden. Nicht im Schlaf, sondern in einem Zustand veränderten Bewußtseins werden Sie lernen, Ihre Träume zu beeinflussen. In einem Zustand tiefer Entspannung werden Sie Ihre Phantasie und die Prinzipien der Senoi zu Hilfe nehmen, um den Traum neu zu erschaffen und die Ereignisse zu einem emotional befriedigenden Ergebnis zu verarbeiten. Ich kann zwar nicht versprechen, daß Ihre nächtlichen Träume anschließend anders sein werden - obwohl das sehr wohl möglich ist - aber ich weiß, daß Sie einen unermeßlichen Nutzen daraus ziehen können, sich mit einem bestimmten Traum auseinanderzusetzen, um ihn zu verstehen und emotionale Kräfte durch Anwendung dieser Techniken zu erlangen. So habe ich zum Beispiel bei meinen Workshops feststellen können, daß Menschen, die lernen, in ihrer Phantasie und in ihren Träumen zu fliegen, ein Gefühl der Freiheit und eine erweiterte Wahrnehmung ihrer Möglichkeiten in verschiedenen Situationen erfahren.

Es gibt keinen direkteren Zugang zu unserem Unbewußten als durch das Tor unserer Träume. In den kommenden sechs Tagen werden Sie diesen Weg mit Hilfe des besonderen Wegweisers, der Ihnen in dieser Übungsgruppe an die Hand gegeben wird, begehen.

Übungsgruppe 9:
Freies Assoziieren

Freies Assoziieren bezieht sich auf eine Gedankenfolge, die sich ohne logischen Zusammenhang einzustellen scheint. Sicherlich haben Sie diese Erfahrung schon häufig gemacht, wenn Sie Ihren Mind von einem Gedanken zum nächsten übergehen ließen, ohne ihn bewußt zu lenken. Es geschieht, wenn Sie tagträumen und läßt sich leicht stimulieren durch Musik, lange Spaziergänge an verlassenen Stränden, ein Kaminfeuer in einem dunklen Raum und durch jede Form der Tätigkeit, die Ihre linke Gehirnhälfte entspannt und es Ihrer nicht-linearen rechten Hemisphäre erlaubt, den Verlauf Ihrer Gedanken zu steuern.

In dieser Übungsgruppe werden Sie lernen, die Technik des freien Assoziierens anzuwenden, um Ihre Träume besser zu verstehen. Nachdem Sie den Traum der vergangenen Nacht notiert haben (am besten direkt nach dem Erwachen), schreiben Sie alles auf, was Ihnen in den Sinn kommt. Lassen Sie Ihre Gedanken abschweifen wohin sie wollen, wie ein Steppenläufer, der von unsichtbaren Kräften, die seinen Kurs bestimmen, willkürlich über den Wüstenboden getrieben wird.

Ihre Assoziationen zu dem Traum sind genauso wichtig wie der Traum selbst; im Verlauf dieses Prozesses der freien Assoziation findet ein Großteil der Entschlüsselung Ihres Traumes statt. Alles was Ihnen in den Sinn kommt, nachdem Sie den Traum aufgeschrieben haben, wird in irgendeiner Weise wichtig sein für die Deutung der Botschaft, die Ihnen von Ihrem Unbewußten in einer symbolischen Sprache und mit geschickten Verfremdungseffekten in Ihrem Traumtheater vermittelt wird.

Freies Assoziieren läßt den Mind wie eine Roulettkugel auf dem Zahlenrad von einer Stelle zur nächsten springen, ehe er in eine Vertiefung rollt. Aber der Mind ist nicht so "frei" wie es den Anschein hat: Es handelt sich um ein manipuliertes Spiel. Das Unbewußte bestimmt jede Bewegung nach eigenen Prinzipien, und wo immer die Kugel landet, hat eine starke emotionale Anziehung vorgelegen.

Sie können diese Übungen freien Assoziierens zu jeder beliebigen Tages- oder Nachtzeit durchführen, aber am effektivsten sind sie früh morgens, ehe Sie vollkommen wach sind. Zu diesem Zeitpunkt schleichen sich Einsichten aus den Träumen ans Licht und können oft eingefangen werden, ehe sie wieder in die dunklen Regionen des Unbewußten versinken.

Psychoanalytiker nutzen freies Assoziieren, um Menschen einen Zugang zu unbewußten Gefühlen zu ermöglichen, und zwar nicht nur in bezug auf den Inhalt der Träume, sondern während des gesamten analytischen Prozesses. Dr. Stanley Leiken, ein Psychoanalytiker aus Los Angeles, erklärte mir, wie er freies Assoziieren bei der Behandlung von Patienten einsetzt. Nach seinen Worten ist freies Assoziieren eine Technik, die dem Patienten hilft, unbewußtes Material ins Bewußtsein hervorzuholen. "Es ist nicht so sehr unsere Absicht, Gefühle, die im Verlauf der Analyse auftreten auszuschalten, sondern wir wollen diese Gefühle konstruktiv in die Gegenwart integrieren. Schmerzhafte Erinnerungen verschwinden während einer Therapie nicht auf magische Weise, aber ihre Auswirkungen sind nicht mehr so zerstörerisch, wenn sie akzeptiert und verstanden werden."

Beim Erforschen der sensitiven Regionen des Mind werden Sie sicherlich auf schmerzhafte Erinnerungen stoßen. Wenn dies geschieht, sollten Sie versuchen, diese Gefühle als einen unmittelbaren Teil Ihres Lebens zu akzeptieren. Das erleichtert es Ihnen, Erinnerungen aus der Vergangenheit in die Realität der Gegenwart zu integrieren. Unser kreatives Potential schöpfen wir nicht aus einer blassen, idyllischen Kindheit, sondern aus Schmerzen und Freuden und heftigen Kämpfen, die uns unsere Menschlichkeit und Einzigartigkeit verleihen.

Übungsgruppe 10:
Geschenke der rechten Gehirnhälfte

Die vielfältigen Bereicherungen, die Sie durch die regelmäßige Anwendung dieser Übungen erfahren, werden von Ihrer großzügigen rechten Gehirnhälfte ausgewählt - Ihrem kreativen, intuitiven Selbst. Aber um zwischen den unbedeutenderen Edelsteinen die Diamanten herauszufinden, benötigen Sie die logischen, analytischen Kräfte Ihrer linken Hemisphäre.

Halten Sie sich vor Augen, daß es keineswegs Sinn und Zweck dieses Buches ist, die Kräfte der rechten Hemisphäre zu rühmen und dabei essentielle Funktionen Ihrer logischen linken Gehirnhälfte zu ignorieren. Was wir anstreben ist eine leistungsfähige Zusammenarbeit beider Hemisphären, bei der jede ihren Beitrag gemäß ihrer Befähigung für besondere Aufgaben leistet. Daher ist es besonders wichtig, daß die beiden abschließenden Übungen eines jeden Tages eine direkte Aufforderung an die linke Hemisphäre darstellen, an dem Prozeß, der zu effektiven Veränderungen in Ihrem Leben führt, teilzunehmen.

Diese Übung ist vorwiegend evaluierend. Wenn Sie zum Beispiel beim Vordringen in neue Territorien die Anwesenheit von Drachen spüren, werden Sie aufgefordert, sie zu benennen, zu versuchen, mehr über sie zu erfahren und die Rolle zu beschreiben, die sie gegenwärtig in Ihrem Leben spielen.

Tote Drachen spucken kein Feuer. Es tut gut, sich das klarzumachen, wenn Ihnen unterwegs bedrohliche Erscheinungen begegnen. Als Erwachsener können Sie diese Ungeheuer entzaubern, in welchen Gewölben Ihres Mind sie auch herumspuken mögen.

Sobald sie Teil Ihres Bewußtseins geworden sind, erscheinen sie weniger furchterregend. Ihre linke Hemisphäre wird um Hilfe gebeten bei der Bewertung der Wesen, denen Sie auf den Wegen durch Ihr Unbewußtes begegnet sind. Beide Seiten Ihres Gehirns helfen Ihnen gemeinsam bei der Entscheidung, wie Sie die Ängste, die Ihrem Mind nun zugänglich sind, bewältigen können.

Sie können im Verlauf dieses sechstägigen Programms einige kreative Blockierungen ausschalten, und eine plötzliche Vorstellung kann Sie dazu führen, mit einem neuen Projekt oder mit der Neuinszenierung eines alten zu beginnen.

Ihr linkes Gehirn wird dazu einen wichtigen Beitrag leisten und Ihnen bei der Entscheidung helfen, auf welche Ideen Sie reagieren sollen und welche noch für eine Weile zurückgestellt werden sollen.

Obwohl Ihre linke Hemisphäre in jede Übung mit einbezogen wird, ist dies die erste direkte Aufforderung zu einer kritischen Beurteilung.

Übungsgruppe 11:
Affirmationen

Wie häufig haben Sie es schon erlebt, daß Menschen sich durch negative Einstellungen selbst besiegt haben? Menschen, die behaupten: "Das kann ich nicht", sagen lediglich das Ergebnis ihrer Anstrengungen mit absoluter Genauigkeit voraus. Wie kann ein Mensch selbsterrichtete Schranken überwinden? Unser innerer Richter hat das letzte Wort: Nichts auf der Welt kann das Urteil ändern, solange dies nicht von Innen her geschieht.

Zwei Bedingungen sind unerläßlich für jeden wirklichen Erfolg: positives Denken und positives Empfinden. Ersteres ist das Ergebnis Ihres analytischen Selbst; letzteres das Produkt Ihres emotionalen Selbst. Der Versuch, lediglich mit einer dieser Bedingungen erfolgreich zu sein bedeutet, nur mit halber Kraft zu arbeiten.

Durch diese Übungsgruppe können Sie entdecken, wie Sie positiv die Einstellungen beider Hemisphären verstärken können. Ihnen werden "Affirmationen" an die Hand gegeben - positive Gedanken, die Ihnen den ganzen Tag über präsent sein sollten. Sie helfen Ihnen dabei, sich auf konstruktive Einstellungen zu konzentrieren. Außerdem helfen Sie, Ihre linke Gehirnhälfte so zu programmieren, daß sie für Ideen, die zum Erfolg führen, aufnahmefähig ist. Visuelle Vorstellungen werden zur Einstellung Ihrer rechten Hemisphäre angewandt, so daß Sie auf emotionaler Ebene in der Lage sind, Erfolge vor Ihrem geistigen Auge als Realität zu erfahren. Indem Sie beide Hemisphären auf die Erwartung eines positiven Ergebnisses einstellen, sind sie empfänglich für Möglichkeiten, die Sie in die Lage versetzen, Ihre größten Ziele zu erreichen.

Teil II

Entdeckungsreisen zum rechten Gehirn

Einleitung

Was andere können, können Sie auch

Vor einigen Jahren begann ich, Geschichten von Erfolgsmenschen zu sammeln, die Methoden zur Aktivierung des Leistungsvermögens der rechten Gehirnhälfte anwenden, um ihre Kreativität anzuregen. Es sind im allgemeinen höchst interessante Menschen, und es ist faszinierend zu entdecken, worauf sich ihr Erfolg gründet.

Der Schriftsteller Thomas Thompson, Autor von *Serpentine, Celebrity* und *Blood and Money*, erzählte mir, daß er geistige Blockierungen beim Schreiben überwinden konnte, indem er lernte, durch Hypnose einen anderen Bewußtseinszustand zu erlangen.

Philip J. Koen, stellvertretender Direktor von *Getty Synthetic Fuels*, führt seinen Erfolg im Geschäftsleben auf seine Intuition zurück. Bereits vor vielen Jahren lernte er, seine Träume zu steuern, um auf diese Weise technische Probleme zu lösen.

Der Architektur-Professor Michael Black wendet sich Mandalas, "geleiteten Phantasien" und Meditationen zu, ehe er sich mit den räumlichen und ästhetischen Komponenten seiner architektonischen Projekte befaßt. Er lehrt seine Schüler, ihre rechte Gehirnhälfte zu aktivieren und ein Gebäude in Gedanken zu durchlaufen, ehe sie den Entwurf anfertigen.

Der Architekt Hal Fletcher Jr., der die Mandalas für Teil III dieses Buches zeichnete, ist ein ehemaliger Schüler von Michael Black. Er berichtet, daß er durch die Aktivierung seiner rechten Gehirnhälfte wesentlich schneller arbeiten kann, dabei künstlerisch bessere Ergebnisse erzielt und trotz Termindruck weniger innere Anspannung spürt.

Alle diese Menschen, die in den verschiedensten Berufen arbeiten, wenden Methoden zur Aktivierung ihrer rechten Gehirnhälfte an. Der Astronaut Russell Schweickhardt etwa greift seit vielen Jahren auf Meditationshilfen zurück. Der Broadway-Choreograph Ron Field stützt sich auf seine Vorstellungskraft, indem er einen Tanz mit seinem geistigen Auge "erlebt", ehe er die Tanzschritte bewußt zu Papier bringt. Der Regisseur Frank Perry entwickelte eine Form der Selbsthypnose, mit deren Hilfe er sich zu Zeiten höchster Kreativität entspannen kann. Suzanne de Passe, Generaldirektorin von Motown Production, stützt sich auf Intuition und Meditation bei der Leitung jener Firma, die Schallplatten von Stevie Wonder, Diana Ross und The Jackson Five herausgebracht hat.

Bei den folgenden ausführlichen Interviews mit erfolgreichen Leuten aus dem kreativen Bereich richten Sie bitte Ihr Augenmerk darauf, wie diese Leute die Methoden zur Aktivierung der rechten Gehirnhälfte anwenden, die wir im ersten Teil dieses Buches besprochen haben. Wie ein roter Faden zieht sich ein Gemeinsames durch alle Interviews, die natürlich auch durch den persönlichen Stil und den Beruf der Befragten geprägt sind.

Nicht alle Interviewpartner waren sich bewußt darüber, daß sie Methoden zur Aktivierung ihrer rechten Gehirnhälfte anwenden. Die meisten von ihnen kannten nicht einmal die

Forschungsergebnisse über die unterschiedlichen Funktionen der beiden Gehirnhälften. Dennoch hat jeder von ihnen kreativitätsfördernde Methoden entwickelt, die den in diesem Buch vorgeschlagenen erstaunlich ähnlich sind.

- Beachten Sie, welche Bedeutung der Intuition bei der Arbeit zugemessen wird, und wie Kindheitserinnerungen oder Erinnerungsstücke aufgegriffen werden, um das Kind im Innern, in das Erwachsenenleben zu integrieren.

- Beachten Sie die verschiedenen Methoden, die angewandt werden, um einen Bewußtseinszustand zu erlangen, der kreative Inspirationen beflügelt.

- Achten Sie darauf, welche Bedeutung Träumen zugemessen wird, und wie Vorstellungskraft und visuelles Denken in persönliche Techniken miteinbezogen werden.

- Beachten Sie, wie sehr sich die Methoden zur Stimulierung der rechten Gehirnhälfte ähneln, und zu welch vielfältigen Ergebnissen sie führen. Darin zeigt sich die Einzigartigkeit von Personen im Prozeß kreativen Denkens und Fühlens.

- Beachten Sie die häufige Übereinstimmung der Ansätze, die rechte Gehirnhälfte zu aktivieren und die Vielfältigkeit der praktischen Wege die beschritten werden, wie sie sich aus der jeweiligen Einzigartigkeit der Interviewpartner entwickelt haben.

Diese Einsicht in die Methoden zur Aktivierung der rechten Gehirnhälfte in verschiedenen Situationen werden für Sie äußerst hilfreich sein, wenn Sie mit den Übungen in Teil III dieses Buches beginnen.

4

Charles Schulz, Cartoonist

Wenn man in Oktober von San Francisco aus über den Redwood Highway Richtung Norden fährt, sehen die Berge Kaliforniens durstig und blaß aus, eher beige als golden. Nach etwa einer Stunde Fahrt erreicht man Santa Rosa. Hier, inmitten von Bergen und Weinreben, verläuft das Leben in ruhigeren Bahnen. Man spürt es gleich nach Verlassen des Highways. Der Cartoonist Charles Schulz, Vater von Charlie Brown, Lucy, Snoopy und den anderen Figuren aus den *Peanuts* hatte die Redwood Empire Eissporthalle, deren Besitzer er ist und um die er sich auf geradezu väterliche Weise kümmert, als Treffpunkt für unser Interview vorgeschlagen. Als ich dort eintraf, erwartete er mich bereits und sah den Schlittschuhläufern auf dem Eis zu. Wir bestellten Thunfisch-Sandwiches und aßen an der Theke.

Mir gefiel seine direkte, bescheidene Art und seine Aufrichtigkeit. Ich überfiel ihn sofort mit Fragen, denn ich hatte das Gefühl, daß jede Sekunde von großer Wichtigkeit sei. Doch er wich allen Fragen aus und wollte zunächst einiges über mich erfahren. Es war nicht leicht, das Gespräch auf ihn zu lenken - bis er schließlich bereit war. Ich hatte den Eindruck, daß er sich lieber mit einem Freund als mit einem Fremden unterhalten wollte und sich zunächst Zeit ließ, um festzustellen, welcher der beiden Kategorien ich zuzuordnen sei.

Niemand, der ihn kennt, nennt ihn Charles, Chuck oder Charlie Schulz. Schon als Kind hieß er Sparky, und den Namen hat er auch heute noch. Mit dem tatsächlichen Interview begannen wir erst nach einer Weile. Als wir später zu seinem Studio fuhren, hatte ich Zeit genug, diesem klugen, verständnisvollen Mann, der seine große Gabe gar nicht zu bemerken schien, alle meine Fragen zu stellen.

Er setzte sich an seinen Arbeitstisch und zeigte mir einige Cartoons, die er für eine der kommenden Wochenendausgaben einer Zeitung gezeichnet hatte. Sein Studio war voller Erinnerungsstücke - Bücher, Familienfotos und ein altes hölzernes Pferd namens "Sparky", dem er seinen Spitznamen verdankt.

Er schlug mir vor, einige Cartoons auszuwählen, um sie zusammen mit dem Interview abdrucken zu lassen - eine Geste, die typisch ist für seine Großzügigkeit. Ich entschied mich für diese drei Cartoons, die den Einfluß der rechten Gehirnhälfte widerzuspiegeln scheinen.

SCHULZ: Ich halte mich für einen ganz gewöhnlichen Menschen und das meine ich ganz im Ernst. Ich bin keineswegs besonders intelligent. Von wirtschaftlichen Zusammenhängen verstehe ich nicht viel, und in Mathematik war ich immer eine Niete. Seit Bestehen der Central High School in St. Paul war ich der schlechteste Schüler in Physik. Ich bin auch kein guter Geschäftsmann. Aber mir liegt es, Wörter oder kurze Sätze zu prägen. Wenn ich einen Satz höre, so weiß ich, wie ich daraus einen lustigen Cartoon machen kann. Das liegt mir. Ich kann besser zeichnen, als die Car-

84

toons vermuten lassen, denn dabei bleibt mir natürlich nur wenig Spielraum.

Aber das Wichtigste ist eigentlich, daß ich ständig über Cartoons nachdenke, fast ununterbrochen. Nicht vom geschäftlichen Standpunkt aus, sondern eher so, wie es meine Tochter einmal ausgedrückt hat: "Papa, du bist besessen." Und ich glaube tatsächlich, daß ich davon besessen bin. Es ist mein ganzes Leben - so wie jemand Bühnenautor, Geiger oder Maler ist. Genauso bin ich davon besessen, diese lustigen kleinen Bilder zu malen. Ich denke ständig daran. Ich kann fast alle meine Gedanken, egal zu welchem Thema, in Form von Cartoons ausdrücken. Meine Gedanken kreisen fast ständig um den Bereich, in dem ich tätig bin, um meine zeichnerischen Fähigkeiten und irgendwie paßt alles perfekt zusammen. Das ist meine Theorie davon wie die Dinge laufen. Wenn jemand eine schmeichelhaftere Theorie vorweisen kann, will ich sie gerne übernehmen. Dies ist jedenfalls die Analyse, die ich aufzustellen vermochte.

ZDENEK: Ganz gleich, wie du es anstellst, es gelingt dir, Gefühle auszudrücken, mit denen sich unser ganzes Land identifizieren kann.

SCHULZ: Natürlich sucht man ständig nach Verbesserungsmöglichkeiten. Aber ich glaube gelernt zu haben, innerhalb dieses beschränkten Mediums so flexibel wie nur möglich zu sein.

ZDENEK: Hast du eine bestimmte Methode, um deine Ideen zu stimulieren?

SCHULZ: Auf mechanische Weise. Ich nehme ein leeres Blatt Papier, zeichne einfach drauflos und manchmal kommen bei diesen Kritzeleien wirklich tolle Zeichnungen heraus. Und darum geht es bei einem Cartoon - um die Fähigkeit, lustige, kleine Bilder zu zeichnen. Das muß sich nicht unbedingt verbal ausdrücken. Cartoons sind nun einmal lustige, kleine Bilder. Wenn mir auf der Fahrt zum Studio nichts eingefallen ist, schiebe ich alle Gedanken beiseite, nehme ein leeres Blatt Papier und fange an zu zeichnen. Ich zeichne etwa Snoopy, werfe das Blatt fort, oder ich zeichne Lucy, wie sie gerade jemanden anschreit, und werfe auch dieses Blatt fort und ganz plötzlich habe ich etwas Lustiges vor mir liegen, das ist es dann. Ich zeichne Cartoons, weil sie mein Leben bedeuten und weil ich gerne Cartoons zeichne. Ich kann mit ihnen alle meine Ideen ausdrücken.

ZDENEK: Man spürt, daß du die Einstellung hast, "ich fang jetzt einfach mal an mit der Arbeit" und nicht "ich muß jetzt arbeiten".

SCHULZ: Den Begriff "Arbeit" verwende ich überhaupt nicht. Das ist bei mir fast eine Art Aberglaube. Ich sage nie: "Ich gehe jetzt arbeiten." Entweder sage ich: "Ich gehe ins Studio" oder "Ich muß jetzt einige Zeichnungen machen", aber ich sage nie "arbeiten", weil ich immer das Gefühl habe, daß Gott mir diese Gabe wegnehmen wird, wenn ich von Arbeit spreche. Das ist mein spiritueller Aberglaube.

ZDENEK: Ich glaube kaum, daß Gott so etwas tun würde. Aber eine spielerische Einstellung zur Arbeit kann für das Ergebnis nur von Vorteil sein. Es ist eine besondere Gabe, sich seine Verspieltheit zu erhalten und mit dem "inneren Kind" in Kontakt zu bleiben.

SCHULZ: Meine Frau sagt, daß ich mich an Vergangenes besser erinnern kann als irgend jemand anders, den sie kennt. Ich kann mich noch genau an alle Enttäuschungen und

Schmerzen aus der Zeit als ich drei und vier Jahre alt war, erinnern, und ich kann sie heute in etwas Lustiges verwandeln.

ZDENEK: Ehe du in der Lage bist, Abweisungen, Verlegenheit und Enttäuschungen in lustige Begebenheiten umzugestalten, mußt du sie noch einmal so empfinden, wie sie wirklich waren - so wie du sie wirklich empfunden hast, in dem Moment, wo sie sich ereignet haben. Anschließend kannst du sie dann in etwas Lustiges umsetzen.

SCHULZ: Richtig. Und wenn man diese Fähigkeit besitzt, leidet man auch etwas mehr. Man zahlt dafür auf eine bestimmte Weise. Zum Beispiel, indem man sich mehr Sorgen macht oder mehr Ängste empfindet als ein Mensch mit weniger Vorstellungskraft - ein Mensch, der diese Dinge als Kleinigkeiten abtut. Aber so entsteht ein Cartoon: Man nimmt kleine Sorgen und verwandelt sie in große Sorgen.

ZDENEK: Wenn du einen guten Tag hast, sind die Ideen zu einem Cartoon dann sofort vollständig? Hast du die gesamte Szene vor Augen?

SCHULZ: Oh ja, natürlich. Ich habe sofort den ganzen Comic Strip, die gesamte Szene vor Augen. An wirklich guten Tagen sitze ich hier und habe an einem Tag sechs oder sieben gute Einfälle.

ZDENEK: Benutzt du auch physische Hilfsmittel, um deine Phantasie anzuregen?

SCHULZ: Die Eissporthalle, in der wir vorhin gegessen haben, ist nur zwei Häuserblocks entfernt von hier. Wenn mir nichts einfällt, gehe ich hinüber, um dort einen Kaffee zu trinken. Oft fällt mir schon auf dem Weg dorthin etwas ein oder bevor ich gehe, und dann ist für den Rest des Nachmittags alles klar.

ZDENEK: Ich weiß, daß du gerne Schlittschuh läufst. Fällt dir dabei manchmal etwas ein?

SCHULZ: Fast immer, wenn ich Sport treibe oder etwas unternehme. Zum Beispiel, wenn ich ein Konzert höre oder beim Tennisspielen. Ich glaube nicht, daß einem bei harten Sportarten wie etwa Hockey etwas Lustiges einfällt - dabei ist man ja vollkommen eingenommen von dem, was man tut. Lustige Einfälle hat man eher bei Sportarten wie Golf oder Tennis - nicht mitten im Spiel, aber zum Beispiel während man auf den Aufschlag wartet. Bei so einer Gelegenheit fiel mir der Satz von Charlie Brown ein: "Wenn ich gewinne, ist es besser für's Spiel." Bei Konzerten sind mir schon viele gute Ideen gekommen. Ich glaube, jeder von uns kennt dieses faszinierende Gefühl, wenn sich die Gedanken selbständig machen, während man dem Dirigenten dabei zuschaut, wie er das Orchester leitet. Ehe man sich versieht, ist die Symphonie halb vorbei und man hat gar nicht richtig zugehört. Dann wird man ungemein wütend, weil man sich bereits drei Monate lang auf Brahms 'Zweites Konzert' gefreut hat und plötzlich feststellen muß, daß man an etwas ganz anderes dachte. Dann sagt man sich: "Was für eine Zeitverschwendung!" Aber bei diesem Abschweifen wandern die Gedanken von einem Thema zum nächsten und plötzlich wird man von der Musik inspiriert - von den Gefühlen, die man durch die Musik empfindet. Dabei habe ich oft die besten Einfälle.

ZDENEK: Man muß die linke Gehirnhälfte nur genügend entspannen und schon tauchen die Ideen aus dem Unterbewußtsein auf. Ich wette, daß du auch während deiner

Mathematik- und Physikstunden vor dich hingeträumt hast, stimmt's?

SCHULZ: Natürlich. Aber wir durften in der Schule eigentlich nie Cartoons zeichnen. Vor allem nicht in der Grundschule. Nur einmal, in der siebten Klasse, haben wir im Geschichtsunterricht politische Cartoons gezeichnet. Ich glaube, ich war der Beste in unserer Klasse. Auch der Lehrerin gefiel mein Werk gut, aber zu meinem großen Ärger ließ sie alle meine Zeichnungen von einem anderen Schüler überarbeiten. Das hat mich wirklich gestört. Aber abgesehen davon, kann ich mich nicht erinnern, daß wir jemals Cartoons zeichnen durften. Dabei wäre das doch eine phantastische Methode, um Kinder anzuspornen, wenn man sie etwas Lustiges zeichnen ließe. Ich war jedenfalls immer dankbar, daß ich meine Gefühle auf diese Weise ausdrücken kann.

ZDENEK: Hast du, während du an deine Kindheit zurückdenkst und dich wieder in damalige Gefühle zurückversetzt, irgendwelche Erinnerungsstücke, zum Beispiel Talismane, in deiner Nähe?

SCHULZ: Fast nichts aus meiner Kindheit, das mir etwas bedeutet, ist erhalten geblieben. Keine Zeichnungen. Ich habe keine einzige Zeichnung aus meiner Kindheit. Alles ist weggeworfen worden. Andere Dinge verlor ich bei einem Wohnungsbrand. Ich besitze nur noch eine Zeichnung aus meiner Schulzeit, die mir ein Lehrer viele Jahre später zugeschickt hat. Ich habe zuvor sehr oft an diese Zeichnung gedacht - und eines Tages erhalte ich einen Brief und da liegt sie vor mir. Ich kann mich an einiges erinnern, das mir im Alter zwischen neun und dreizehn oder vierzehn sehr viel bedeutet hat. Ich habe oft alleine gespielt. Es gab Zeiten, wo ich viel mit den anderen Kindern aus der Nachbarschaft zusammen war - wenn wir Ball gespielt haben oder Hockey oder sonst etwas. Aber es gab auch lange Zeiträume, wo ich von der Schule nach Hause kam und den ganzen Nachmittag und Abend alleine war. Ich hatte eine Dose Murmeln, mit der ich mich lange beschäftigen konnte. Es waren wohl sechshundert Murmeln, aber ich habe damit nicht Murmeln gespielt, sondern entwarf Städte, indem ich mit den Murmeln die Straßen markierte. Ich hatte auch einen Kasten Bauklötze, aber daran störte mich, daß alle meine Konstruktionen immer wieder umkippten. Sie haben nie richtig zusammengehalten. Und ich besaß Zinnsoldaten, mit denen ich stundenlang spielte.

ZDENEK: Fließen Erinnerungen an diese Dinge in deine Arbeit ein?

SCHULZ: Ja. Ich habe fast alle diese Dinge in meinen Cartoons verarbeitet.

ZDENEK: Hast du bestimmte Techniken, um diese Erinnerungen hervorzurufen? Sinneswahrnehmungen zum Beispiel?

SCHULZ: Mhm. Gerüche rufen Erinnerungen hervor, die sich nur sehr schwer genau bestimmen lassen. Sie eignen sich besser dazu als irgend etwas anderes. Bloß nehmen wir sie fast nie wahr. Ich habe festgestellt, daß es mit Farben genauso ist. Ich hatte zweimal so ein Erlebnis mit Farben - einmal mit einem Kupferton. Ich sah irgendeinen Gegenstand in einem leuchtenden Kupferton, und ich konnte diese Farbe nicht genau zuordnen, bis ich mich eines Tages an die Zeit erinnerte, als ich sieben Jahre alt war und wir in Needles in Kalifornien wohnten. Als Kinder haben wir während der Pause auf dem Schulhof Pfennigwerfen gespielt. Ich hatte nagelneue, leuchtende Kupfermünzen. Plötzlich fiel es mir wieder ein. Das war es also! Die Kupfermünzen! Ein anderes Mal saß ich im Wagen und wartete auf die Rückkehr meiner Frau vom Einkaufen, als ein weinroter Porsche vorbeifuhr. Diese Farbe erinnerte mich an irgendetwas. Ich wußte bloß nicht, an was. Nach langem Überlegen fiel es mir dann ein. Als ich ungefähr zwölf Jahre alt war, hatte ich ein T-Shirt in der gleichen Farbe. Solche Erinnerungen bringe ich auch irgendwie in meinen Cartoons unter.

ZDENEK: Du bist ein Mensch, der in Bildern denkt. Ich frage mich, ob du eine besondere Technik hast, diese Fähigkeit zur Entfaltung deiner Kreativität zu nutzen.

SCHULZ: Ich beobachte zum Beispiel schon eine ganze Weile die Falten, die dein Kleid wirft und wie du die Kaffeetasse hältst, wenn du den Arm hebst, und daß ich von einem deiner Ohrringe mehr sehe als vom anderen. Manchmal wünsche ich mir, daß ich diese Wahrnehmungen stoppen könnte, aber ich zeichne ständig mit meinen Augen. Es ist fast als würde ich skizzieren. Auf jeden Fall dient es mir als Vorlage, denn alles was ich sehe, verwende ich in meinen Zeichnungen.

ZDENEK: Du benutzt deine rechte Gehirnhälfte.

SCHULZ: Wirklich? Ich bin also auf dem richtigen Weg?

ZDENEK: Oh, das steht völlig außer Frage. Da die bildliche Vorstellung einen so wichtigen Teil in deinem Leben einnimmt, frage ich mich, ob du dich auch an Bilder aus deinen Träumen erinnern kannst?

SCHULZ: Ja.

ZDENEK: Schreibst du sie auf?

SCHULZ: Nein, ich schreibe sie nicht auf, weil sie zu deprimierend sind.

ZDENEK: Sind deine Träume immer deprimierend?

SCHULZ: Ja. Ich würde sie am liebsten sofort wieder vergessen und zum gewohnten Tagesablauf übergehen. Ich hatte mein ganzes Leben lang Angst davor, verlassen zu werden. Als Kind hatte ich Angst, daß meine Mutter und mein Vater bei einem Verkehrsunfall sterben würden, wenn sie zum Angeln fuhren. Ich setzte mich auf die Veranda und wartete. Und ich war überglücklich, wenn ich schließlich die Scheinwerfer unseres Wagens um die Ecke aufleuchten sah. Später, als ich bereits älter war, hatte ich immer Angst davor, einmal als einsamer, alter Mann in einem Einzimmer-Appartement zu enden.

ZDENEK: Als Kind mußt du dich oft sehr einsam gefühlt haben.

SCHULZ: Ja. Ich war in meinem Leben oft alleine. Die Erinnerungen an die Armeezeit - allein in einer Stadt, ohne eine Menschenseele zu kennen. Als GI ist man nirgendwo willkommen. Man ißt in einer Cafeteria, geht alleine ins Kino und kehrt zurück ins Hotelzimmer. Damals gab es noch kein Fernsehen, man konnte nichts tun außer lesen. Man saß ganz allein im Zug und fuhr durch das Land. Immer alleine. Es gab niemanden, mit dem man sich hätte unterhalten können, und selbst wenn es jemand gegeben hätte, so hätte ich nicht gewußt, wie ich mich mit ihm unterhalten sollte. Zumindest weiß ich jetzt, wie man sich mit Leuten unterhält.

© 1977 United Feature Syndicate, Inc.

© 1970 United Feature Syndicate, Inc.

© 1960 United Feature Syndicate, Inc.

ZDENEK: Du hast die Gabe, Schmerz in Humor umzuwandeln - genau wie du es mit deinen Träumen tust. Du versuchst zwar nicht bewußt, deine Träume zu verarbeiten, aber unbewußt tust du es doch.

SCHULZ: Stimmt, bewußt versuche ich es nicht. Außer, wenn ein Traum mich dazu inspiriert, aus einer deprimierenden Sache eine lustige Begebenheit zu machen.

ZDENEK: Du nimmst also die Rückseite der Medaille.

SCHULZ: Früher hatte ich solche Träume nicht. Erst in den letzten Jahren. Ich habe Angst davor, etwas zu verlieren. Und das scheint mich sehr zu beschäftigen.

ZDENEK: Was fürchtest du zu verlieren?

SCHULZ: Nun, ich weiß es nicht genau. Vielleicht hat es mit den Kindern zu tun, daß ich sie verliere oder daß sie mich verlieren oder sonstwas - ich weiß nicht genau. Daher sind die Träume, aus denen ich erwache, oft deprimierend, und ich beginne den Tag so, als müßte ich zu einer Beerdigung gehen. Dabei gibt es gar keine Beerdigung. Wenn ich dann aufstehe, zur Eissporthalle gehe und frühstücke, dann fühle ich mich wieder ganz normal.

ZDENEK: Ist das für dich ein gewöhnlicher Morgen? Aufzuwachen und traurig zu sein?

SCHULZ: Mhm. Dabei gibt es nichts, worüber ich traurig sein könnte.

ZDENEK: Und trotzdem erwähnst du Beerdigungen. Denkst du oft ans Sterben?

94

SCHULZ: Oh ja. Besonders, seit ich letztes Jahr wirklich fast gestorben wäre. Ich hätte das nie gedacht, mit achtundfünfzig Jahren. Ich habe nie gedacht, daß ich sterben würde ehe ich dreiundsiebzig bin. Und ganz plötzlich liege ich im Krankenhaus und bin an lauter Schläuche angeschlossen. Ich glaube, daß ich mich nie richtig vom Tod meiner Mutter erholt habe. Ich war damals zwanzig. Sie war schwer krank und litt unter furchtbaren Schmerzen. Ich hatte auch Angst, meinen Vater zu verlieren. Aber seinen Tod habe ich wohl besser akzeptieren können. Ich war damals über vierzig, und er war neunundsechzig. Ich glaube, daß alle diese Dinge irgendwie zusammenhängen. Ich kann mich auch nur schwer damit abfinden, daß die Kinder nun erwachsen sind und fortziehen. Ich habe sie gern in meiner Nähe. Aber nun sind sie in alle Richtungen zerstreut. Andererseits bin ich froh, daß sie auf eigenen Füßen stehen. Das Schlimmste, was man seinen Kindern antun kann, ist, sie zu sehr von sich abhängig zu machen. Meine Kinder möchten, daß ich mir um sie keine Sorgen mehr mache, sondern nur um mich selbst. Aber das kann ich nicht.

ZDENEK: Du bis ein sehr feinfühliger, intuitiver Mensch.

SCHULZ: Intuitiv?

ZDENEK: Ich glaube, daß du viel verstehst, obwohl es gar nicht ausgesprochen wurde. Du hörst sozusagen "zwischen den Zeilen" zu.

SCHULZ: Daran habe ich ehrlich gesagt noch nie gedacht.

ZDENEK: Ich spüre intuitiv, daß du ein sehr großes Einfühlungsvermögen hast. Du spürst zum Beispiel, wenn Menschen schüchtern oder ängstlich sind und verhältst dich so, daß sie ihre Ängste ablegen. Ich habe mich in deiner Gegenwart sofort wohlgefühlt.

SCHULZ: Ich bin froh, daß du gekommen bist. Du hast mir geholfen, die Traurigkeit zu überwinden.

5

Steve Allen, Entertainer

Titelseiten von Dutzenden von Zeitschriften hängen an den Wänden der Empfangshalle von Meadowlande Productions, einem Studio in Los Angeles. Und auf allen Titelseiten ist Steve Allen abgebildet. Die Zeitschriften - darunter *Life, Look, Saturday Review, Newsweek* und zahlreiche andere - reichen zurück bis in das Jahr 1954.

Die Karriere von Steve Allen ist sehr weit gefächert und weist oft ganz unerwartete Wendungen auf. Beim Überfliegen seiner Biographie sah ich, daß er der einzige Komiker aus dem Goldenen Zeitalter der Komödie in den fünfziger Jahren ist, der noch heute regelmäßig im Fernsehen auftritt. Er hat fünfundzwanzig Bücher und mehr als 4000 Songs geschrieben, ist am Broadway und in Filmen aufgetreten, hat über 40 Schallplatten herausgebracht, ein Theaterstück geschrieben, war Showmaster in seiner eigenen Sendung und hat das Drehbuch für eine bekannte US-Fernsehserie geschrieben, die mit dem Emmy-Preis ausgezeichnet wurde.

Ich lernte Steve 1970 kennen - vielleicht bereits etwas früher - als wir bei einem Workshop über "neue Formen des Gottesdienstes" in der *Bel Air Presbyterian Church* zusammenarbeiteten.

Auf der Suche nach Tänzern, Dichtern und Künstlern aus verschiedenen Genres spürten wir, daß uns ein gemeinsames Interesse verband - das komplexe, mysteriöse Thema "Kreativität".

Während der ersten halben Stunde dieses Interviews unterhielten wir uns zunächst über Familienangelegenheiten und neue Projekte, ehe wir uns der Vergangenheit zuwandten.

ZDENEK: Vor einigen Jahren hast du mir von Träumen und der Bedeutung, die du ihnen beimißt, erzählt. Stimmt es, daß du den Song, der zu deinem größten Hit wurde, im Schlaf geschrieben hast?

ALLEN: Ja, das stimmt. Eines Morgens - ich glaube es war 1954 - wachte ich auf - und es war nicht nicht das erste Mal in meinem Leben, daß ich im Traum einen Song geschrieben hatte, aber es war das erste Mal, daß ich ihn erinnern konnte. Mag sein, daß ich besonders motiviert war, mich an diesen Traum zu erinnern, denn man hatte mir diesen Job gegeben, und ich wollte ihn natürlich möglichst gut erfüllen. Vielleicht war es aber auch reiner Zufall, daß ich den Song genau in dem Moment geträumt hatte, als ich aufwachte. Im allgemeinen erinnert man sich an einen Traum, weil er auf irgendeine Weise ins Bewußtsein vorgedrungen ist. Vielleicht war man gerade aufgestanden, um zur Toilette zu gehen oder um etwas zu trinken, oder man erwacht gerade aus einem Alptraum oder was auch immer. Durch das bewußte Zurückdenken erst bleibt die Erinnerung erhalten.

Tja, in diesem Fall wachte ich also auf und hatte das Lied: "Walk along the street ... la, la, la" im Kopf. Hey, dachte ich, gar nicht schlecht. Und sozusagen beim Aufwachen schrieb ich diese Zeilen auf. Die passende Melodie dazu hatte ich auch schon.

Der Song hieß "This could be the start of something big" - und es war mein erfolgreichster Song. Daher achte ich in den kurzen Übergangsperioden zwischen Wachen und Schlafen besonders darauf, was in meinem Kopf vorgeht. Ich bin ganz verrückt auf Träume. Erstaunlich, daß ich nicht mehr darüber geschrieben habe, denn mein Interesse daran ist wirklich sehr groß.

Niemand darf sagen: "Ich bin kein kreativer Mensch", denn Träume sind der Gegenbeweis. Jeder Mensch träumt, und somit ist jeder Mensch kreativ, sogar erstaunlich kreativ. Ich bin der Meinung, daß der Traum auf gewisse Weise die höchste universale menschliche Instanz für Kreativität ist. Ich will damit nicht sagen, daß Träume besser als Beethovens Fünfte oder Hamlet sind. Aber ein Traum ist sozusagen ein Ganzes, bestehend aus 827 kreativen Momenten, die alle aneinandergeklebt sind. Und jetzt zerlegst du diesen Traum. Vergleiche das einmal mit einem Film. Du bist Produzent, Regisseur, du bis zugleich alle Schauspieler auf einmal. Das ist doch irre, das bringt nicht einmal Marlon Brando fertig. Ich meine, er würde zumindest komisch wirken, wenn er die Frauenrollen übernähme. Aber du kreierst deine Mutter, deine Frau, deine Freundin, du bist der Typ auf der anderen Straßenseite. Du schreibst alle Dialoge, das Drehbuch, bist für die Beleuchtung zuständig - du tauchst alles in dieses lavendelfarbene Licht und du machst die Wände grün. Du entwirfst die einzelnen Szenen. Du bist der Toningenieur. Du bist in einem gewissen Sinne ... Gott. Du bist alles auf einmal, und das, ja, das ist irre!

ZDENEK: Gibt es noch weitere Verwendungsmöglichkeiten für Träume? Sind sie auch auf andere Weise zur Lösung von Problemen verwendbar?

ALLEN: Manchmal, wenn ich mitten in der Nacht aufwache, denke ich oft, daß ich die Antwort direkt vor mir habe - ganz gleich worum es sich dreht. Es ist nicht immer weltbewegend - manchmal handelt es sich nur um die Frage, wo ich die Wagenschlüssel hingelegt habe oder sonst etwas. Dann werde ich wach, und ich weiß, wo ich sie hingelegt habe. Oft handelt es sich um eine Sache, die man vergessen hat. Der Computer macht sich also an die Arbeit und präsentiert fein säuberlich die Antwort.

Ich kann mich daran erinnern, daß ich vor ungefähr fünfundzwanzig Jahren eines der autobiographischen Bücher von Bertrand Russell gelesen habe. Er benutzte die gleiche Technik, um Probleme zu lösen, befaßte sich allerdings mit ziemlich abgehobenen, abstrakten mathematischen oder physikalischen Problemen. Er machte also seine Arbeit - bis zur totalen Erschöpfung - und ließ dann die Sache auf sich beruhen und legte sich schlafen. Wie er sagt, hat er in sehr vielen Fällen die Lösung morgens beim Aufwachen parat. Kein Schwitzen mehr. Kein "Laß mich überlegen, ich muß jetzt anfangen zu arbeiten, weil mein Gehirn ausgeruht ist". Er wachte auf und wußte die Antwort. Offensichtlich hatte der Computer die Arbeit in seinem Kopf erledigt, während er schlief.

ZDENEK: Man kann also lernen, seine Träume zu programmieren, um bestimmte Probleme zu lösen. Es ist gar nicht so schwer und tatsächlich eine der Übungen in diesem Buch. Aber Träume eignen sich für mehr als nur zum Arbeiten. Fühlst du dich manchmal verspielt in deinen Träumen?

ALLEN: Natürlich! Ich habe 4-Kanal-Stereo-Träume in Colorvision. Ein typischer Traum von mir umfaßt alle fünf

Kontinente, alle Farben des Regenbogens, Geräusche, Musik, Sex, Weltraum, Fliegen - ja besonders häufig träume ich vom Fliegen. In meinen Träumen bin ich ein großer Flieger.

ZDENEK: Es ist ein tolles Gefühl, nicht wahr?

ALLEN: Dann bin ich Superman. Bis ich ungefähr sieben Jahre alt war, hielt ich es tatsächlich für möglich, fliegen zu können. Mir war klar, daß ich nicht sofort, in diesem Moment fliegen konnte. Ich konnte mir auch nicht vornehmen nächsten Donnerstag zu fliegen, aber ich dachte, daß, wenn ich daran arbeiten würde und genügend Zeit investieren würde, ich tatsächlich irgendwann in der Lage sein würde, von einem hohen Platz zu springen und zu fliegen. Und später, im Alter von 37 oder 42 wurde mir klar, woher dieses starke Gefühl aus meiner Kindheit kam: Von der Lebendigkeit und der scheinbaren Realität dieser Träume, in denen man fliegt. Noch heute habe ich solche Träume. Fast alle diese Träume haben beide Seiten, sie sind angenehm und gleichzeitig furchterregend. Ich habe keine unnatürliche Angst vor Höhen. Ganz normale Angst schon - jeder hat doch Angst, wenn er aus großer Höhe nach unten schaut - ist doch völlig normal. Aber manchmal kann ich in meinen Träumen in 250 Meter Höhe fliegen, ohne mir Sorgen zu machen. Es ist toll. Wenn ich aber an einer Wand oder einem Bergrücken vorbeifliege, bekomme ich Angst. Trotzdem ist es ein tolles Gefühl. Ich bin genau wie Superman - einfach whoosh und du hebst ab.

Träumen ist eine tolle Sache, aber ich habe es immer gehaßt, daß ich so viel Schlaf benötige. Ich sage meistens, daß ich zehn oder elf Stunden Schlaf brauche, weil ich Schuldgefühle bekomme, wenn ich noch mehr Stunden angeben würde. Ich kann ohne weiteres zwölf Stunden im Bett bleiben. Manche Leute sagen dann: "Mann, hast du's gut, ich schlafe nie länger als sechs Stunden pro Nacht." Und ich beneide sie wiederum, weil mir an ihrer Stelle sechs Stunden mehr zum Arbeiten zur Verfügung ständen.

ZDENEK: Es scheint ja, daß du im Schlaf einen ziemlich großen Teil deiner Arbeit erledigst. Spürst du noch auf andere Weise, daß dein Unterbewußtsein für dich arbeitet?

ALLEN: Ja. Zum ersten Mal ist es mir vor fünfunddreißig Jahren aufgefallen. Es passiert immer dann, wenn ich von einem Ort zu einem anderen gehe. Zum Beispiel vom Büro nach Hause. Aber in ungefähr fünfundachtzig Prozent der Fälle gehe ich aus dem Haus oder ich gehe aus dem Hotel, wenn ich etwa in Cleveland bin und dort in einem Hotel wohne. Und wenn ich zur Tür gehe oder die Treppe hinunter oder zum Parkplatz, oder egal wohin, dann erhalte ich plötzlich eine Botschaft. Keine Worte, es ist nicht wie ein Computer, der 'beep beep' sagt. Dennoch ist diese wortlose Botschaft immer eindeutig. Wenn ich sie in Worten ausdrücken würde, hieße sie wohl: "Du hast irgendetwas vergessen." Die ersten Male dachte ich dann immer "laß mich mal überlegen ...". Und dann, "Ach, ist doch egal". Und so nahm ich dieses Gefühl irgendwann wahr - eben weil ich es die ersten Male nicht beachtet hatte. Mit Sicherheit fehlte mir dann mein Portemonnaie, meine Brieftasche, mein Schal oder mein Kassettenrecorder - irgend etwas hatte ich jedenfalls vergessen. Und dann, wie gesagt, vor ungefähr fünfunddreißig Jahren, war mir plötzlich klar: "Moment mal, die letzten sechs Male als es passierte, hattest du wirklich jedes Mal etwas vergessen."
Seitdem hat es keine einzige Ausnahme gegeben. Jedes Mal, wenn ich dieses Gefühl habe, weiß ich, daß ich mich

darauf verlassen kann. Ich wäre dumm, wenn ich es nicht beachten würde.

ZDENEK: Ich glaube, daß es dafür eine ganz plausible Erklärung gibt. Du hast ein außergewöhnlich kooperatives Unterbewußtsein. Das ist nichts Geheimnisvolles. Du hast irgendwie gelernt, diese innere Informationsquelle anzuzapfen. Und du respektierst sie, was sehr wichtig ist, wenn du auch in Zukunft eine Zusammenarbeit von deinem Unterbewußtsein erwartest.

ALLEN: Ja, vielleicht liegt es daran, daß ich es zur Kenntnis nehme und wirklich darauf achte ...

ZDENEK: Es ist genau so wie bei Menschen, die sich an ihre Träume erinnern und sie aufschreiben - ganz plötzlich können sie sich an immer mehr Träume erinnern.

ALLEN: Sicher.

ZDENEK: Und das Material, das sich ihnen auf diese Weise erschließt, nimmt in ihrem Leben einen immer höheren Stellenwert ein.

ALLEN: Richtig. Ich habe gelernt, auf mein Unterbewußtsein zu achten, da ich wie der sprichwörtliche vergeßliche Professor bin und, so glaube ich, wesentlich mehr Sachen vergesse als der Durchschnittsbürger.

ZDENEK: Das liegt wahrscheinlich daran, daß du auch viel aktiver bist als der Durchschnittsbürger.

ALLEN: Ja, meine Gedanken beschäftigen sich normalerweise mit hundert verschiedenen Dingen auf einmal. Ich frage mich ständig: "Moment, wo ist nur mein ... na, was auch immer." Aber irgendein Teil meines Gehirns weiß es immer. Der einzige Haken dabei ist, daß die Botschaft immer in zwei Phasen übermittelt wird. Wenn es hieße "Mann, du hast deine Wagenschlüssel vergessen!", würde ich mich bedanken und gut. Doch zunächst kommt immer erst Phase eins: "Tut - tut - tut: Du hast etwas vergessen ..." und Phase zwei setzt dann erst 20 oder 30 Minuten später ein.

ZDENEK: Das ist ja wirklich verrückt ... Wenn du diesen Vorgang beschleunigen könntest, wäre es perfekt!

ALLEN: Ja, stimmt.

ZDENEK: Eine andere gute Methode, um die rechte Hemisphäre anzuregen, ist freies Assoziieren. Hast du schon einmal bewußt damit gearbeitet?

ALLEN: Ja, vor allem als ich noch ganz neu im Komik-Geschäft war. Ich nahm mir einen Block Papier und schrieb alle Wörter auf, die mir zu einer bestimmten Personengruppe einfielen. Wenn es zum Beispiel ein Sketch über Cowboys war, schrieb ich: Baracke, Korral, Lasso, Schießerei, Stampede, Sheriff, Saloon ... Alles, was mir so einfiel. Und wenn schließlich eine ganze Reihe von Begriffen auf meiner Liste stand, setzten sich in dem Teil meines Gehirns, der scheinbar besonders für Witze programmiert ist, einige Rädchen in Bewegung. Das Komödienschreiben ist bei mir ein ganz schneller Prozeß, letztendlich nur eine Reaktion auf einige dumme Gedanken. Vorhin zum Beispiel, bevor ich dieses Gebäude betrat, habe ich einen Sketch geschrieben. Ich hörte im Radio wie jemand den Ausdruck "die Feier der versprenkelten Sterne" gebrauchte. Aus irgendeinem Grund konzentrierte sich meine Aufmerksamkeit auf das Wort "versprenkelt". Seit meiner Kindheit haben Worte für mich einen anderen Klang als für die meisten anderen Menschen. Bestimmte Leute bei uns im Komik-Geschäft sind entweder geneigt oder begabt, je nachdem, Worte in dieser Weise wahrzunehmen. Groucho Marx zum Beispiel: was du auch sagst, er nimmt die Worte auf, verdreht sie und macht lustige Sprüche aus ihnen. Ich mache es ebenso. Also fiel mir ein, daß wenn etwas "versprenkelt" ist, es auch das passende Verb zu "versprenkeln" geben muß. Und natürlich gibt es das. Und so schrieb ich diesen albernen Sketch über ein Mitglied des "Sprenkler Vereins": Wenn du versprenkelte Sterne auf deinem Banner, an der Wand oder an der Zimmerdecke oder sonstwo haben möchtest, mußt du dich an einen professionellen Sprenkler wenden. Er wird dann zu dir kommen und überall herumsprenkeln. Und dann ging es so weiter. Es ist nichts weiter als eine lustige Spielerei mit Worten. Ich habe den ganzen Sketch fast so schnell diktiert, wie ich sprechen konnte. Keine Pause, kein Nachdenken über den nächsten komischen Satz. Ich hatte den ganzen Sketch schon im Kopf.

ZDENEK: Wenn du Sketche für eine gesamte Show schreibst, arbeitest du schnell, oder in Etappen, so wie es dir einfällt?

ALLEN: Ich arbeite immer sehr schnell. Wenn ich langsamer schreibe, wird es nicht besser, also lasse ich es. Während ich schreibe, verschwende ich keine Sekunde an den Gedanken: "Ach, das ist schlecht", oder "ist das gut genug?". Ich schreibe es auf und fertig. Wenn man sich selbst beurteilt, dreht man sich doch nur einen Strick, man blockiert die eigenen Gedanken. Das ist dumm und unsinnig. Zum Teufel damit - schreib es einfach. Später kann man es immer noch durchsehen und wegwerfen - oder überarbeiten.

ZDENEK: Für viele Menschen ist es sehr schwer, ihre innere Kritik lange genug zu unterdrücken, um ihren Assoziationen freien Lauf zu lassen. Manchmal ist es hilfreich, sich dabei wie ein Kind zu fühlen - mit Ideen zu spielen, anstatt damit zu arbeiten. Sind für dich Erinnerungen an Gefühle aus deiner Kindheit wichtig?

ALLEN: Es scheint mir, als würde ich ständig in meiner Kindheit herumkramen. Ich kann mich erinnern, daß ich emotional völlig aufgelöst war - mir kamen sogar die Tränen - als ich Ingmar Bergman's Film *Wilde Erdbeeren* sah. Es ist wohl schon fünfundzwanzig Jahre her, seit ich diesen Film gesehen habe, daher kann ich mich nur noch an eine einzige Szene genau erinnern: es geht um einen alten Mann, der etwas kann, das wir uns alle wünschen, nämlich in die Vergangenheit zurückgehen. Dieser alte Mann geht durch ein wunderschönes Waldgebiet mit Bäumen, Sonnenstrahlen und vielen Seen. Plötzlich sieht er auf der gegenüberliegenden Seite eines kleinen Sees seine Eltern als diese jung waren. Ich weiß nicht genau, warum mich diese Szene so tief bewegt - selbst jetzt muß ich schlucken, wenn ich daran denke.

ZDENEK: Ja, du bist richtig gerührt.

ALLEN: Ich wußte nicht, daß sich auch dieses Gefühl einstellen würde. Bestimmt stammt es irgendwie aus meiner Kindheit.

ZDENEK: Gibt es noch andere Dinge, die dir in deiner Kindheit viel bedeutet haben? Irgendwelche Erinnerungsstücke, die du aufbewahrt hast?

ALLEN: Laß mich überlegen ... Nein, Erinnerungsstücke habe ich nicht, trotzdem bin ich ein Sammler. Zu Hause bewahre ich ungefähr sechszehnhundert schwarze Ring-bücher mit Notizen und Anmerkungen auf. Ich möchte sie einer Universität überlassen. Alle behandeln die großen Themen, die die Menschheit beschäftigen - Abtreibung, Kommunismus, Antikommunismus, Konservatismus, Sozia-lismus, China ... alles Material, das ich gelesen und zu dem ich Anmerkungen gemacht habe. Die ganze Welt steckt in diesem einen Zimmer bei mir zuhause. Es ist fast so, als stände ich unter einem gewissen Druck, all diese Informa-tionen zu ordnen und zur Verfügung zu haben.

Vielleicht liegt es aber auch daran, daß aus meiner Kind-heit praktisch nichts aufbewahrt worden ist. Als ich vier-zehn Jahre alt war, habe ich mich darum nicht gekümmert. Was störte es mich schon, wenn ich ein Stück Papier aus der Zeit, als ich neun war, nicht hatte. Aber mit dreißig ging meine erste Ehe in die Brüche und ich versuchte, einen Sinn in mein Leben zu bringen. Ich rollte also mein Leben nach hinten auf, und eine meiner ersten ärgerlichen Entdeckungen war, daß es nichts gab. Ich besaß ein paar Photos, aber die hat wohl jeder, und ich hatte wirklich nur sehr wenige. Aus meiner Schulzeit besaß ich gar nichts mehr.

Eine meiner Reaktionen darauf war sehr positiv und pro-duktiv. Ich habe vier Söhne und seit ihrer frühesten Kind-heit habe ich jedes Stückchen Papier, das sie bemalt haben, aufbewahrt, und nicht für eine Million Dollar würden sie diese Sammlung heute hergeben. Ihr ganzes Leben liegt vor ihnen, sie können stets in ihrer Vergangenheit herum-blättern. Ich rate jungen Eltern häufig, solche Dinge zu sam-meln und die Stimme ihrer Kinder auf Kassette auf-zunehmen. Als Kinder sind wir doch alle nett. Mein Gott, so etwas ist unbezahlbar. Ein Photoalbum von seiner Familie hat sicher jeder, doch ich finde so etwas sollte mehr Beach-tung finden.

ZDENEK: Es ist wirklich wichtig, daß wir mit dem Kind "in uns" in Kontakt bleiben. Es ist ein Weg, um die Vergangenheit zu heilen, wenn wir dieses Kind wiederentdecken, es akzeptieren und lieben.

ALLEN: Auf eine gewisse Weise wächst man jedesmal, wenn man das tut - man steigt auf sein altes Ich und wird etwas aufrechter, größer oder stärker.

6

Ray Bradbury, Schriftsteller

Unheilverkündende schwarze Regenwolken lasteten an diesem Septembernachmittag über Beverly Hills. Die Straßencafés am Rodeo Drive waren menschenleer. Aber als ich in die Daisy einbog, saß dort ganz allein, inmitten von freien Tischen und Stühlen, Ray Bradbury und wartete auf sein Getränk. Das drohende Gewitter schien er gar nicht wahrzunehmen. Wallendes, weißes Haar umrahmte sein sonnengebräuntes Gesicht und seine verschmitzten blauen Augen; er wirkte wie ein kleiner Junge und ein weiser Mann zugleich. Wir fielen uns in die Arme, und Ray Bradbury brach in sein ansteckendes Lachen aus. Wir hatten uns seit dem Schriftstellerkongreß in Santa Barbara im Juni nicht mehr gesehen. Ein übereifriger Kellner machte uns ein Zeichen, daß wir uns ins Café begeben sollten, aber Ray setzte sich wieder und blickte lächelnd zum Himmel auf. Als unverbesserlicher Optimist ließ er sich von einigen Regenwolken nicht verscheuchen.

Dieser Mann, der zwanzig Bücher geschrieben hat, darunter *The Martian Chronicles, Fahrenheit 451, Löwen-*

zahnwein und das Drehbuch für *Moby Dick*, würde sicherlich einiges über Kreativität berichten können. Ich stellte den Kassettenrecorder auf den Tisch und betete, daß das Unwetter uns noch eine Weile in Ruhe ließe.

ZDENEK: Ich weiß, daß Züge dich faszinieren. Du hast mir einmal erzählt, daß du einige deiner besten Ideen beim Zugfahren hast, während du aus dem Fenster schaust. Kannst du beschreiben, wie die Fahrt mit dem Zug dich und deine Kreativität beeinflußt?

BRADBURY: Man kann es mit einem riesigen, abgerollten Rorschachtest vergleichen. Ein langer, an beiden Enden aufgerollter Papierstreifen, ähnlich wie die Theaterbühnen, die wir als Kinder gebastelt haben. Das eine Ende wird aufgerollt und das andere abgerollt, und die Bildergeschichte läuft durch das Mini-Theater. Unterwegs - tagsüber und vor allem nachts, zwei Uhr morgens oder direkt beim Sonnenaufgang oder acht Uhr abends - kommt der Zug durch viele kleine Städte. Im Sommer sitzen die Menschen auf der Veranda. Die Kinder schaukeln oder spielen auf der Straße Baseball. Und während man diese Szenen betrachtet, lockert man sich. Man wird entspannt und empfindet eine tiefe Liebe für die ganze Menschheit. Manchmal weint man sogar aus Liebe für diese Menschen, die in ein paar Jahren schon nicht mehr leben werden.

Ich erinnere mich noch, als ich vor zwei Jahren von der Ostküste zurückkehrte und diese kleinen Städte an mir vorüberziehen sah ... neun Uhr abends, zehn, elf, zwölf Uhr, und ständig sah ich das Haus meiner Kindheit vorbeihuschen. Es war das Haus in Waukegan, in dem wir wohnten, als ich neun, zehn, elf, zwölf Jahre alt war, das gleiche Haus in jeder Stadt. Denn als die Leute nach Westen zogen, brachten sie ihre eigene Bauweise mit und bauten überall im Land die gleichen Häuser - wie das, in dem ich zur Welt gekommen bin. Das ist doch jetzt fast eine Idee für ein Gedicht, nicht wahr? Vielleicht sogar für eine Kurzgeschichte, wer weiß, vielleicht könnte eine phantastische Erzählung daraus werden. Aber ich schrieb ein Gedicht, in dem es heißt: Ich sehe mein Haus entlang des Schienenstrangs, entlang des Schienenstrangs, und da sehe ich mich, wie ich auf der Straße spiele, und da sehe ich mich schon wieder. Gott erschuf Duplikate von mir überall im Land. Das ist doch toller Stoff oder? Die Idee dazu kam durch die tiefe Entspannung, die ich während der Fahrt empfand, und die mein Unterbewußtsein anregte.

ZDENEK: Bist du dir der hypnotischen Wirkung des Zuges bewußt: das sich ständig in diesem strengen, konstanten Rhythmus wiederholende Geräusch. Irgend etwas an diesem Geräusch scheint das Unterbewußtsein anzuregen. Die hypnotische Wirkung der ständig wechselnden Landschaft nicht zu vergessen.

BRADBURY: Ja, ich glaube schon. Aber eine Zugfahrt weckt auch Erinnerungen an Dinge, die man mit sechs, zwölf oder vierzehn Jahren gesehen hat. Man fährt durch die gleichen Städte: Gallup hat sich in den letzten fünfzig Jahren kein bißchen geändert. Es ist noch genau die gleiche Kleinstadt, durch die ich damals mit dem Bus fuhr. Ich war neunundzwanzig und hatte wenig Geld. Also bin ich mit dem Überlandbus oder mit dem Zug oder mit dem Wagen gefahren - und daran erinnere ich mich, wenn ich Zug fahre. Eine Zugfahrt weckt auch Erinnerungen an meine Mutter, meinen Vater, meine Brüder - an all das, was für mich Familie bedeutet. Darüber hinaus ruft sie Erinnerungen an die Vergangenheit wach. Man wird geradezu nostalgisch und plötzlich tauchen lauter gute Ideen auf. In Illinois sind mir besonders die Rasenflächen aufgefallen. In einer Stadt, die der Zug durchfuhr, gab es zwischen den einzelnen Grundstücken weder Zäune noch Hecken, so daß sich eine durchgehende Rasenfläche bildete. Dein Rasen ist mein Rasen und mein Rasen ist dein Rasen. Schon wieder ein Gedicht, siehst du? Es ist alles ein großer, grüner Teich und die Häuser darin versinken in den Sommer.

ZDENEK: Wenn du an Gefühle deiner Kindheit zurückdenkst, rufst du alle möglichen Erinnerungen wach. Diese Erinnerungen verarbeitest du in Gedichten und vor allem in deinem Buch *Löwenzahnwein*. Spürst du noch auf andere Weise, daß deine Kreativität stimuliert wird, wenn du dich an deine Kindheit erinnerst, sie noch einmal erlebst und neu erfährst?

BRADBURY: Ja. Wenn man sich jeden Morgen - um acht oder neun Uhr oder egal wann - an die Schreibmaschine setzt und jeden Morgen mit Wortassoziationen arbeitet, stößt man zwangsläufig auf all dieses Material. Ich habe *Löwenzahnwein* mit einer Reihe von Wortassoziationen begonnen. Ich habe überlegt: Was ist Löwenzahn? Wie schmeckt er, wie fühlt er sich an? Habe ich daraus Flöten gebastelt? Ja, habe ich. Man bläst darauf und sie geben nur einen Ton von sich. Wenn man dagegen Hickoryholz nimmt oder einen Ast, in den man Löcher bohrt, so hat man eine kleine Piccoloflöte, auf der man mehrere Töne spielen kann. Aber ein Löwenzahnhalm gibt nur einen Ton von sich, genau wie Strohhalme. Echte Strohhalme konnte man an den Enden zusammendrücken und wenn man hineinblies, erklang ein Ton. Mit den Plastikhalmen heutzutage klappt das natürlich nicht mehr. Ihnen fehlt die Ästhetik. Auf diesen Halmen kann man überhaupt keinen Ton mehr erzeugen. Aber auch das ist eine Idee für ein Gedicht.

Sobald man sich selbst etwas sagen hört, sollte man sich die Worte noch einmal durch den Kopf gehen lassen und dabei denken: "Hey, das klang gut", und sie aufschreiben. So entstehen Wortassoziationen. Du erinnerst dich daran, wie dein Vater Wein herstellte, wie du Trauben pflücktest, an deinen Bruder und deine Freunde. Ich erinnerte mich an meinen Großvater, wie er im Keller Löwenzahnwein machte. Ich war nicht einmal sicher, ob es sich wirklich so zugetragen hat. Ich hatte einfach das Gefühl, daß es so war. Vor zwei Jahren kehrte ich in die Stadt zurück und ging zum Friseur. Ich war dort seit fünfundvierzig Jahren nicht mehr gewesen. Und der Friseur, ein Mann, der die siebzig schon überschritten hatte, sah mich einen Moment lang an, ließ Schere und Kamm zu Boden fallen, und rief: "Mein Gott, seit achtundvierzig Jahren warte ich darauf, daß du durch diese Tür kommst." Ich fragte ihn: "Wer sind sie?" und er antwortete: "Ich habe damals in der Pension deiner Groß-mutter gewohnt. Du warst noch ein ganz kleiner Junge!" Und dann fährt er fort: "Weißt du, woran ich mich noch genau erinnern kann? Wie du mit deinem Bruder vom Löwenzahnfeld kamst, und wie ihr diese Pflanzen säcke-weise zum Keller eures Großvaters brachtet, der daraus Wein machte." Mir traten Tränen in die Augen und ich rief: "Nicht möglich, das ist also wirklich passiert?"

ZDENEK: Realität und Einbildung vermischen sich manch-mal, was im Grunde unbedeutend ist, da man sich seine Kindheit zu einem gewissen Grade selbst schafft. Man kann sich nicht genau erinnern, wie es wirklich war, also denkt man sich im Laufe der Zeit etwas aus.
Du hast einen wunderbaren Sinn für spielerische Dinge. In dir steckt noch der kleine Junge, der du einmal warst, und du hast ihn in deine Persönlichkeit integriert. Wenn Männer diesen Bezug nicht mehr herstellen können, werden

sie in meinen Augen langweilig - ganz egal, was sie auf anderem Gebiet erreichen.

Wenn alles wie von selbst läuft, und die Kreativität sozusagen abhebt - und bei dir habe ich diesen Eindruck jedesmal, wenn wir uns begegnen - wenn du ganz in deinem Projekt aufgehst, ist es für dich dann schwierig, in die Realität zurückzukehren und an etwas Bestimmtes zu denken? Zum Beispiel an Rechnungen, die zu bezahlen sind, oder an andere Routinesachen? Wenn man wirklich in Form ist, haben solche Alltäglichkeiten etwas Lästiges an sich.

BRADBURY: Nicht, wenn ich mein Tagespensum erledigt habe. Heute habe ich mein Pensum erledigt, also bin ich dir gegenüber völlig locker. Wenn ich noch nicht alles geschafft hätte, wäre ich wahrscheinlich nicht so gelassen.

ZDENEK: Wenn du von Pensum sprichst, meinst du das mengenmäßig?

BRADBURY: Das Wichtigste ist für mich, daß ich ein gutes Gefühl habe. Es können zwei Seiten sein oder auch sechs - Hauptsache ich habe etwas geschafft und habe ein gutes Gefühl dabei. Ich brauche jeden Tag das Gefühl, wieder einen Schritt vorwärts gekommen zu sein.

Schau, eines der wenigen Dinge, die wir Schriftsteller tun können, ist, anderen Menschen den Zugang zu ihren Gefühlen zu zeigen. Dabei können wir wirklich hilfreich sein. Wir können ihnen nicht beibringen, wie man schreibt, aber wir können ihnen Zugang zu ihren Gefühlen verschaffen. Ihnen beibringen, wie sie Dinge aus ihrem Inneren ins Bewußtsein hineinrufen können, verstehst du? Zum Beispiel, wenn man an einer Sache arbeitet, mit der man allzu sehr vertraut ist - etwa an einem Roman, der kein Ende nehmen will, oder auch nur an einer Kurzgeschichte, die

114

einem Probleme bereitet - dann kann man ein Gedicht schreiben, über irgend etwas, das einem durch den Kopf geht, und wenn es nur halbwegs klappt, kann man die Energie, die man aus dem Gedicht schöpft, auf den Roman übertragen. Man legt das Gedicht beiseite und setzt sich wieder an den Roman und schaut nicht mehr hinein.

ZDENEK: Wo schaut man nicht mehr hinein?

BRADBURY: In den Roman! Wenn man an einem Roman arbeitet, sollte man sich ihn zwischendurch nie ansehen. Ich arbeite schon seit Jahren an einem Kriminalroman und ich habe ihn noch kein einziges Mal durchgelesen! Jeder Roman sollte eine Art Geheimnis bleiben. Man sollte sich sagen können: "Ich würde zu gerne wissen, was ich vorher geschrieben habe." Wichtig ist, daß man sich an die Gefühle erinnern kann, das hilft einem weiter. Das ist der Kernpunkt. Diese Gefühle sind meiner Meinung nach deshalb so wertvoll, weil sie das Unterbewußtsein an die Oberfläche holen. Und wenn es langweilig ist ... Das ist eine Sache, auf die man sehr achtgeben muß. Langeweile ist tödlich. Man versucht alle diese kleinen Tricks, um das Unterbewußtsein, das durch Alltäglichkeiten unterdrückt wird, ans Tageslicht zu bringen. Vielleicht trifft das nicht auf jeden zu, aber bei mir ist es so, und bei vierzig bis fünfzig Prozent der anderen Schriftsteller wird es genauso sein. Wenn man sein Werk zwischendurch liest, tötet man es! Wenn man es zu oft liest, hat man nie Lust, es zu Ende zu schreiben.

ZDENEK: Und wie gehst du vor? Du schreibst zunächst eine Rohfassung. Und dann?

BRADBURY: Was mir gerade einfällt. Zur Zeit arbeite ich an einem Drehbuch. Als erstes habe ich das Ende geschrieben. Ich wußte, wie ich die Sache anfangen lassen wollte, anschließend wurde mir klar, wie ich sie enden lassen wollte. Und dann schrieb ich etwas vom Mittelteil. Wie ein Sandwich: Oben und unten Brot und dazwischen lege ich den Schinken. Das klappt, solange man weiß, worauf man hinaus will.

ZDENEK: Das klingt ganz plausibel.

BRADBURY: Man darf sich vor allem keine Sorgen machen. Denn am Ende paßt alles genau zusammen. Anschließend kann man sich dann an die Feinarbeit machen.

ZDENEK: Ebenso wichtig ist es auch, die Macht des inneren Zensors einzuschränken. Man schiebt den Zensor oder Kritiker beiseite, damit der Gedanke nicht bereits getötet wird, ehe er geboren ist. Und wenn die Kritik solange ausgeschaltet bleibt, bis etwas auf dem Papier steht, dann kann man darauf zurückkommen und sie sinnvoll nutzen.

BRADBURY: Je schneller man arbeitet, desto größer ist die Wahrheit. Man hat gar keine Zeit, um Lügen oder Halbwahrheiten zu erfinden. Es ist genau wie unsere Unterhaltung jetzt. Es gibt keine langen Pausen. Du stellst mir Fragen, die ich sonst noch nie gehört habe, weder von dir, noch von jemand anderem, und ich muß bei der Sache sein, direkt darauf eingehen. Wenn ich mir bei jeder Antwort Zeit ließe, wüßtest du doch, daß ich etwas erfinde, und es wäre nicht glaubwürdig, vom kreativen Standpunkt aus. Aber wenn die Antworten nur so aus mir heraussprudeln, kannst du später noch anderer Meinung sein ...

ZDENEK: Du aber auch!

116

BRADBURY: Ja, das stimmt. Aber ich respektiere das. Die Leute fragen mich oft: "Werden Sie ihre frühen Werke noch einmal durchsehen und überarbeiten?" Meine Antwort darauf lautet: " Nein. Ganz gleich wer dieser junge Mann von zwanzig oder fünfundzwanzig Jahren war, das hat er damals empfunden, und ich werde nicht darauf zurückkommen und sagen: "Hey, Grünschnabel, ich weiß es jetzt besser." Denn ich bin jetzt ein anderer Mann, einer, der kritisiert. Und das ist sehr schlecht. Sehr, sehr schlecht.

ZDENEK: Es kann für Menschen schlimme Folgen haben, wenn sie sich wünschen, daß sie Dinge anders gemacht hätten oder wenn sie etwas in Ordnung bringen wollen, was längst vorbei ist. "Das Kind, das man damals war" zu lieben und es zu akzeptieren - mit all seinen Fehlern - das ist in meinen Augen eine gute Einstellung.

BRADBURY: Man darf sich niemals mit diesem "Kind, das man damals war" oder mit einem anderen Schriftsteller vergleichen. Es schadet nur der Kreativität. Man kann nicht aus seiner Haut schlüpfen. Man ist seine eigene Insel und früher oder später kommen die Leute zu einem hinübergeschwommen. Vielleicht hat man keinen riesigen Zulauf, aber einige Leute kommen an Land und sagen: "Gut gemacht, weißt du." Und das ist einfach phantastisch.

ZDENEK: Aber die Freiheit, sich zu geben, wie man ist, geht hervor aus der Freiheit, sich zu akzeptieren wie man ist, mit all seinen Stärken und Schwächen.

BRADBURY: Ich habe früh erfahren, wie sehr die Welt sich irren kann, wenn sie über Dinge, die man gerne tut, urteilt. Ich kann Dinge, die du gerne tust, nicht beurteilen. Wenn du zum Himalaya fahren willst, um Gedichte zu schreiben, dann tu das. Ich würde es nie im Leben tun, weil ich fürchterliche Höhenangst habe. Aber trotzdem, meine Hochachtung! Als ich neun Jahre alt war, habe ich Buck-Rogers-Hefte gesammelt, und die anderen haben darüber gelacht, und da habe ich sie zerrissen. Einen Monat später dann habe ich darüber geheult, und ich habe mich gefragt, was passiert war, und die Antwort war, daß Buck Rogers für immer vorbei war, und ich fühlte eine große Leere in mir - mit neun Jahren. Ich weiß nicht mehr, was damals in mir vorging - eine Art emotionaler Klärungsprozeß - als ich dann zu mir sagte: "Zum Teufel, ich werde wieder anfangen, Buck Rogers zu sammeln. Ich will wieder einen Sinn im Leben sehen. Und ich werde nicht mehr auf andere Leute hören." Und seitdem habe ich nie wieder auf andere gehört. Ich habe nicht mehr auf die Meinung und den Geschmack der Leute geachtet. Denn sie hatten immer Unrecht - in meinen Augen. Für sich selbst hatten sie natürlich recht. Aber ich habe weitergemacht und Buck Rogers gesammelt.

ZDENEK: Hast du die Hefte heute noch?

BRADBURY: Alle! Und Tarzan und Prinz Eisenherz und meine Leidenschaft für Dinosaurier. Und weil ich so eine große Leidenschaft für Dinosaurier hatte, als ich fünf, zwölf, neunzehn und dreißig war, bekam ich den Auftrag, das Drehbuch für *Moby Dick* zu schreiben. Denn das war ein riesiges prähistorisches Tier. Und mein Interesse daran konnte man in all meinen Kurzgeschichten spüren. John Huston las eine meiner Geschichten über einen Dinosaurier, der sich in einen Leuchtturm verliebt hatte. Das war der Grund, warum ich den Auftrag bekam, *Moby Dick* zu schreiben. Er erkannte den Melville'schen Geist in dieser Geschichte, obwohl ich Melville nie gelesen hatte. Aber dieser Geist sprach aus meiner Arbeit - der Geist der Bibel, der Geist Shakespeares, die mich verfolgen, seit ich die Bibel und Shakespeare gelesen und meine Liebe zur Dichtung entdeckt habe. Man lebt also einfach von einem Tag in den nächsten, von einer Leidenschaft in die nächste und vertraut einfach all seinen Leidenschaften, die sich später auf verschiedenen Niveaus ansammeln. Ein gutes Beispiel dafür ist der Archäologe Schliemann. Homer sprach zu ihm sowohl im Schlaf wie im wachen Zustand. Als Schliemann ein Junge von etwa zehn Jahren war, sagte Homer zu ihm: "Troja existiert. Es existiert wirklich, selbst wenn alle anderen behaupten, daß es nicht existiert. Hör nicht auf sie!" Und da er ein kluger, intuitiver Junge war, sagte Schliemann: "Ich glaube Homer. Eure Meinung interessiert mich nicht. Eines Tages werde ich mir einen Spaten besorgen, anfangen zu graben und Troja entdecken. Ich werde derjenige sein, der nach dreitausend Jahren Troja entdeckt. Und jetzt laßt mich in Ruhe." Und als er fünfundfünfzig oder sechzig Jahre alt war, zog er mit seiner Frau los und fing einige Meilen nördlich von dem Ort, den Homer ihm genannt hatte, an zu graben. Und bei Gott, er fand nicht nur ein Troja, sondern neun verschiedene Schichten der Stadt Troja. Neun verschiedene Trojas. Und nach ihm wurden noch dreißig weitere Trojas entdeckt. Die Zweifler hatten nicht nur einmal Unrecht, sie hatten neununddreißigmal Unrecht! So, hiermit hast du eine Metapher für Kreativität. In jedem von uns steckt ein Troja, das nur ausgegraben werden muß. Hör nicht auf andere. Tu, was du für richtig hältst. Und selbst wenn du nichts findest, kannst du zumindest von dir behaupten, daß du danach gegraben hast.

ZDENEK: Und das macht sehr viel Spaß.

BRADBURY: Sehr richtig!

ZDENEK: Hast du beim Arbeiten irgendwelche Gegenstände aus deiner Kindheit in deiner Nähe, die besondere Erinnerungen in dir wecken?

BRADBURY: Oh ja. Zuhause in meinem Keller bin ich umgeben von Büchern und Spielzeug und Zeichnungen und Karten, die ich zum Teil schon mit drei Jahren hatte. Und in meinem Büro - nun, als vor vier Jahren die Leute vom *Smithsonian Institute* ihren Kopf dort hineinsteckten und sich umschauten, sagten sie: "Wir stellen Sie ein." Und als ich fragte: "Warum?", antworteten sie: "Es sieht hier genauso aus wie bei uns im Keller." Ich hab all diesen Kram um mich herum und brauche fast einen Kompaß, um mich zurechtzufinden. Aber weißt du, ich wollte nie ein Büro haben, ich wollte ein Nest. Es muß vollgestopft sein mit Bildern von all den Dingen, die mir ans Herz gewachsen sind, so daß ich mich absolut wohlfühle. Ein riesiges Nest sozusagen. Ich verspreche immer, daß ich es eines Tages aufräumen werde, aber ich habe es seit Jahren nicht gemacht, weil ich überall auf dem Boden Sachen herumliegen habe.

Ich werde dir noch ein Beispiel von einer anderen Arbeitsweise von mir geben. Vor zehn Jahren kamen Leute von der Firma *Bell Telephone* zu mir und fragten: "Was halten Sie von Hologrammen?" Ich sagte: "Ich finde sie faszinierend." Sie meinten: "Wir möchten, daß Sie eine Kurzgeschichte für eine zweiseitige Werbeanzeige von Bell Telephone über Hologramme in der Zukunft schreiben." "Das geht nicht", erwiderte ich. "Ich übernehme keine Aufträge und schreibe auch keine Texte für Anzeigen. Ich möchte es auch gar nicht. Und die Chancen, daß ich etwas Gutes schreibe, sind sehr gering für Sie." Darauf sagten sie: "Wie Sie meinen. Aber wir machen Ihnen einen Vorschlag. Stecken Sie sich diese Dinger in Ihre Aktentasche und schauen Sie sie sich bei Gelegenheit einmal an. Vielleicht reagiert Ihr Unterbewußtsein nach einer Weile darauf." "Okay", sagte ich, ohne zu glauben, daß auch nur das Geringste passieren würde. Eine Woche später besuchte ich einen Bekannten, der mir einen Laserstrahl und einige Hologramme zeigte, und das war das erste Mal, daß ich diese Dinger mit eigenen Augen sah. Man sieht die verschiedenen Seiten dieser Vasen oder Statuen oder Flugzeuge oder was auch immer. Ich war ganz hingerissen, so gut gefielen sie mir. Zu Hause holte ich die Hologramme aus meiner Aktentasche und schrieb einen kompletten Artikel über das Zuhause der Zukunft, in dem jeder im Haus seinen eigenen holographischen Geist hat. Die Tochter hat den Geist von Cathy aus *Wuthering Heights*, der sich aus dem Schnee erhebt und vor ihrem Fenster klagt und "H-e-a-t-h-c-l-i-f-f" ruft. Und der Sohn hat in seinem Zimmer den Hund von Baskerville versteckt, und um Mitternacht erhebt sich der Hund und heult "Huhuuhuuu". Der Vater hat den Geist von Hamlets Vater, der in seiner Bibliothek Shakespeare rezitiert. Und die Mutter hat eine Zauberköchin in der Küche, die ihr über die Schulter schaut und sagt: "Rühr dies hinein, tu das." Und summ! die ganze Sache stand nach zwanzig Minuten wie von selbst auf dem Papier.

ZDENEK: Man braucht eine Idee, und sie fällt einem ein, ohne daß man danach gesucht hat. Plötzlich ist sie einfach da - man hat sie vor Augen und ... deine Geschichte ist geboren.

BRADBURY: Ja, genauso ist es. Das ist die andere Sache, die man lernen muß. Laß dich nie aus dem Konzept bringen. Sobald dir etwas einfällt, spring von deinem Stuhl auf und schreib das Gedicht oder die Geschichte oder den

Roman. Aber erzähle niemandem davon. Das ist noch so etwas. Man soll nie darüber reden. Mach es einfach, dann hast du etwas in der Hand, was du den Leuten zeigen kannst. Sie können sie dann immer noch kritisieren. Aber erzähl ihnen nicht deine Ideen, denn sie werden sie totkritisieren.

Zugegeben, es ist eine schreckliche Versuchung, davon zu erzählen. Es gehört wohl zu unserem Ego, angeben zu wollen und zu sagen: "Ich hatte heute die beste aller Ideen." Nein, nein, nein! Bring sie zu Papier! Und anschließend kannst du dein Werk jemandem in die Hand drücken und sagen: "Hier, lies."

Das steigert deine Energie. Es ist wie eine Liebesaffäre. Das Verhältnis von Sexualität und Kreativität im Leben ist - was mich betrifft - eins zu eins. Und eine große Liebesaffäre ist der Mittelpunkt deines Lebens. Wenn du jemanden wirklich liebst, posaunst du deine Liebe ja auch nicht überall herum. Du und die Story, ihr habt eine Affäre und niemand darf davon erfahren, bis sie vorbei und beendet ist, und du zur nächsten Liebe übergehst. Dann kannst du anderen deine vorherige Liebe zeigen und sagen: "Hey, das hier ist letzte Woche passiert. Was haltet ihr davon?" Nun kannst du die Kritik vertragen, weil die Sache vorbei ist.

ZDENEK: Wie steht es mit Träumen? Verwendest du sie in irgendeiner Weise in deiner Arbeit?

BRADBURY: Ich genieße diesen herrlichen Moment früh morgens, wenn man nicht mehr schläft und auch noch nicht ganz wach ist und man sich in einem Zustand des freien Assoziierens befindet. Eine Metapher kommt auf und noch eine, und sie prallen aufeinander und bilden eine neue Metapher. Und wenn man genug Energie hat, springt man schnell aus dem Bett und schreibt sie auf. Es ist nicht der gewöhnliche Traumzustand, sondern ein Zwischending, dem ich aber größte Bedeutung beimesse. Denn es ist ein Zustand großer Entspannung. Seit meiner Kindheit halte ich täglich einen Mittagsschlaf. Ich schlafe niemals richtig ein, doch mein Mind ist ausgeglichen, wie auf Federn gebettet. Bevor ich mich hinlege, sage ich dann zu meinem Unbewußten: "Ich habe da ein kleines Problem, könntest du mir nicht helfen?" Ich werde mich jetzt hinlegen, dir den Rücken zukehren und so tun, als gäbe es dich gar nicht." Und nicht selten kann ich das Problem lösen, springe auf und renne an die Schreibmaschine. Alle Fragen sind beantwortet. Das ist natürlich eine feine Sache.

ZDENEK: Manchmal nehme ich die Leute durch "Phantasie-Reisen" mit ins Weltall und bringe ihnen das Fliegen bei. Fliegst du manchmal in deinen Träumen oder in deiner Phantasie?

BRADBURY: Oh ja, natürlich! Das sitzt doch wohl sehr tief im Menschen. Man sagt, daß es die ursprünglichsten Träume sind. Träume vom Fliegen, von Hexen, Verfolgungsträume. Manchmal ist man wie festgewurzelt und kann nicht entkommen, wenn Menschen auf dich zufliegen. Oder aber man hebt ab, fliegt los und entkommt. Das scheint eine Konstante zu sein. Darum lieben wir auch Märchen, in denen Menschen fliegen können.

ZDENEK: Setzt du dein Vorstellungsvermögen bewußt ein, um besondere Tagträume hervorzurufen?

BRADBURY: Ja, wenn ich an meiner Schreibmaschine sitze. Sobald ich spüre, daß so etwas in mir aufkommt, setze ich mich an die Schreibmaschine. In diesen Momenten geschieht alles im gleichen Augenblick: das Fliegen, mich an einen anderen Ort zu versetzen und dieses Erlebnis zu Papier zu bringen. Für mich gehört das zusammen.

Ich habe schon häufiger einen Teil eines Gedichtes rein gedanklich produziert, während ich im Bett lag. So etwas ist immer ein Fehler. Man muß sich sofort an die Schreibmaschine setzen und es aufschreiben. Denn wenn ich das ganze Gedicht endlich vor Augen habe, kann ich mich nicht mehr an alle Zeilen erinnern. Ich schreibe also in Gedanken alle diese Alexandriner, und wenn ich aufstehe, habe ich alles wieder vergessen. Die Idee mag noch vorhanden sein, aber die Worte nicht mehr, und so etwas bricht einem doch das Herz. Daraus habe ich gelernt, daß ich, sobald die erste Zeile in meinem Kopf entsteht, aufstehen muß, um sie aufzuschreiben.

ZDENEK: Hältst du dich körperlich fit, um deine Kreativität zu fördern?

BRADBURY: Ich schwimme regelmäßig. Schwimmen ist herrlich - der ganze Körper wird dabei beansprucht. Zwischendurch lege ich mich in die Sonne und lese Gedichte. Den ganzen Tag renne ich dann hin und her zwischen Swimmingpool und Schreibmaschine.

ZDENEK: Du schreibst Gedichte mit einer erstaunlichen Geschwindigkeit. Ich sah das, als du damals an einem meiner Workshops in Santa Barbara teilgenommen hast. Hast du das Gedicht noch, das du dort geschrieben hast?

BRADBURY: Bestimmt liegt es irgendwo.

ZDENEK: Darf ich es in meinen Buch verwenden?

BRADBURY: Natürlich. Ich hoffe, daß ich es wiederfinde.

ZDENEK: Während meines Kurses habe ich dich bei einer deiner Übungen beobachtet. Die Worte schienen dir schneller einzufallen, als du sie aufschreiben konntest. Ich frage mich, ob du jemals eine Art "Block" verspürst?

BRADBURY: Nein, ich wehre mich dagegen. Aber das ist wirklich eine gute Frage. Ich lasse mich einfach nicht einschüchtern. Sobald mir irgend etwas Probleme bereitet, lasse ich die Finger davon. Ideen muß man behandeln wie eine eigensinnige Katze. Hunde kommen auf einen zu und lecken, Katzen aber sagen: "Du bist mir nicht gut genug." Ideen verhalten sich manchmal genauso. Das Geheimnis liegt einfach darin, sie überhaupt nicht zu beachten. Dann fragt sich die Katze: "Was ist das? So etwas ist mir noch nie passiert. Er scheint irgend etwas zu wissen, was ich nicht weiß." Und dann läuft sie dir nach, weil du dich wie eine Katze verhältst und nicht auf sie eingehst. Weil du jetzt genauso überheblich bist. Und auf die gleiche Weise muß man auch Ideen behandeln. Wenn sie dir Sorgen bereiten, darfst du nicht darauf eingehen, denn es macht ihnen Spaß, dir Probleme zu bereiten. Und sie genießen es, dich zu blockieren. Man muß sich einfach sagen: "Zum Teufel damit. Ich schreib jetzt ein Gedicht, ich schreib jetzt an meinem Drehbuch. Ich gehe jetzt schwimmen."
Schließlich möchte ich auch auf die Bedeutung von Intuition hinweisen. Solange wir unserer Intuition nachgeben, können wir vielen Problemen aus dem Weg gehen. Wenn wir häufiger auf dieses Gefühl im Bauch achten würden, hätten wir es oft viel leichter im Leben.
Ich hatte einmal ein Projekt mit einer Filmgesellschaft ins Auge gefaßt. Ich war schon seit langem daran interessiert, hatte aber Angst, daß sie das Budget kürzen oder sonst irgend etwas hinter meinem Rücken aushecken würden. Ich ging also zur letzten Besprechung und sah in lauter

grinsende Gesichter - lange vor *Der Weiße Hai* übrigens - , sah all diese Haifischgesichter und Barracudazähne und sagte daraufhin: "Entschuldigt mich einen Augenblick." Ich war schon soweit, den Vertrag zu unterschreiben - insgesamt ging es um eine Million Dollar. Dann ging ich zurück in mein Büro und rief sie an. Ich sagte: "Ratet mal, wo ich bin." Und sie fragten: "Was ist passiert, wo steckst Du?" Ich antwortete: "Ich bin in meinem Büro." Und sie riefen: "Was?" und ich sagte: "Die Sache ist abgeblasen." Sie fragten: "Warum?" und ich erwiderte: "Weil ich Euch nicht über den Weg traue." Hey Marilee, jetzt fängt es doch an zu regnen.

ZDENEK: Ja, stimmt. Aber nur ein bißchen. Du konntest wirklich deinem Instinkt trauen.

BRADBURY: Seitdem mögen mich diese Filmer nicht mehr besonders, aber was solls.

126

7

Cleo Baldon,
Designerin

Sie betritt einen Raum und sofort steht sie im Mittelpunkt. Einfach so. Sie strahlt innere Stärke und Energie aus. Sie besitzt dieses gewisse Etwas. Ganz gleich, wo Cleo Baldon sich befindet, alles dreht sich um sie.

Ihre Katze mit dem Namen Matilda, deren Fell genauso lohfarben ist wie Cleos Haar, beobachtet einen vom Kaminsims mit geheimnisvollen, topasfarbenen Augen, und man ist sicher, daß sie tausend kleine Geheimnisse weiß - und alle haben etwas mit dir zu tun. Das gleiche Gefühl habe ich auch bei Cleo selbst. Sie zeigte mir das *Galper-Baldon Building* in Venice Beach. Hier, in diesem aufsehenerregenden Gebäude, entwirft sie Möbel, Häuser, Gärten und Bäder. Ursprünglich war dieses Gebäude einmal eine Synagoge und stand anschließend lange Zeit leer. Cleo und ihr Partner verwandelten es in einen extravaganten Arbeitsplatz und Standort ihrer Design-Firma. Man stelle sich hohe Deckengewölbe vor, ein Fußboden aus Terrakotta-Ziegeln, Bäume im Innenhof, ein breiter Flur mit vielen Büros und Zeichentischen, Gegenstände aus aller Welt an den Wänden, ein langgezogenes, schmales Photo von der

Decke bis zum Boden, über dem Treppengeländer eine antike Satteltasche, auf dem Boden Perserteppiche. Vom Fenster aus blickt man auf einen breiten Streifen goldenen Sandes, und im Hintergrund erstreckt sich der Pazifische Ozean unendlich weit nach Westen. Ganz gleich woher man kommt, nirgendwo ist es wie in Venice in Kalifornien. Cleo und ich betrachten die vorbeiziehende Menschenmenge auf der breiten Promenade. Skateboardfahrende Kinder mit Walkmans, alte Menschen aus entfernteren Gegenden, die ziellos dahinschlendern, Künstler und fliegende Händler. "Heute ist es ziemlich ruhig", meint Cleo. "Du müßtest einmal am Wochenende hier sein."

Wir breiteten eine große, alte Decke auf dem Sand aus, packten unseren Picknickkorb aus und schalteten den Kassettenrecorder ein, der von nun an ununterbrochen lief und die Geräusche des Meeres und Cleo Baldons leise Stimme aufnahm, mit der sie ihre Geheimnisse erzählte.

ZDENEK: Du hast eine Wirkung auf mich, die mir das Gefühl verleiht, daß du ein außerordentliches Wahrnehmungsvermögen besitzt - daß du einen ungewöhnlich tiefen Einblick in das Denken anderer Menschen hast.

BALDON: Als Kind besaß ich eine Art übersinnliche Gabe. Meine Tante und ich standen in einer telepathischen Beziehung zueinander, die sich mit dem Verstand nicht erklären ließ. Wenn sie zum Beispiel wußte, was sich in einem Paket befand, so wußte ich es auch. Das Gefühl war sehr intensiv. Meine Tante war eine bemerkenswerte Person. Sie saß gewöhnlich im Hinterzimmer eines Süßwarengeschäftes und las die Zukunft aus Teeblättern.

ZDENEK: Sie war gewiß eine außergewöhnliche Persönlichkeit.

BALDON: Sie war eine Zauberin, daran besteht gar kein Zweifel. Sie litt an grauem Star, wodurch ihr Blick glasig wirkte, und wenn sie ihre Augen auf jemanden heftete, um ihn überhaupt erkennen zu können, hatte man das Gefühl, daß sie in den Kopf hineinschauen konnte.

Sie arbeitete in ihrem Hinterzimmer, und die Frauen kamen zu ihr, wenn sie Rat suchten. Sie kamen mit Eheproblemen oder Problemen bei der Arbeit und meine Tante gab ihnen Ratschläge, und später kamen die Frauen dann zurück, um ihr zu erzählen, wie die Sache ausgegangen war.

ZDENEK: Hatte deine Tante Einfluß auf deine Kreativität?

BALDON: Natürlich! Sogar einen sehr großen Einfluß! Als meine Mutter starb, kam auch eine Cousine zur Beerdigung. Nach der Beerdigung trat eine Freundin zu ihr und erzählte ihr ununterbrochen von meiner Mutter, was für eine nette Frau sie war und so fort. Meine Cousine wurde immer ungeduldiger und schließlich sagte sie: "Ja, sie war eine wunderbare Frau und eine wunderbare Lehrerin, eine gute Freundin und eine liebe Tante, aber sie war eine verdammt schlechte Mutter."

Bis dahin hatte ich immer gedacht, ich sei die einzige, die das wußte. Aber meine älteren Cousinen machten sich alle große Sorgen um mich. So beschlossen sie, ihre Mutter, jene Tante also, zu uns zu schicken. Sie blieb ungefähr drei Jahre bei uns und war wie eine richtige Mutter zu uns, und das bedeutete für meine Kindheit sehr viel.

ZDENEK: Denkst du oft über deine Kindheit nach?

BALDON: Oh, ja. Es gibt Dinge, die ich bis heute noch nicht habe klären können, und auf die komme ich immer wieder zurück.

ZDENEK: Verbindest du diese Gedanken mit ähnlichen Ereignissen, die sich in der Gegenwart ereignen?

BALDON: Wahrscheinlich. Etwa, wenn ich etwas sehe, das mich an früher erinnert. Und Gerüche machen mich regelrecht nostalgisch.

ZDENEK: Gerüche und Geräusche. Musik zum Beispiel.

BALDON: Bei mir hat eine bestimmte Teesorte den gleichen Effekt. Tee ist ein sehr persönliches Getränk. Ich weiß nicht, warum Tee persönlicher ist als Kaffee, aber es ist so. Zumindest für mich.

ZDENEK: Fast alle kreativen Menschen, mit denen ich geredet habe, messen ihrer Kindheit große Bedeutung bei. Andere Menschen, die vielleicht prosaischer veranlagt sind, werden sagen, daß sie keine Zeit für die Vergangenheit haben. Sie möchten nicht zurückblicken. Aber Künstler und kreative Menschen aus den unterschiedlichsten Bereichen scheinen immer wieder in ihre Kindheit zurückkehren zu müssen.

BALDON: Ich höre Leute, die erzählen, daß sie sich an Ereignisse, die sie mit acht Jahren erlebt haben, nicht mehr erinnern können, und ich kann nicht verstehen, wie das möglich ist.

ZDENEK: Wenn diese Person eine psychologische Sperre errichtet, um emotionale Schmerzen zu vermeiden, wird sie sich tatsächlich nicht daran erinnern können. Wenn ich deine Arbeiten betrachte, so spüre ich darin manchmal den Einfluß des Kindes Cleo. Ich denke etwa an das Sofa von dir, das im Schaufenster des *Pacific-Design-Center* stand: Es bog und wand sich so wundervoll, daß ich jedes Mal, wenn ich es sah, lächeln mußte. Man hat den Eindruck, daß du das Entwerfen eher als spielerische Tätigkeit empfindest und nicht so sehr als Arbeit. Als wenn der Entwurf von dem Kind Cleo stammte, die Durchführung dagegen von der Erwachsenen Cleo.

BALDON: So etwas nennt man wohl Stil. Ich kann Stil nicht definieren, man muß ihn einfach haben. Jede Frau hat ihren persönlichen Stil und Geschmack, und den gilt es zu treffen. Wenn ich zum Beispiel für fünf verschiedene Häuser, an denen ich gleichzeitig arbeite, Einrichtungsgegenstände kaufe, so habe ich neben meiner eigenen Persönlichkeit fünf verschiedene Frauen im Kopf. Dann entdecke ich etwa hier etwas für Mary und da etwas für Jane. Diese Dinge sind keineswegs austauschbar. Ich weiß nicht, wie ich es erklären soll, aber ich weiß, wann ich das Richtige gefunden habe. Es ist einfach Intuition.

ZDENEK: Wenn ein Hersteller dich anruft und für den kommenden Januar ein Sofa bei dir bestellt, wie gehst Du dann vor?

BALDON: Als erstes besorge ich mir einen Stapel Bücher oder Zeitschriften und blättere einfach darin herum. Sofas beachte ich dabei noch gar nicht. Ich schaue mir Bilder von Gepäckstücken, Kleidungsstücken, ganz gleich was an, bis ich mich an all diesen Sachen satt gesehen habe und ganz begeistert bin, was für schöne Dinge es auf dieser Welt doch gibt. Dann schaue ich mir Sofas von anderen Leuten an, bis ich sie allmählich hasse. Ich bin dann sehr kritisch und gehe ganz schnell zur nächsten Phase über, die eingeleitet wird mit den Worten: "Also schön, alles, was du bislang gesehen hast, war schlecht. Jetzt zeig mal, was du zu bieten hast." Und dann fange ich mit den ersten Entwürfen an. Die Vorbereitungszeit ist vorüber, mir ist ganz schwindelig und elend, und ich mache einen Entwurf nach dem anderen. Das geht vielleicht sechs Tage so, und zum Schluß kann ich dem Hersteller vier Sofas präsentieren. Eins davon wird er schließlich kaufen. Es ist eine schreckliche Zeit. Aber es ist die Sache wert.

ZDENEK: Kritisierst du deine Arbeit bereits beim Entwerfen?

BALDON: Nein. Während des Anfangsstadiums verzichte ich auf jedes Urteil. Ich wende mich allerdings manchmal einer anderen Sache zu. Wenn ich einige Tage Zeit habe, wende ich mich einer anderen Idee zu und arbeite daran. Anschließend kann ich dann wieder an meinem Sofa weiterarbeiten.

ZDENEK: Schöpfst du aus diesem anderen Projekt, bei dem du nicht unter Druck stehst, Energien, die du in deine Arbeit an dem Sofa einbringen kannst?

BALDON: Ja, denn ich ziehe keine deutliche Trennungslinie zwischen den verschiedenen Objekten. Die Dinge stehen in einer viel zu engen Beziehung.

ZDENEK: Selbst so unterschiedliche Sachen wie diese Kartons und Sofas? Das mußt du mir aber erklären.

BALDON: Es besteht sogar ein sehr enger Zusammenhang. Einige meiner besten Ideen kamen mir, nachdem ich eine neue Handtasche gekauft hatte. Sie sah aus wie ein Briefumschlag, der in der Mitte zusammengeklappt wird. Alles, was weich war, kam in die eine Hälfte und dann klappte man die andere Hälfte darüber. Ich kam also ins Büro, legte die Handtasche über die Lehne meines Sessels und es fühlte sich gut an. Anschmiegsam und angenehm. Und da fragte ich mich, warum machen wir nicht das gleiche mit einem Kissen auf beiden Seiten? Ich entwarf also ein Kissen und es war angenehm - so weich. Wie der Schoß einer Mutter. Die Knochen bildeten den Sessel und das Kissen das Fleisch. Es fühlte sich toll an, und ich wußte, daß ich den Sessel einfach entwerfen mußte. Heutzutage findet man ihn auf der ganzen Welt. Jeder hat sich daran versucht, an diesem zusammengeklappten Kissen über der Lehne. Meine Handtasche hat also den Anstoß zu vielen neuen Ideen gegeben. Ich denke etwa an die Schlaufen und die Verschlüsse.

ZDENEK: In seinem Buch *The Act of Creation ("Der göttliche Funke")* spricht Arthur Koestler von "Bisoziation", d.h. man stellt Zusammenhänge her zwischen Gegenständen, die eigentlich in keinerlei Beziehung zueinander stehen. Genau das tust du auch.

BALDON: Ich habe immer Assoziationen hergestellt zwischen Dingen, die eigentlich nichts miteinander zu tun haben. Ein Charakteristikum meiner Landschaftsentwürfe ist die Verwendung verschiedener Ebenen. Ich denke mir immer etwas Dramatisches aus - ich stelle mir zum Beispiel eine Party vor, stelle mir vor, wie die Menschen sich in dieser Landschaft bewegen. Ich inszeniere für sie eine Art Stufe oder Podest für ihren Auftritt. Zum ersten Mal wurden mir diese Möglichkeiten bei einer Hamlet-Aufführung bewußt. Mir war plötzlich klar, wie aufregend es sein kann zu inszenieren, und zwar insofern, als man den Figuren einen Platz zuweist, an dem sie sich alle überlagern. Es erinnerte mich an Maler wie Rubens oder Rembrandt, die Engel übereinander anordneten, so daß man ihre Gesichter sah, und ich mußte ständig daran denken, wie sie Menschenmengen auf verschiedenen Ebenen malten. Ich war so begeistert, daß ich bis vier Uhr morgens darüber nachdachte. Diese Erkenntnis hatte einen großen Einfluß darauf, wie ich die Anordnung von Gärten inszeniere.

ZDENEK: Phantastisch! Es ist genau der gleiche geistige Vorgang wie bei der Verbindung von Handtasche und Sofa. Ich glaube, wenn man einmal den Trick kennt, die Welt aus diesem Blickwinkel zu sehen - indem man überall Blumen pflückt und sich daraus seinen eigenen Strauß zusammenstellt - dann muß diese Fähigkeit die ganze Lebenseinstellung beeinflussen. Ich habe schon bei unserer ersten Begegnung gespürt, daß du Probleme nicht auf alltägliche, traditionelle Weise löst.

BALDON: Nein, das tue ich nicht. Niemals mit dem Kopf voran. Aber wenn wir bei Landschaftsprojekten enge Fristen haben und sehr schnell arbeiten müssen, kann ich das Problem lösen, indem ich in Gedanken über das Papier laufe. Geistig schrumpfe ich dann auf zwei Zentimeter zusammen. Ich muß mich wirklich hineinversetzen. Wie Alice im Wunderland. Ich werde einfach so klein, daß ich auf dem Entwurf herumspazieren kann. Und wenn ich mich genügend hineinversetzt habe, so bekommen die Linien auf dem Entwurf plötzlich eine Bedeutung: Diese Linie deutet den Rand des Swimmingpools an, und ich stehe tatsächlich davor und habe ihn vor Augen. Dann denke ich mir die verschiedensten Kombinationen aus, die möglich sind. Es ist wie in der Geometrie - man beginnt mit einem Kreis und arbeitet sich vor. Wenn ich unterbrochen werde, muß ich wieder meine normale Größe annehmen und meine Verwandlung wiederholen.

ZDENEK: Angenommen, du bist so klein wie Alice, und jemand kommt in dein Büro, um dir eine Frage zu stellen.

134

Kannst du diesen Vorgang des "Herausgebracht-Werdens" in Worte fassen?

BALDON: Es ist ziemlich ärgerlich.

ZDENEK: Aha! Dann ist es also schwer, sich anschließend wieder zurückzuversetzen?

BALDON: Ich muß mich sehr darauf konzentrieren. Eine Tasse Tee ist dabei immer sehr hilfreich.

ZDENEK: Ist es manchmal schwierig, in die Rolle einer Miniaturfigur zu schlüpfen?

BALDON: Oh ja, natürlich. Manchmal spüre ich sehr großen Widerstand. Wenn ich dann nicht aufpasse, lasse ich mich ablenken, spitze Bleistifte an und sehe die Post durch. Das Beste ist, wenn ich mich selbst auf Trab bringe. Ich tue es einfach. Manchmal muß ich ganz still sitzen und einfach mit gutem Gefühl gefüllt sein.

ZDENEK: "Mit gutem Gefühl gefüllt sein" ist ein schönes Bild. Ich mag das.

BALDON: Ich habe das noch nie in Worten erlebt und weiß nicht, ob ich es beschreiben kann. Doch ich lasse eine gewisse Art von Entspannung durch meinen Körper fließen, fange bei den Schultern an, gehe über zum Bauch und schließlich hinab zu den Füßen, und dann bin ich ganz locker und kann weitermachen. Das mache ich, wenn die Sache anfängt, mir über den Kopf zu wachsen.

ZDENEK: Wendest du autogene Übungen des Biofeed-back-Trainings an?

BALDON: Diese Begriffe sagen mir nichts. Ich tue es einfach.

ZDENEK: Es scheint mir jedenfalls dasselbe zu sein. Sicherlich hast du noch andere Techniken, um dir Sachen vorstellen zu können.

BALDON: Ja, natürlich. In meinem Bereich ist Vorstellungskraft besonders wichtig. Nicht nur, um etwas Gutes zu produzieren, sondern auch, wenn man sich nicht auf seine Haftpflichtversicherung verlassen will. Man muß wirklich "sehen" können, wie sich etwas zu einem Ganzen entwickelt. Ich habe verschiedene Ebenen der Vorstellungskraft. Ich kann etwas entwerfen und weiß, wie es ungefähr aussehen wird. Wenn ich dann daran arbeite, kann ich es mir immer besser vorstellen. Und manchmal sehe ich es in meinem Mind so, als wäre es eine Erinnerung. Einmal habe ich ein Herrenbekleidungsgeschäft eingerichtet und noch ehe es fertig war, hatte ich es vor Augen, nicht wie in einem Traum, sondern in einem Zustand großer Entspannung. Als wenn ich das Geschäft tatsächlich schon einmal betreten hätte und mich daran erinnern könnte. Das passiert mir jetzt immer. Ich habe die Dinge vor Augen, als seien sie in meiner Erinnerung.

ZDENEK: Und was machst du, wenn es einmal nicht klappt, wenn das Gesamtbild einfach nicht Gestalt annehmen will?

BALDON: Wenn ich an einem wirklich schwierigen Projekt arbeite und anfange zu verzweifeln, sage ich zu mir selbst: "Du entwirfst nicht zum ersten Mal, und du bist auch nicht das erste Mal verzweifelt. Es gehört einfach dazu. Also machen wir jetzt mit der nächsten Sache weiter."

136

ZDENEK: Wenn du bei einem sehr großen Auftrag, nicht bei einem Sofa, aber sagen wir bei einem großen Landschafts-Projekt nicht weiterkämest, was würdest du tun?

BALDON: Ich würde ganz bewußt versuchen, die Arbeit liegen zu lassen. Ich kann mich so sehr in meine Arbeit vertiefen, daß ich unaufhörlich weitermache. Aber anschließend zwinge ich mich dazu, die Arbeit eine Weile ruhen zu lassen. Übrigens ist Landschaftsgestaltung wesentlich einfacher, als so ein kleines Sofa zu entwerfen. Eine Landschaft bietet tausend Variationsmöglichkeiten an, aber bei einem Sofa sind die Möglichkeiten sehr begrenzt. Man hat feste Maße. In Relation zum menschlichen Körper sollte die Lehne eines Sofas ungefähr fünfzig Zentimeter hoch sein. Wir wissen auch, in welcher Höhe normalerweise der Kopf aufliegt, die Höhe der Sitzfläche ist auch ziemlich festgelegt ... Was kann man also noch neu entwerfen? Vor dieser Frage habe ich am meisten Angst. Wenn ich mich hinsetze, um ein neues Sofa zu entwerfen, denke ich "Was kannst du diesmal anders machen als bislang, als es überhaupt irgend jemand schon gemacht hat?" Es ist umwerfend. Ein Stuhl ist die großartigste Kunstform, die ich kenne.

ZDENEK: Noch schwieriger als ein Sofa?

BALDON: Es ist so etwas Persönliches. Ein Stuhl steht sehr allein da. Ein Sofa ist wie eine Gruppe, aber ein Stuhl ist ein Einzelwesen.

ZDENEK: Kannst du die Gefühle, die du beim Entwerfen eines Stuhles empfindest, in Worte fassen? Womit fängst du an?

137

BALDON: Es ist jedesmal eine Qual. Mit einer Tasse Tee. Mit drei Tassen Tee. Mit einem Spaziergang am Strand. Mit nervöser Hysterie.

ZDENEK: Gut. Du klingst jetzt fast wie ein Schriftsteller, der über das Schreiben spricht. Ich kann das Gefühl sehr gut nachempfinden - obwohl ich mir nur schwer vorstellen kann, daß du solche Gefühle empfindest. Und was machst du dann?

BALDON: Ich habe den Gegenstand "Stuhl" im Hinterkopf und beginne wieder, die Proportionen von Leuten zu messen. Ziehe im Geist Linien um die Menschen herum. Unter diesem Aspekt habe ich Hunderte von Menschen betrachtet. Und dann muß man sich fragen, wie es wäre, wenn es gar keinen Stuhl auf der Welt gäbe. Wenn man selbst einer Person Halt geben müßte. Also schaut man sich erneut Leute an. Macht einige Zeichnungen von ihnen und hält sie in der Luft auf einem Skizzenblock in ihrer Position fest ... Es ist ein schrecklicher Prozeß. Ich bin gerade dabei, die Arbeit an einem Stuhl abzuschließen.

ZDENEK: Aber es ist eine wunderbare Erfahrung - auch für jemand, der keine Möbel entwirft. Man sieht etwas mit ganz neuen Augen. Und man kann es sicherlich auf andere Formen der Problemlösung übertragen. Wenn du ein Problem hast und dir sagst: "Angenommen, es gäbe X nicht und es hätte noch nie existiert, was würdest du tun?" Diesen Ansatz kann man auf alles übertragen.

BALDON: Ja, aber ein Stuhl ist das Allerschwierigste. Momentan befasse ich mich vor allem mit Treppen. Wenn ich mich mit Stühlen befasse, sehe ich nichts außer Stühlen. Sie bilden den Mittelpunkt meines ganzen Interesses. Zur Zeit richte ich meine ganze Aufmerksamkeit auf Treppen.

138

ZDENEK: Treppen zu entwerfen macht bestimmt Spaß. Sie können so herrlich gewunden sein.

BALDON: Treppenaufgänge sind ebenfalls eine Spezialität von mir. Wir haben schon viele entworfen. Treppen bedeuten Abenteuer, denn es sind völlig verrückte, persönliche Aussagen. Jeder Mensch auf dieser Welt hat schon eine Treppe gebaut. Wenn man eine Kiste vor ein Regal stellt, um daraufzusteigen, hat man eine Treppe gebaut. Treppen sind wunderbar und sehr persönlich. Als Napoleon die Rundtreppe hinunterschritt, hat er genau hingesehen. Er hatte die eine Hand auf dem Geländer sah herab, denn man kann keine Stufen herabsteigen ohne hinzugucken. Man konzentriert sich.

ZDENEK: Denk nur an all die alten Treppen in Europa und im Nahen Osten und alle die abgetretenen Stufen. Wieviele Menschen haben diese Stufen gesehen, was für Menschen waren es, woher kamen sie und wohin gingen sie? Eine abgetretene Treppe ist etwas Besonderes. Wendest du noch andere Techniken an, wenn du dir etwas vorstellen willst?

BALDON: Ich mache mich nicht nur klein, manchmal mache ich mich, genau wie Alice im Wunderland, sehr groß und blicke hinab auf mein Werk. Ich arbeite im Augenblick zum Beispiel an einem Landschaftsprojekt in Santa Barbara, wobei der Garten sich auf zehn verschiedene Stellen verteilt. Manche davon sind kleine architektonische Gärten, die von den anderen Standpunkten aus nicht zu sehen sind. Also wachse ich in Gedanken und betrachte alle Gärten von oben. Und dann kommt einem manchmal die zündende Idee, als wenn man in der Erinnerung ein Bild sehen könnte. Jetzt zum Beispiel - wo ich über den Garten in Santa Barbara nachdenke und dir davon erzähle - sehe ich aus einem Wohnzimmerfenster, das es nicht gibt und sehe einen Garten, den es ebenfalls noch nicht gibt. Doch genau in diesem Moment, in dieser Minute, habe ich beides genau vor Augen.

ZDENEK: Du hast jetzt etwas vor Augen, daß du dir bislang noch nicht vorgestellt hast?

BALDON: Ja, bislang gab es auf dem Plan an dieser Wand noch kein Fenster. Aber gerade eben sah ich es in fertigem Zustand.

ZDENEK: Und so wirst du es auch bauen?

BALDON: Ja. Ich frage mich nur manchmal: Hat mir jemand diese Idee eingegeben oder stammt sie aus meinem geistigen Vorratslager?

ZDENEK: Hast du wirklich das Gefühl, daß eine Muse Ideen für dich sammelt und sie dir nachts oder bei einem Picknick am Strand oder egal wann eingibt?

BALDON: Manchmal schon. Dann habe ich das Gefühl, als schwebe eine Wolke über uns und als hätten wir alle Strohhalme und stocherten damit in dieser Wolke herum, die mit den neuesten Ideen gefüllt ist, und saugten sie uns ein. Das ist doch fast eine wissenschaftliche Erklärung. Denn wie sonst ist es möglich, daß Menschen aus verschiedenen Ländern zur gleichen Zeit die gleichen Ideen haben?

ZDENEK: Das klingt wie die künstlerische Version von Jungs "kollektivem Unbewußten". Ich glaube, daß diese Ideen in deiner rechten Gehirnhälfte herumschwirren, in

140

deinem eigenen Unterbewußtsein. Und wenn du darauf stößt, hast du das Gefühl, als hättest du einen Strohhalm in eine Wolke voller guter Ideen gesteckt. Ich glaube jedenfalls, daß alles bereits da ist. Wir müssen lediglich die Fähigkeit entwickeln, es uns zu erschließen.

BALDON: Es gibt noch eine weitere verrückte Weise, diese Dinge zu sehen und zu sehen, daß ihre Zeit gekommen ist: Verkaufszahlen.

ZDENEK: Verkaufszahlen? Wie meinst du das?

BALDON: Läßt sich eine Sache gut verkaufen?

ZDENEK: Ach so! Ich war noch in der Wolke.

BALDON: Das habe ich gemerkt. Du bist metaphysisch und ich bin sehr realistisch. Wenn die Zeit für den Stuhl reif ist, wird es passieren. Man könnte den Stuhl einer Firma geben und sie könnten ihn drei Jahre lang angestarrt haben, ohne ihn zu kaufen, und plötzlich passieren andere Dinge in der Welt, die damit in Zusammenhang stehen, und plötzlich *sehen* sie den Stuhl. Sie nehmen den Stuhl, rufen dich an und fragen nach den Arbeitszeichnungen. Und wenn er dann auf den Markt kommt, ist die Zeit reif und er wird gekauft.

ZDENEK: Es ist genau die gleiche Intuition, die einige Immobilienmakler vor einigen Jahren hat reich werden lassen. Es trifft wahrscheinlich auf alles zu - Kunst, Bücher, Wirtschaft. Cleo, was machst du, wenn du dich nicht so gut fühlst - oder nicht so kreativ?

BALDON: Tja, in letzter Zeit läuft alles so gut ...

ZDENEK: Wenn der Erfolg da ist, wird er zur Quelle weiterer Erfolge.

BALDON: Man läßt sich durch ein Problem nicht mehr so schnell in Panik versetzten. Man weiß, daß man es früher auch gelöst hat.

ZDENEK: Ich erinnere mich an Irwin Shaw, der einmal gesagt hat, daß er Schweißausbrüche bekommt, wenn er auf ein leeres Blatt Papier schaut. Er fragt sich, ob er noch schreiben kann, ob er es je konnte oder je wieder können wird. Es ist dasselbe Gefühl, das Leonardo da Vinci einmal folgendermaßen beschrieb: "Wenn ich vor meiner Leinwand stehe, fange ich an zu zittern." Dieses Gefühl kann auch Erfolg nicht beseitigen.

BALDON: Nein, es ist einfach da. Jedesmal, wenn ich ein leeres Blatt vor mir habe. Manchmal schiebe ich die Sache dann vor mir her. Und fünf Minuten, nachdem ich sie schließlich doch in Angriff genommen habe, weiß ich schon, wie es weitergeht, und ärgere mich, daß ich soviel Zeit verschwendet habe.

ZDENEK: Vielleicht hast du die Zeit gar nicht verschwendet. Vielleicht hat dein Unbewußtes währenddessen schon längst gearbeitet.

BALDON: Da bin ich ganz sicher. Aber das Beste, um das Unbewußte in Schwung zu bringen, ist immer noch eine Tasse Tee.

8

Ib Melchior, Gegenspionage-Agent Schriftsteller

Auf einem Hügel in den Hollywood Hills, hoch über Chateau Maromont, wohnt Ib Melchior mit seiner Frau Cleo Baldon und einer Katze namens Matilda.

Er ist der einzige Gegenspionage-Agent, den ich kenne. Und ich kann mich noch gut erinnern, daß ich mich bei unserer ersten Begegnung gefragt habe, wie anders ihn diese Ausbildung auf sein weiteres Leben vorbereitet haben muß. Anders im Vergleich zu uns, für die der erste Einsatz des eigenen Verstandes, blitzschnelle Einfälle und Vertrauen in die Intuition nicht Tag für Tag entscheidend für das bloße Überleben sind.

Ibs Einsatzgebiet war in Deutschland während und kurz nach dem Zweiten Weltkrieg, wo er als dänischer Staatsbürger in den Diensten der Alliierten stand. Wenn er darüber spricht, betont er aber sofort, daß er für das *Counter Intelligence Corps* der US-Armee gearbeitet hat und nicht für den CIA, der bekanntlich erst einige Zeit nach dem Zweiten Weltkrieg organisiert wurde. Seine Feinde waren die Nazis und die Trennlinie zwischen Gut und Böse war klar gezogen.

Ib hat seine Kriegserlebnisse in einem halben Dutzend Bücher verarbeitet (unter anderem in *The Marcus Devise*, *The Haigerlock Projekt* und *The Tombstone Cipher*). Er hat bei mehr als 5oo Fernsehshows in Hollywood Regie geführt, ein Dutzend Spielfilme gedreht und mehrere Bühnenstücke inszeniert. 1982 wurde er von der *Shakespeare Society of America* mit dem "Hamlet Avard" für das beste Drehbuch ausgezeichnet. Darüber hinaus lädt er seine Freunde gern zu aufwendigen dänischen Dinnerparties ein.

Wenn man ihn von weitem sieht, denkt man sofort an Ernest Hemingway. Die Ähnlichkeit ist verblüffend. Aber von nahem betrachtet, entdeckt man eine größere Sanftheit in Ibs Augen. Und sein dänischer Akzent überzeugt einen dann schließlich, daß man kein literarisches Gespenst vor sich hat.

Vom Kopfende des Tisches, an dem zwölf Personen sassen, dirigierte Ib das Abendessen und zeigte uns, wie man in Skandinavien mit Akvavit anstößt. Er sang dänische Trinklieder mit einer Stimme, die er von seinem Vater, dem Wagner-Tenor Lauritz Melchior, geerbt hat. Es war hinreißend. (Nach zwei Gläsern Akvavit war ich überzeugt, ebenfalls auf dänisch singen zu können.)

Später bot sich mir die Gelegenheit, Ib nach seiner Arbeit zu befragen, wie er als Agent im *Counter Intelligence Corps* unbewußt Methoden zur Aktivierung seiner rechten Gehirnhälfte angewandt hatte und wie er sie heute, wo er über diese Erlebnisse schreibt, anwendet.

ZDENEK: Hast du damals, als Agent, deiner Intuition eine große Rolle beigemessen?

MELCHIOR: Oh ja. Intuition ist sehr wichtig. Bei einem Verhör zum Beispiel spielte sie eine große Rolle.

Manchmal, wenn wir Leute überprüfen mußten, hatten wir kaum mehr als zwei Minuten Zeit, um zu entscheiden, ob die

144

betreffende Person okay war oder eingehend verhört werden mußte. Nach einiger Zeit entwickelte man dafür ein Gespür. Man unterhielt sich mit der Person, und plötzlich wußte man, daß sie log. Das hatte absolut nichts mit dem zu tun, was der Betreffende geredet hatte. Es war auch keine Frage gefälschter Papiere. Es war einfach ein Gefühl. Jeder entwickelte es nach einer Weile. Wenn dieses Gefühl sich einstellte, nahm man die betreffende Person ins Kreuzverhör. Und jedesmal, wenn ich dieses Gefühl hatte, stellte sich heraus, daß die Person tatsächlich gelogen hatte. Ich kann natürlich nicht sagen, wieviele Leute falsche Aussagen gemacht haben, ohne daß es mir aufgefallen ist. Hinterher läßt sich das unmöglich feststellen. Aber wenn ich das Gefühl hatte, daß sie nicht die Wahrheit sagten, dann hatten sie tatsächlich immer gelogen.

ZDENEK: Was für Menschen hast du verhört?

MELCHIOR: Hochrangige Offiziere der Wehrmacht, Parteiführer, wichtige SS-Leute. Leute, die gewissen Organisationen angehört hatten, Wachpersonal aus Konzentrationslagern, Saboteure und Spione. Viele von ihnen hatten eine andere Identität angenommen. Und manchmal waren sie von ihren Dienststellen mit perfekt gefälschten Papieren ausgestattet. Wenn sie diese Papiere über eine reguläre Polizeibehörde erhalten hatten, konnte man anhand der Unterlagen unmöglich feststellen, daß die Person vor einem eigentlich jemand ganz anderes ist. Alles stimmte, nur der Name war falsch. Wie sollte man das herausfinden?

ZDENEK: Ich nehme an, daß man besonders auf die Augen der Leute achtet.

MELCHIOR: Natürlich haben wir versucht, den Reaktionen

ihrer Augen etwas zu entnehmen. Es gibt minimale Bewegungen - ein leichtes Zucken, eine unscheinbare Veränderung des Gesichtsausdruckes - und es ist sehr gut möglich, daß wir dies gespürt haben, ohne daß es uns bewußt war.

ZDENEK: Aber ich kann mir sehr gut vorstellen, daß sich auch viele Unschuldige verdächtig benehmen, wenn sie verhört werden.

MELCHIOR: Aufrichtigen Menschen fällt es sehr schwer zu lügen, ohne daß man es ihnen anmerkt. Vielleicht schwillt eine kleine Ader an oder es treten kleine, unscheinbare Schweißperlen hervor. Aber so reagiert fast jeder, der verhört wird, selbst wenn er völlig unschuldig ist. Menschen reagieren immer nervös, wenn sie von offiziellen Stellen verhört werden. Und ich garantiere dir, daß du auch Angst hättest, wenn du, unschuldig wie du bist, plötzlich in einem fremden Land in einem Büro säßest und von mehreren Offizieren eines ausländischen Geheimdienstes befragt würdest.

ZDENEK: Natürlich.

MELCHIOR: Und das ist der springende Punkt. Hier kommt das Gefühl, die Intuition ins Spiel. Man muß die gewöhnliche Angst oder Nervosität von Schuldgefühlen unterscheiden.

ZDENEK: Kannst du dir noch andere Situationen vorstellen, in denen diese Intuition nötig ist?

MELCHIOR: Tja ... Wir waren einmal in einem Dorf und wußten, daß sich dort ein Feindsender befand. Er war zwar

146

nicht mehr in Betrieb, aber wir wollten herausfinden, wer dort Informationen ausgesandt hatte. Wir durchsuchten viele Häuser und Bauernhöfe und bei einem der Bauernhöfe, auf dem nur eine Frau mit ihren Kindern lebte, hatte ich das Gefühl, daß dies der gesuchte Ort war. Wir hatten, wie gesagt, viele Häuser durchsucht, aber nur hier hatte ich plötzlich dieses Gefühl. Dabei war es ein ganz gewöhnlicher Bauernhof. Und die Bäuerin verhielt sich völlig unverdächtig. Trotzdem wußte ich, daß wir hier nach dem Sender suchen mußten - und ich sollte recht behalten. Das ist Intuition.

ZDENEK: Deine rechte Gehirnhälfte hat dann wohl die unbewußten Botschaften aufgenommen - jene winzigen Hinweise, die der bewußte Teil des Mind niemals erfassen könnte.

MELCHIOR: Ich habe noch nie versucht, eine Erklärung für dieses Gefühl zu finden.

ZDENEK: Nein, natürlich nicht. Man muß die Zusammenhänge auch gar nicht verstehen, um diese Methode erfolgreich anzuwenden.

MELCHIOR: Einmal, direkt nach Ende des Krieges, hatten wir einen Einsatz in Regensburg. Dort gab es ein großes Gut, das als Hauptquartier der Waffen-SS gedient hatte. Es war allgemein bekannt, daß die Akten der SS irgendwo auf dem Gut vergraben waren. Diese Akten waren für die US-Armee von äußerster Wichtigkeit, aber bis dahin hatte niemand sie finden können. Es gab auch niemanden mehr, der darüber Bescheid wußte, außer einer Frau, die das Gut verwaltete. Und sie weigerte sich zu reden. Man kann niemand zum Reden bringen, wenn er entschlossen ist, nichts zu sagen. Man kann es versuchen, aber man kann ihn nicht zwingen.

Daher wurde die Angelegenheit von allen als aussichtslos betrachtet. Doch eines Tages verhörten wir ein junges Mädchen, das so verängstigt war, daß es sofort gestand, ein Versteck zu kennen. Sie beschrieb uns eine Stelle in einem Waldstück auf dem Gut, wo eine Truhe vergraben war. Aber dann fügte sie hinzu, daß sich darin nur Diebesgut befand! Kaffee, Seide ... lauter Dinge, die sie zusammen mit der Verwalterin geplündert und vergraben hatte.

Somit wußten wir immer noch nicht, wo die Unterlagen waren. Ich war überzeugt davon, daß die Verwalterin, trotz gegenteiliger Beteuerungen, genau wußte, an welcher Stelle sie vergraben waren. Ich forderte also ein Dutzend deutscher Häftlinge an, ausgerüstet mit Schaufeln, Spaten und Äxten, die von der Militärpolizei mit Maschinenpistolen bewacht wurden. Unterstützung erhielten wir von Max, einem ehemaligen Nazi-Major, der als Informant zu uns übergewechselt war, und seinem Spürhund Rolf. Ich klopfte an die Tür der Verwalterin. Sie öffnete und sah die ganze Prozession vor dem Haus. Ich sagte zu ihr: "Nun gut, Frau Peukert, ich gebe Ihnen eine letzte Chance. Entweder Sie sagen uns jetzt, wo die Akten versteckt sind, oder wir betrachten Sie als Angehörige der SS mit den entsprechenden Folgen für Sie." Auch jetzt blieb sie dabei, nichts zu wissen. Ich sagte: "Okay, sehen Sie den Hund dort drüben? Er wurde von der Gestapo ausgebildet und riecht alles, was hier vergraben worden ist. Egal wie lange es her ist, er wird es riechen. Wenn er etwas aufspürt, ehe Sie uns davon erzählen, müssen Sie die Folgen tragen." Man konnte förmlich sehen, wie die Rädchen in ihrem Kopf sich in Bewegung setzten. Es ist natürlich *unmöglich,* daß ein Hund so etwas aufspürt. Das wußte die Frau und antwortete daher: "Lassen Sie ihn ruhig suchen." Wir gingen also mit dem Hund an der Leine voraus und alle Gefangenen und Soldaten folgten uns. Rolf führte uns kreuz und quer durch den Wald, hin und her, her und hin. So ging das eine ganze Weile, bis er plötzlich anfing zu bellen. Ich sagte: "Laßt ihn von der Leine", und Rolf scharrte wie besessen genau an der Stelle, wo nach Angaben des jungen Mädchens die Truhe vergraben war. Die Verwalterin wurde leichenblaß. Wir riefen also den Hund zurück und ich sagte: "Frau Peukert, ich gebe Ihnen eine allerletzte Chance. Ist dort irgend etwas vergraben?" "Ja", antwortete sie, "der Hund hat es entdeckt." Und ich sagte: "Schön. Wo ist sonst noch etwas vergraben?" Daraufhin zeigte sie uns drei weitere Stellen, an denen wir alle Unterlagen und Akten der Waffen-SS fanden. Die Verwalterin konnte natürlich nicht wissen, daß ich in der Nacht zuvor ein großes Stück Wurst an einem Band durch den Wald zu der Stelle geschleift hatte, wo sich die Truhe mit dem Plündergut befand. Denn genau dort hatte ich die Wurst vergraben, und hinter der war der Hund natürlich her!

ZDENEK: Eine tolle Idee! Und eine sehr typische Art, ein Problem durch Aktivierung der rechten Gehirnhälfte zu lösen. Solche Einfälle müssen dir in vielen Situationen aus der Klemme geholfen haben. Ib, gebrauchst du spezielle Techniken, um schwierige Probleme zu lösen?

MELCHIOR: Heute bin ich mir sehr bewußt darüber, auf welche Weise ich ein Problem löse. Es ist sehr gut möglich, daß ich das gleiche schon damals tat, ohne mir dessen bewußt zu sein. Wenn mir etwa beim Schreiben nichts einfällt und ich nicht mehr weiter weiß, "überschlafe" ich das Problem erst einmal. Wenn es ein schwieriges Problem ist, lege ich mich sogar nachmittags hin, aber gewöhnlich mache ich es abends, bevor ich zu Bett gehe. Ich halte mir das Problem vor Augen, und am nächsten Morgen ist mir alles klar und ich weiß, daß mir die Lösung im Traum eingegeben wurde. Es ist fast so, als ob ein Geschichten-erzähler in meinem Unterbewußtsein die Lösung erarbeitet hätte. Vielleicht verstehe ich den Traum nicht immer, doch sobald ich wach werde, habe ich die Lösung vor Augen. Und wenn das nicht der Fall sein sollte, fange ich an zu arbeiten, und plötzlich ist mir die Lösung vollkommen klar. Mittlerweile verlasse ich mich vollkommen auf diese Technik. Ich lege mich auf mein Bett und döse vor mich hin, bis mir die Antwort einfällt. Ich habe immer Stift und Papier neben meinem Bett liegen, und nachts schreibe ich Dinge auf, ohne die Augen zu öffnen. Ich glaube, das habe ich im Krieg gelernt. Wenn man keinen geregelten 8-Stunden-Tag hat, sondern rund um die Uhr arbeitet, lernt man überall zu schlafen, egal wo man sich gerade befindet. Wenn man zwischen zwei Einsätzen eine Viertelstunde Zeit hat, nutzt man diese wenigen Minuten, um zu schlafen - im Sitzen, im Stehen ... ganz gleich wie. Und ich habe festgestellt, daß mein Mind sich in dieser Zeit mit dem jeweiligen Problem auseinandersetzte und mir oft eine Lösung anbot. Ich hatte in diesen Zeiten häufig gute Ideen. Es ist einfach so, daß man seinem Unterbewußtsein die Arbeit überläßt. Seit Jahren nenne ich mein unbewußtes Mind meinen treuen Kompagnon.

Ich habe nie in Begriffen wie rechter und linker Gehirn-hälfte gedacht.

ZDENEK: Nun, bis vor kurzem hat niemand so gedacht. Das Wichtigste ist ja, den kreativen Modus für sich einset-zen zu können.

MELCHIOR: Ich greife immer wieder auf meinen stillen Partner zurück, denn in meinen Büchern, die meistens von Spionage handeln, tauchen nicht nur viele Personen auf, auch die Handlung ist sehr dicht. Und manchmal habe ich keine genaue Vorstellung davon, wie die Geschichte weitergehen soll. Ich weiß nicht, wie ich das ausdrücken soll, ohne daß es verrückt klingt - aber die Figuren in meinen Büchern machen sich nach einer Weile selbständig und übernehmen sozusagen das Schreiben für mich. Und oft tun sie Dinge, die ich gar nicht vorgesehen hatte, aber ich kann nichts dagegen tun. Plötzlich macht sich eine Figur, der ich nur wenig Bedeutung beigemessen habe, selbständig, schiebt sich in den Vordergrund und ruft: "Schaut her, da bin ich, und das werde ich jetzt tun."

ZDENEK: Du bekommst also das Gefühl, daß die Figur dich quasi benutzt, um die Geschichte schreiben zu lassen.

MELCHIOR: Ja. Und diese Figur treibt mich dann in die Enge, weil sie irgend etwas tut, an das ich nie gedacht hatte. Dann frage ich mich: "Was soll ich jetzt tun?" Und an diesem Punkt ziehe ich mich auf ein Nickerchen zurück und laß mich von meinem Unbewußten beraten.

ZDENEK: Wenn deine Figuren immer nur das täten, was du ihnen vorschreibst, wärst du ja lediglich ein manipulierender Schriftsteller.
-
MELCHIOR: Sie führen ihr eigenes Leben.

ZDENEK: Du denkst häufig in Bildern, nicht wahr?

MELCHIOR: Ich habe immer gesagt, daß meine schriftstellerische Arbeit schlicht darin besteht, Dinge aufs Papier zu bringen, die ich sehe. *Sehen* kann ich alles. Wenn ich über einen Mann schreibe, der ein Haus betritt, habe ich ihn genau vor Augen und sehe, wie er die Pistole hält. Ich sehe die Tür und die ganze Umgebung und ich schreibe einfach, was ich sehe. Nun, das ist eben ein ausgesprochen visuelles Denken, in der Tat.

ZDENEK: Kannst du das immer, oder mußt du dich dazu in eine besondere Stimmung hineinversetzen?

MELCHIOR: Es dauert ein Weilchen. Ehe ich mit dem Schreiben beginne, vertiefe ich mich normalerweise in die Geschichte und bin ... sozusagen halbabwesend, wenn du verstehst, was ich meine. Ich bin dann ganz bei meinen Figuren, und wenn dann jemand zu mir kommt und sagt: "Einen Moment, ich wollte Dich bloß fragen, ob dies hier rot oder blau ist?" und wenn ich dann in die Realität zurückkehren muß, um zu antworten: "Es ist rot", dauert es eine Weile, bis ich wieder in dem vorhergehenden Zustand bin. Es läßt sich nicht ein- und ausschalten, es braucht einfach Zeit.

ZDENEK: Wenn du dich anschließend wieder in deine Geschichte vertiefst, weil du so schnell wie möglich zu den Figuren zurückkehren willst, die du in einer spannenden Situation verlassen hast - kannst du mir erklären, wie du das machst?

MELCHIOR: Ich denke mich einfach hinein. Ich weiß nicht, wie ich es in Worte fassen soll.

ZDENEK: Gibt es Sinneswahrnehmungen, die dir helfen, dich in die Geschichte zurückzuversetzen? Etwa Gerüche, die deine Figuren riechen oder Geräusche, die sie hören?

MELCHIOR: Bei mir sind es eher visuelle Eindrücke ... Aber Moment mal. Das ist eine interessante Frage, denn ich erinnere mich daran, in einem meiner Bücher eine Szene beschrieben zu haben, in der ein Theater brennt. Und an diesem Punkt, als ich dies damals geschrieben habe, konnte ich sogar das Knistern der Flammen hören ... So verrückt das auch klingen mag!

ZDENEK: Warum sollte es verrückt sein, Flammen zu riechen oder zu hören, aber nicht verrückt sein, sie zu sehen? Das alles ist Teil der gleichen sinnlichen Erfahrung.

MELCHIOR: Also, das Geräusch war schon da, aber ich habe nicht etwa gedacht, daß mein eigenes Haus brennt - so realitätsnah war es nicht.

ZDENEK: Nein, es ist eine andere Art von Realität.

MELCHIOR: Genau. Realität ist es nur in unserer Vorstellung, und wir kennen den Unterschied.

ZDENEK: Wenn wir uns nicht ganz in eine Sache hineinversetzen, um die Gefühle zu empfinden, können die Figuren nicht leben. Sie bleiben Attrappen. Wir müssen ihre Ängste nachempfinden können, sonst ist das Schreiben gekünstelt. Beziehst du dich beim Schreiben auf das Kind in dir, auf den kleinen Jungen, der in dir als Mann steckt?

MELCHIOR: Ich denke oft an meine Kindheit zurück, an die Zeit zwischen elf und siebzehn Jahren und an die Erfahrungen, Gefühle, Gedanken, die ich zu jener Zeit hatte. Damals habe ich einiges gelernt, daß sich tief in meinen Mind eingeprägt hat. Ob linke oder rechte Gehirnhälfte - das weiß ich nicht. Aber es sind Dinge, die mein Leben geprägt haben.
Um dir ein Beispiel zu geben: Das dänische Erziehungssystem ist sehr streng, und in diesem besonderen Fall, den

ich dir jetzt schildere, hatten wir zwanzig Minuten Zeit, um einen Test zu lösen.

Der Geschichtslehrer ging dann nach hinten in den Klassenraum und fing plötzlich an zu krähen wie ein Hahn. Er bewegte seine Arme wie Flügel, und dann imitierte er ein Pferd und eine Kuh. Es war wirklich eine irre Show. Erst drehten wir uns natürlich alle um und beobachteten ihn. Doch dann machten sich einige von uns an die Lösung der Aufgabe, zumindest versuchten wir es. Und plötzlich schaute der Lehrer auf die Uhr, und sagte: "Okay, die zwanzig Minuten sind um". Er sammelte all unsere Bögen ein und erklärte dann: "Ich möchte, daß ihr eine Sache lernt: Wenn ihr etwas Wichtiges zu erledigen habt, laßt euch durch *nichts* ablenken." Ich habe das nie vergessen. Und ich höre sein Krähen noch heute, wenn ich in Gefahr laufe, mich ablenken zu lassen.

Dann gibt es eine Geschichte, die in meinem Leben eine bedeutende Rolle gespielt hat. Es war die erste Geschichte, die ich las, als ich Schwedisch lernte. Die Moral dieser Geschichte lautete, daß es immer eine dritte Lösungsmöglichkeit gibt. Man steckt nie in einer entweder-oder-Situation. Man sollte niemals sagen: "Ich muß jetzt entweder dies oder das tun" - es gibt immer noch eine dritte Lösung. Die Geschichte handelt von einem kleinen Jungen auf einem Schlitten. Der Schlitten, auf dem hinten ein großes Faß liegt, wird von einem Pferd gezogen. Plötzlich tauchen Wölfe auf. Zunächst denkt der kleine Junge, daß er nur zwei Möglichkeiten hat: Entweder er versucht zu fliehen, um das rettende Zuhause zu erreichen - aber er weiß, daß das unmöglich ist, oder aber er stellt sich den Wölfen, um mit ihnen zu kämpfen, aber auch das ist aussichtslos. Also sucht er nach einer dritten Möglichkeit. Er spannt das Pferd vom Schlitten und weiß, daß es in den Stall rennen und somit seinen Vater warnen wird. Dann stellt er das Faß auf den Kopf und versteckt sich darin. Diese dritte Möglichkeit hat ihm natürlich das Leben gerettet.

Ich habe oft an diese Geschichte gedacht und mich daran erinnert, nach einer dritten Lösung zu suchen.

ZDENEK: Ich nehme an, daß diese Art zu denken, bei der Spionageaufklärung eine Notwendigkeit ist. Hast du einmal in Streßsituationen versucht, deinen Körper mit Hilfe deines Verstandes zu beeinflussen?

MELCHIOR: Ich habe gelernt, meinen Herzschlag genau in den von mir gewünschten Rhythmus zu bringen. Mein Arzt hatte mir gesagt, daß ich meinen Herzschlag auf zweiundsechzig bis vierundsechzig Schläge pro Minute senken muß - das hieß damals, zehn Schläge langsamer als bislang. Natürlich hätte ich Medikamente zu mir nehmen können, aber ich hab was gegen Medikamente. Also lernte ich selbst, meinen Herzschlag zu verlangsamen, und inzwischen gelingt es mir bereits seit Jahren, ihn niedrig zu halten. Wenn er ansteigt, zähle ich mit, zähle immer langsamer und nach einer Weile ist er wieder in dem von mir gewünschten Rhythmus.

ZDENEK: Hast du das mit Hilfe einer Biofeedback-Methode erlernt?

MELCHIOR: Nein, ich habe es mir selbst beigebracht. Der Mind kann alles. Einmal, während des Krieges, hatte ich erfahren, daß wichtige Unterlagen der Nazis in einem Haus am Ufer der Mosel in einer kleinen luxemburgischen Stadt versteckt waren. Der Fluß war dort nicht sehr breit, und die Deutschen lagen auf der anderen Seite. Ich konnte nur entlang des Flusses zu dem Haus gelangen und mußte dabei über eine Straße, die vom Feind bewacht wurde. Die deutschen Truppen lagen direkt auf der anderen Seite des Flusses und beobachteten alles, was sich auf der Straße bewegte.

Bis dahin war noch nie direkt auf mich geschossen worden: Im Gefecht denkt man immer, sie schießen auf die anderen, nicht auf einen selbst. Niemand hatte es bis dahin auf mich abgesehen und gesagt: "Den Kerl kriegen wir." Aber diesmal war ich allein, und offensichtlich hatten sie mich im Visier. Was kann man schon tun, wenn auf einen geschossen wird, und man weiß, daß man nicht stehen bleiben kann? Ich war gerade losgerannt, als ein Maschinengewehr das Feuer eröffnete und wußte, daß ich weiterrennen mußte. Ich konnte gar nicht daran denken, getroffen zu werden. Ich erinnere mich nur, wie ich über das interessante Geräusch der Kugeln nachdachte, als ich an einer Mauer entlanglief. Die Geräusche beim Einschlagen der Kugel sind unterschiedlich, je nach Art der Mauer. Wie kommt es, daß der Mind in der Lage ist, so etwas zu tun? Wie kann er sich auf etwas völlig anderes konzentrieren, so daß man das tun kann, was nötig ist, ohne von der Angst blockiert zu werden?

ZDENEK: Ich weiß nicht. Aber der Mind verfügt über viele Kräfte, die wir erst jetzt allmählich entdecken. Nebenbei, hast du die Pläne, hinter denen du her warst, bekommen? Waren sie in dem Haus am Fluß?

MELCHIOR: Ja, ich habe sie bekommen - dank der Hilfe meiner rechten Gehirnhälfte oder meiner linken oder dank beider!

9

Robert McKim, Professor Stanford University

Wenn man eine Weile über das weitläufige Gelände der *Stanford-Universität* geht, so wie ich es an einem frischen Novembertag tat, gelangt man schließlich zu dem *Terman-Engineering* Gebäude. Dort im fünften Stockwerk befindet sich das Büro von Professor Robert McKim. Er mag es allerdings nicht, wenn man ihn Professor nennt, da er die Auffassung vertritt, daß solche Titel die Menschen voneinander trennen. Robert McKim ist anders als alle Professoren, die ich je kennengelernt habe. Er ist zum Beispiel ein ebenso guter Zuhörer wie Erzähler - und wenn er erzählt, kann man ihm stundenlang zuhören.

McKim lehrt seinen Studenten den Wert von Phantasie und Vorstellungskraft wiederzuentdecken, die man ihnen neben vielen anderen wichtigen Dingen im Verlauf ihrer Kindheit abgewöhnt hat. Wenn man zu den Studenten gehört, die das Glück haben, zu McKims Klasse über "Visuelles Denken" zugelassen zu werden, so erwartet einen folgendes:

Nach einigen Unterrichtsstunden über Beziehungstechniken betritt man das "Imaginarium" - einen ungewöhnlichen Ort, an dem man völlig neue Wege, die Welt und sich selbst zu beobachten, kennenlernt. Zusammen mit bis zu fünfzehn anderen Personen liegt man unter einer geodätischen Kuppel. Die Körper sind angeordnet wie die Speichen eines Rades und die Köpfe sind auf ein gemeinsames Kissen in der Mitte des Raumes gebettet. Viele verschiedene Erfahrungen erwarten die Teilnehmer - und für jeden werden diese Erfahrungen anders sein.

Nachdem wir das von McKim erfundene Imaginarium besichtigt hatten, kehrten wir in sein Büro zurück, von wo aus man auf einen Teich und den sorgfältig angelegten Garten der Universität blickt. McKim lehnte sich in seinem Sessel zurück und erzählte voller Stolz und Begeisterung von seinem Imaginarium.

ZDENEK: Was passiert, nachdem alle Personen die Kuppel betreten haben?

McKIM: Zunächst lernt man, sich zu entspannen. Man legt sich hin und lauscht einem professionellen Sprecher und verschiedenen Toneffekten und läßt sich in einen Zustand tiefer Entspannung gleiten. Es ist ähnlich wie eine Hypnose, eine sehr tiefe Entspannung. Als nächstes zeigen wir den Teilnehmern die Fähigkeit ihrer Vorstellungskraft, sich in Raum und Zeit zu bewegen. An die Decke der Kuppel werden Aufnahmen projiziert: Man sieht einen Jungen in einem Boot auf einem See, der Abstand wird größer, man sieht Nordamerika, die Erde und dann auch noch den Mond, wie er sich um die Erde bewegt. Wenn man nun mit dem Rücken auf dieser Plattform unter der Kuppel liegt, wobei das Gesichtsfeld völlig von dem Bild eingenommen wird - es wird ja durch keinen Raum begrenzt - hat man das

Gefühl, sich zu bewegen, genauer gesagt, sich im All zu bewegen. Vor allem, wenn man sich der Milchstraße nähert. Anschließend kehrt man zur Erde zurück. Es ist eine Demonstration der menschlichen Vorstellungskraft, sich mit Hilfe des Minds an jeden Ort des Universums zu begeben. Man hat tatsächlich das Gefühl, es genau in diesem Augenblick zu tun. Es ist klar, daß sich die Plattform in Wirklichkeit nicht bewegt. Aber es ist ein Beweis dafür, daß die Einbildungskraft sehr starke, realistische Empfindungen erzeugen kann.

Im Anschluß daran fordern wir die Studenten auf, sich einen Apfel vorzustellen. Viele haben selbst damit Probleme. Als nächstes zeigen wir Dias von Apfelscheiben aus verschiedenen Blickwinkeln. Das ermöglicht ihnen eine unmittelbare sinnliche Vorstellung von Äpfeln. Dann bitten wir sie, sich den Apfel noch einmal vorzustellen. Anschliessend unterbrechen wir den Vorgang und geben jedem einen Apfel. Sie essen die Äpfel und wir fordern sie auf, sich eine komplette sinnliche Vorstellung von dem Apfel zu verschaffen. Das Knacken beim Hineinbeißen zu hören. Wie riecht der Apfel und wie schmeckt er? Und dann werden sie auf eine Reise in die Phantasie geleitet, wo der Apfel, den sie gerade gegessen haben, sich in sie selbst verwandelt hat und sie zum Apfel geworden sind. Nun sind sie Äpfel an Bäumen. In der Ferne hören sie Hundegebell. Wir füllen die Kuppel mit dem Duft von Apfelblüten und die Studenten bewegen sich in der Zeit immer weiter zurück. Der Apfel wird kleiner und kleiner, bis er sich in eine Apfelblüte zurückverwandelt hat. Die Studenten stellen sich vor, daß sie sich in den Apfelbaum selbst verwandeln, dann in den Lebenssaft, der tief aus den Wurzeln unter der Erde in den Stamm hinaufsteigt. Es wird dunkel, die Teilnehmer verdunsten und steigen in die Wolken auf. Geräusche ertönen: Es beginnt zu donnern und zu regnen. Sie kehren auf die Erde zurück und über die Wurzeln verwandeln sie sich wieder in den Baum. Es handelt sich dabei um eine Art geleitete Phantasie, die von einem Apfel ihren Ausgang nimmt. In ihr ist die Idee verankert, völlig mit einer Vorstellung von etwas zu verschmelzen, selbst zu dem zu werden, was man sich vorstellt. Man stellt sich einen Apfel vor und man verwandelt sich in ihn.

In einem anderen Programm des Imaginariums sehen die Studenten aus großer Ferne hinab auf die Erde - eines dieser Astronautenbilder wird projeziert. Man sieht die Umrisse Afrikas und aus den Lautsprechern erklingen Trommelklänge. In unserer Vorstellung nähern wir uns Afrika und besuchen dort einen Eingeborenenstamm. Dann sehen die Studenten in ihrer Vorstellung den Trommler und wir fordern sie auf, sich anschließend vorzustellen, selbst der Trommler zu sein. Gleichzeitig werden Vibratoren eingeschaltet, so daß die Plattform im Rhythmus der Trommeln erbebt. Jetzt stellen sie sich vor, daß sie selbst die Trommel sind und so geht es weiter ...

Wir führen ihnen vor, wie groß die Kraft der Phantasie ist. Mit Erinnerung ist das nicht vergleichbar, es sind nicht nur Gedächtnisbilder von einer bestimmten Zeit oder von einem Ort in der Vergangenheit. Es ist etwas Neues.Wir beginnen mit einem sehr direkten Programm und ermuntern unsere Studenten dann dazu, selbst geleitete Phantasien durchzuführen. Nachdem ihnen die Macht ihrer Vorstellungskraft vorgeführt worden ist, brauchen sie das Imaginarium überhaupt nicht mehr. Natürlich ist das viel Stoff für nur vier Stunden - aber im Imaginarium ist es möglich.

ZDENEK: Haben sie über die weitere Entwicklung der Personen, die an einem Programm im Imaginarium teilgenommen haben, Folgestudien durchgeführt?

McKIM: Ja, aber ich bin natürlich kein Psychologe. Ich habe Fragebögen verteilt, aber die enthalten natürlich nur subjektive Aussagen. Für manche Leute ist es eine dramatische Erfahrung. Ihnen werden plötzlich Dinge sehr deutlich bewußt, die in ihnen vorgehen. Auf einmal haben sie ganz klare, bildhafte Vorstellungen, die für sie von großer Bedeutung sind. Doch im Grunde ist das Imaginarium nicht die Ursache dafür, es schafft ja keine Bilder herbei. Die waren ja schon in den Köpfen, bevor wir anfingen, nicht wahr?

ZDENEK: Im Grunde bringen sie sie also nur mit etwas in Berührung, das in ihnen ist.

McKIM: Genau. Und wir erteilen den Leuten vor allem ausdrücklich die Erlaubnis dazu, denn viele glauben, daß es gegen irgendwelche Normen verstößt, derartige Erfahrungen zu machen. Ihre Eltern haben es ihnen verboten herumzuträumen und in unserer Gesellschaft wird dieses Verhalten nicht honoriert.

ZDENEK: Vermutlich haben sie sich auch während ihrer Schulzeit aufgrund solchen Verhaltens nur Ärger eingehandelt.

McKIM: Richtig. Das ist auch ein Grund, weshalb wir das Imaginarium gebaut haben. Wir wollten einen Ort schaffen, der in nichts an ein Klassenzimmer oder einen Vorlesungssaal erinnert. Wir geben den Teilnehmern die Möglichkeit, Erfahrungen zu machen, die ihnen zu einem ausgefüllteren, mentalen (Er-) Leben verhelfen werden - die es ihnen erlauben, ihre Kreativität freizusetzen.

ZDENEK: Haben einige ihrer Studenten berichtet, daß sie seit dieser Erfahrung auf eine andere Art und Weise versuchen, Aufgaben und Probleme zu lösen?

McKIM: Ja. In meinem Kurs "Visuelles Denken" laufen so viele Vorgänge gleichzeitig ab, daß alles ineinanderspielt und als Ganzes die Wirkung hat, die Fähigkeiten der Studenten zu verbessern, Probleme lösen zu können. Einige Ergebnisse sind daher vielleicht nicht nur auf das Imaginarium, sondern vor allen auch auf Erfahrungen, die aus meinem Unterricht resultieren, zurückzuführen.

Die Studenten der *Stanford-Universität* (das ergibt sich bereits durch das Auswahlverfahren) zeichnen sich besonders durch verbale und mathematische Fähigkeiten aus. Viele von ihnen haben den gesamten anderen Bereich ihrer Persönlichkeit unterdrückt. Aber sie sind sehr intelligent, und wenn man ihnen neue Wege zeigt, geht rasch ein deutlicher Wandel in ihnen vor. Noch Jahre später kommen sie zu mir und erzählen, welch große Bedeutung diese Erfahrung für sie hatte. Und mittlerweile ist der Kurs "Visuelles Denken" so beliebt, daß wir nur ungefähr die Hälfte aller Studenten, die sich dafür einschreiben wollen, zulassen können. Wir haben einfach nicht genügend Platz und Personal.

ZDENEK: Gibt es Widerstand seitens der Kollegen, die für diese Art des Lernens kein Verständnis aufbringen?

McKIM: Als wir mit dem Kurs begannen, gab es großen Widerstand von seiten des Lehrkörpers. Aber inzwischen haben sich alle so sehr an uns gewöhnt, daß selbst in unserer Universitätszeitung *The Stanford Engineer*, in der sonst nur technische Beiträge erscheinen, über uns berichtet wurde. Der Dekan führt Besuchern das Imaginarium vor und Leute, die unsere Universität finanziell unterstützen, sind eingeladen, ihre eigene Erfahrung mit dem Imaginarium zu machen. Es hat sich wirklich sehr gut in das Universitätsleben integriert.

ZDENEK: Was hat sie dazu angeregt, das Imaginarium zu bauen und den Kurs "Visuelles Denken" abzuhalten?

McKIM: Es war eine eigenartige Kette von Ereignissen. Ich hatte geplant, mit meinen Design-Studenten schnelles Skizzieren zu üben. Ich interessierte mich für sogenanntes "Ideen skizzieren". Dabei mußte ich jedoch feststellen, daß die Studenten hier in Stanford dazu einfach nicht in der Lage waren. Sie konnten einfach nicht zeichnen. Also brachte ich ihnen das Zeichnen bei. Mir wurde jedoch allmählich klar, daß das eigentliche Problem darin bestand, daß sie Dinge bildlich nicht richtig wahrnehmen konnten. Selbst beim Erfassen von Gegenständen unterliefen ihnen elementarste Fehler. Sie hatten kein Auge für Proportionen, sahen fundamentale perspektivische Aspekte nicht, und sie merkten auch gar nicht, daß sie Dinge falsch wiedergaben - und ich meine hier vollkommen falsch. Ich begann also, mich für Zeichnen und Wahrnehmung und die Beziehung zwischen beidem zu interessieren, und welch belebende Wirkung das Zeichnen auf unsere Wahrnehmung hat. Ich versuchte, die sogenannte "Erkenntnisphase" der Kreativität zu erleichtern.

Oft geschieht es, daß wir Menschen auf die Spitze eines Berges führen und ihnen eine herrliche Aussicht bieten, doch beim nächsten Mal, wenn sie alleine sind, wissen sie den Weg dorthin nicht mehr. Was wir unseren Studenten also beibringen wollen, ist, auch alleine den Weg zu finden. Wir zeigen ihnen, wie man sich auf andere Weise entspannen kann, und sie lernen, wie sie die Spitze des Berges alleine erklimmen können. Aber viele Menschen wissen nicht einmal, was sie dort oben erwartet.

ZDENEK: Es läßt sich nicht in Worten ausdrücken, wie man dorthin gelangt und daher kann man es sogar sich selbst nur schwer erklären.

McKIM: Das stimmt. Es gibt keine Landkarte für dieses Gebiet. Wenn man nicht gelernt hat, den Gipfel anhand nonverbaler Wegweiser zu finden, ist es sehr schwierig, auf eigene Faust hinzugelangen. Wenn man uneingeschränkten Zugang zu seiner Phantasie sucht, muß man bereit sein, auch negative, möglicherweise bedrohliche oder traurige Erfahrungen, die einen eventuell erwarten, zu akzeptieren. Ansonsten mauert man die unangenehmen Aspekte ein und setzt sich dadurch eigene Grenzen. Macht man jedoch die persönliche Erfahrung, daß man sich der Konfrontation mit dem Negativen stellt und hindurchgeht, erwartet einen am anderen Ende das Positive.

ZDENEK: Sind sie überzeugt davon?

McKIM: Ich bin überzeugt, daß ein uneingeschränkter Zugang zur eigenen Phantasiewelt eine vollkommen positive Erfahrung ist. Einer unserer Psychiater in Stanford arbeitet mit Bauchredner-Puppen in Lebensgröße. Er zeigt sie Kindern und bringt die Kinder dazu, eine Beziehung zu diesen Puppen herzustellen und ihnen Dinge zu sagen, die sie realen Menschen nie sagen würden. Er sagte mir, daß das Problem der jetzigen Generation darin bestünde, daß sie sich ausschließlich an ihren Lustempfindungen orientierte. Sobald sie in ihrer Vorstellung auf Blockierungen oder Schmerzen stoßen, gehen sie nicht weiter. Auf diese Weise wird ein sehr großer Bereich ihrer Phantasie von vornherein ausgeschlossen. Sie müssen lernen, daß nach der Überwindung eines Hindernisses oder Problems angenehme Erfahrungen auf sie warten. Aber dieser Bereich ist natürlich schon so individuell, daß wir in meinen Kursen nicht darauf eingehen können.

ZDENEK: Schlagen sie Menschen, die bei ihnen ihre ersten Erfahrungen im visuellen Denken sammeln vor, Mandalas zu verwenden?

164

McKIM: Ja. Ich besitze selbst ein sehr schön gearbeitetes Mandala. Mandalas können sehr hilfreich sein.

ZDENEK: Wenden sie Autogenes Training oder Entspannungsübungen an, die auch beim Biofeedback benutzt werden?

McKIM: Ich würde sagen, daß wir sehr ähnliche Methoden verwenden.

ZDENEK: Für die Bereiche Architektur, Ingenieurwesen und Kunst ist das visuelle Denken offenkundig ein Gewinn. Denken sie, daß dies in gleicher Weise auch für Menschen gilt, die nichts mit Grafik oder dergleichen zu tun haben?

McKIM: Ich bin überzeugt davon, daß diese Art des Denkens überall Anwendung finden kann. Für einige meiner Studenten, Doktoranden in Betriebswirtschaftslehre, war der Umgang mit den Techniken des visuellen Denkens ein wesentlicher Grund, sich für meinen Kurs zu entscheiden. Sie betrachteten es als Herausforderung, in einem Fach wie Betriebswirtschaftslehre visuelles Denken anzuwenden. Und sie können wirklich alles in jeder beliebigen Tätigkeit visualisieren. In allen Fächern könnte zumindest zeitweise mit Hilfe visuellen Denkens unterrichtet werden. In allen Fächern wäre es nützlich. Grammatik ist zum Beispiel visuell vorstellbar. Mathematik ist visuell vorstellbar. Alles kann visuell erfaßt werden. Darin liegt auch ein metaphysischer Aspekt. Julian Jaynes behauptet, daß wir die Stimme Gottes mit der rechten Gehirnhälfte wahrnehmen. Sie ist der Kanal für Gottes Gebote. Wenn es also eine spirituelle Seite gibt, wird es die rechte Hemisphäre sein.

ZDENEK: Neuere Untersuchungen zeigen, daß Menschen, deren linke Gehirnhälfte verletzt wurde, trotzdem noch mit ihrer rechten Gehirnhälfte beten können.

McKIM: Wenn man sich mit der rechten Gehirnhälfte befaßt, befaßt man sich also auch mit Glaubensfragen, mit dem Geistlichen. Im Grunde ist es spirituelle Arbeit. Und letztendlich strebt man danach, Eins zu werden mit - nun was immer es sein mag und ganz gleich, wie man es benennen möchte.

ZDENEK: Bob, verwenden sie bestimmte Gegenstände, wenn sie bei ihren Schülern Kindheitserinnerungen auslösen möchten? Einen Talisman oder ähnliche Erinnerungsstücke, die ihnen ihre Kindheit ins Bewußtsein zurückrufen?

McKIM: Die Antwort lautet ja, obwohl wir es auf eine etwas andere Weise erreichen. Wir versetzen die Studenten zurück in einen Kindheitszustand. Wir sagen diesen ernsthaften Menschen, die hohe Studiengebühren zahlen, um in Stanford studieren zu können, daß sie wieder Kinder sein können.

ZDENEK: Stoßen sie dabei auf Widerstand?

McKIM: Nein. Denn sie kommen ja, weil sie an unseren Gedankenspielen wirklich interessiert sind. Durch unsere Spiele wird eine unglaubliche Energie freigesetzt. Außerdem arbeiten wir nun schon so lange damit, daß bekannt ist, was wir machen und daß unsere Kurse inzwischen allgemein akzeptiert werden. Viele unserer Projekte zielen darauf ab, Menschen in ihre Kindheit zurückzuversetzen. Um dies zu erreichen, lassen wir sie Bilder von dem Zuhause ihrer Kindheit oder ähnliches malen.

ZDENEK: Haben sie Gegenstände aus ihrer Kindheit, die ihnen besonders viel bedeuten?

McKIM: Klar habe ich Spielzeug aus meiner Kindheit - einen Teddybär zum Beispiel oder ähnliche Dinge.

ZDENEK: Wo bewahren sie diese Sachen auf?

McKIM: Zu Hause in meinem Arbeitszimmer. Mein Teddybär steht dort und ein altes Klassenphoto. Aus diesem Blickwinkel habe ich die Dinge noch nie betrachtet, aber daß muß wohl der Grund sein, warum ich sie aufbewahre. In mir steckt ein großes Kind, das gerne spielt. Ich besitze auch Dinge, mit denen bereits mein Vater als Kind gespielt hat. Und in meinem Arbeitszimmer hängen Kinderphotos meines Vaters.

ZDENEK: Welchen Einfluß mag es wohl haben, daß sie diese Dinge so sehr in ihr Leben integrieren?

McKIM: Darüber habe ich noch nicht nachgedacht. Vielleicht habe ich sie unbewußt dazu benutzt, um in meine Kindheit zurückzukehren. Ein höchst interessanter Aspekt; ich habe nie über die Bedeutung dieser Dinge nachgedacht. Der Teddybär steht momentan nicht an seinem Platz, vielleicht hat sich mein Sohn sich ihn ausgeliehen.

ZDENEK: Wie alt ist ihr Sohn?

McKIM: Einundzwanzig.

ZDENEK: Es wäre interessant zu wissen, wozu er ihn braucht. Vielleicht benützt er ihn auf die gleiche Weise, wie sie das Kinderphoto ihres Vaters.

McKIM: Dieses Photo bedeutet mir sehr viel. Es hat noch diesen bräunlichen Sepiaton. Mein Vater trägt einen Matrosenanzug, wie es damals üblich war. Ich habe auch ein Bild von mir mit einem Segelflugzeug ...

ZDENEK: Diese Dinge helfen ihnen, sich in jene Zeit zurückzuversetzen und sich an ihre damaligen Gefühle zu erinnern. Sie erhalten das Kind, das sie einmal waren, am Leben und räumen ihm einen besonderen Platz in ihrem Erwachsenenleben ein.

McKIM: Das ist sehr interessant! Ich unterrichte diese Dinge in meinen Kursen, war mir aber nicht bewußt , daß ich sie selbst auch anwende. Ich wußte nicht, daß ich diese Erinnerungsstücke zu diesem Zweck aufbewahrt habe. Aber jetzt, da sie es erwähnen, klingt es vollkommen plausibel.

ZDENEK: Beschäftigen sie sich mit Träumen?

McKIM: Ja, aber ich habe das Problem, daß das auf Kosten meines Schlafes geht, wenn ich mich zu intensiv mit meiner Traumwelt beschäftige. Ich kann mich dann an alle meine Träume erinnern, mache Zeichnungen davon und behalte sie lange Zeit lebendig in meinem Gedächtnis. Aber es wird mir einfach zu viel und ich bekomme nicht genügend Schlaf. Ich nutze jedoch meine Träume, um Einsichten zu gewinnen.

ZDENEK: Wie gehen sie dabei vor?

McKIM: Indem ich die Angelegenheit einfach meinem Traumbewußtsein übergebe und darum bitte, daß mir die Lösung im Traum eingegeben wird.

ZDENEK: Funktioniert das denn?

168

McKIM: Meistens nicht, aber doch oft genug, um mein Interesse daran wach zu halten. Manchmal klappt es sogar sehr gut. Die Antworten erhalte ich in Form von Metaphern.

ZDENEK: Sie haben das Gefühl, daß die Lösungen im Schlaf erarbeitet werden?

McKIM: Ja, in gewisser Weise ergibt sich alles im Schlaf. Ein Großteil meiner wirklich gut gelungenen Denkprozesse ist meinem Bewußtsein ja gar nicht zugänglich. Wenn ich ein Problem habe, überlasse ich die Lösung einfach dem Teil meines Mind, indem meine Kreativität steckt.

ZDENEK: Wenn man diesen Prozeß positiv bewertet, indem man die Kräfte des Unbewußten respektiert, ist die rechte Gehirnhälfte in viel höherem Maße kooperationsbereit.

McKIM: Genau. Man muß das Unbewußte aufwerten. Ich denke an einen Stamm in Malaysia, die Senoi. Sie verehren diesen Teil ihres Selbst, was natürlich einen enormen Einfluß auf ihr Leben hat. Ich glaube, daß ich meinen Träumen schon dadurch Bedeutung zumesse, daß ich sie aufschreibe. Es ist so, als wenn das Unbewußte sagt: "Aha, ich sehe, du bist interessiert. Dann können wir zusammenarbeiten." Wenn ich nur mehr vom Lebensstil der Senoi übernehmen könnte!

ZDENEK: Ich würde sagen, daß die Chancen dafür hier in Stanford sehr gering sind.

McKIM: Manchmal denke ich, daß es sehr interessant wäre, einem anderen Volk anzugehören, das sich mit diesen Dingen ernsthaft befaßt. *Wir* tun das ja leider nicht.

ZDENEK: Bob, einige Menschen sind der Meinung, daß Lachen eine gute Grundlage für Kreativität ist. Haben sie ähnliche Erfahrungen gemacht?

McKIM: Nun, Lachen hilft zumindest, die Schranken der inneren Zensur aufzuheben, den Zwang, alles gleich zu bewerten. Wenn es mir gut geht, lache ich häufig und bin vergnügt. Wenn ich mich natürlich irgendwie festgefahren habe und nicht weiterkomme, ist das nicht lustig. Zu Beginn des Semesters sind hier gewöhnlich drei oder vier Studenten aus höheren Semestern damit beschäftigt, Ideen für neue Projekte auszuarbeiten. Wenn alles klappt, wird dabei viel gelacht. Lachen ist ein Zeichen dafür, daß die Dinge gut laufen. Es hat etwas Magisches an sich. Wenn ich zuviel schreibe - Schreiben ist eine von der linken Gehirnhälfte gesteuerte Tätigkeit, bei der es um Wörter, nicht um Bilder geht - lehnt sich mein Körper dagegen auf. Einige Muskelpartien verspannen sich, und ich fühle mich nicht mehr wohl.

ZDENEK: Tun sie etwas dagegen, wenn dieses Gefühl auftritt?

McKIM: Früher habe ich einfach weitergeschrieben, aber heute mute ich das meinem Körper nicht mehr zu.

ZDENEK: Wenn dieser Punkt erreicht ist, machen sie ihre Entspannungsübungen.

McKIM: Ich habe festgestellt, daß man dabei im Mind in Bereiche gerät, die jenseits von Bildern oder Worten sind. Man erreicht eine Art Glückszustand und ist euphorisch.

ZDENEK: Wie lange können sie diesen Zustand aufrechterhalten?

McKIM: Ich habe diesen Zustand schon einmal über mehrere Monate hinweg beibehalten können. Ich konnte mich jederzeit hineinversetzten, ganz gleich, womit ich gerade beschäftigt war. Doch dann schlichen sich die alten Gewohnheiten wieder ein, und ich habe die Fähigkeit, jederzeit in diesen Modus umschalten zu können, trotz großer Bemühungen wieder verloren.

ZDENEK: Waren sie in diesem Zustand kreativer als sonst?

McKIM: Oh ja. Alles war vollkommen mühelos. Ich würde gern wieder darauf hinarbeiten, aber es braucht Zeit, und mit meinem Programm hier in Stanford ist es fast nicht zu vereinbaren. Ständig ist man unterwegs, auf Konferenzen etc. Man neigt dazu, in routiniertes Denken zu verfallen, das von einem sehr viel geringeren Bewußtseinsgrad ist als das von mir beschriebene. Die tägliche Routine hat mich ziemlich viel Kraft gekostet. Entspannung ist nur ein Teil des Weges hin zu diesem Bewußtseinszustand. Es ist nicht nur eine Frage bestimmter Übungen. Die ganzen Lebensumstände sind entscheidend.

ZDENEK: Können sie durch Aktivierung der rechten Gehirnhälfte ihre körperliche Verfassung steuern - zum Beispiel in der Weise, daß sie einen Raum als wärmer oder kälter empfinden?

McKIM: Bis zu einem gewissen Grad schon. Ich habe einmal an einem Kurs teilgenommen, in dem wir unter anderem lernten, die Temperatur unserer Hände durch die Kraft des Mind zu erhöhen. Einige der Kursteilnehmer konnten ihre Temperatur sofort um 14 Grad erhöhen. Ihre Hände wurden richtig rot. Ich konnte die Temperatur um etwa fünf bis sechs Grad (Fahrenheit) erhöhen. Ich habe gelernt, auf die gleiche Weise mit Schmerzen umzugehen. Zum Beispiel beim Zahnarzt. Ich brauche keine Spritze. Ich sage mir, daß ich keine Angst haben muß. Es ist eine sehr interessante Erfahrung, festzustellen, wie anders man die Dinge im Unterschied zu früher sehen kann, als man ein Kind war. Es ist einfach ein Experiment mit dem Bewußtsein.

ZDENEK: Ich finde, daß das Experimentieren mit unserem Bewußtsein zu den aufregendsten Erfahrungen überhaupt zählt. Wenn wir ein Problem auch nicht ändern können, so können wir zumindest unsere Reaktion darauf ändern. Die enormen Energien in uns einfallsreich und schöpferisch nutzbar zu machen - das ist es, worauf alles hinausläuft.

10

Barbara Goldsmith, Schriftstellerin

Ein kalter Wind fegte vom Meer her über den langgezogenen Sandstrand von East Hampton auf Long Island. Ich schlug den Kragen der Daunenjacke, die ich mir von Barbara Goldsmith geliehen hatte, hoch und dachte darüber nach, wie sehr die Ostküste sich doch von meiner Heimat in Südkalifornien unterscheidet.

Wir machten an diesem Wintertag einen langen Spaziergang und unterhielten uns über Schriftsteller, Maler und den Gesang der Nachtigall. In sicherer Entfernung vom Meer standen große, alte Häuser, an denen die Einflüsse der Witterung nicht spurlos vorübergegangen waren. Im Winter standen sie leer und wirkten wie riesige Nester von Zugvögeln, die erst im Sommer zurückkehren würden. Doch jetzt im Februar war noch kein Anzeichen für das Herannahen des Frühlings sichtbar.

Barbara erzählte mir von dem Drehbuch, an dem sie arbeitete, von Büchern, die sie geschrieben hatte und solchen, die noch geschrieben werden wollten. Barbara Goldsmith - begabt, zerbrechlich, verletzlich, neugierig, geheimnisvoll, stark. Ein Meter fünfundsiebzig groß, langes dichtes braunes Haar. Ein Lächeln, vertraut und schüchtern zugleich.

Als wir von unserem Spaziergang zurückkehrten und bei ihr in der Küche Capuccino tranken, dachte ich an all die Auszeichnungen, die sie als Schriftstellerin bereits entgegengenommen hatte. Schon Jahre, bevor ich Barbara kennenlernte, war ich ein Bewunderer ihres ersten Romans *The Straw Man*. Ein weiteres großartiges Buch von ihr ist *Little Gloria, Happy at Last*, das nicht nur die Geschichte der Familie Vanderbilt erzählt, sondern auch eine soziologische Studie über die Vereinigten Staaten in ihren glänzendsten und zugleich verheerendsten Zeiten ist. Ehe sie begann, Bücher zu schreiben, war Barbara eine erfolgreiche, mehrfach ausgezeichnete Journalistin, Redaktionsleiterin von *Harper's Bazaar* und Mitherausgeberin der Zeitschrift *New York*. Sie ist fasziniert von kreativen Vorgängen und setzt sich sehr mit dem Einfluß der Kreativität auf ihr Leben auseinander.

ZDENEK: Viele Leute gehen davon aus, daß bei einer Schriftstellerin, die sozialgeschichtliche oder andere Sachbücher verfaßt, die linke Gehirnhälfte dominiert. Aber nachdem ich *Little Gloria, Happy at Last* gelesen habe, bin ich der Meinung, daß du sehr wohl deine rechte Gehirnhälfte mit einbeziehst. Hat zum Beispiel deine Intuition bei der Entwicklung dieses Buches eine große Rolle gespielt?

GOLDSMITH: Eine sehr große Rolle sogar. Ich verlasse mich darauf nicht nur, wenn ich Leute interviewe, sondern auch bei den Recherchen für ein Buch. Ich will dir ein Beispiel geben: Als ich *Little Gloria, Happy at Last* schrieb, wußte ich, daß es für Gloria Vanderbilts Mutter nichts Schöneres gab, als sich jeden Abend in Nachtclubs zu vergnügen. Sie liebte den Luxus, sie liebte Juwelen, sie liebte Pelzmäntel.

Einmal mietete sie im Winter ein abgelegenes Haus, weit vor den Toren Londons. Und sie sagte, sie hätte es aus Rücksicht auf die Gesundheit ihres Kindes getan. Doch noch *nie* hatte sie diesem Kind irgendwelche Aufmerksamkeit geschenkt. Und ich dachte: "Moment mal, das paßt doch überhaupt nicht zu ihr. Das widerspräche ganz und gar ihrem Charakter." Und schließlich fand ich heraus, daß sie das Haus gemietet hatte, weil es nur eine Meile von Fort Belvedere, dem Landsitz des Prinzen von Wales entfernt war. Der Prinz hatte eine heimliche Affäre mit Frau Vanderbilts Zwillingsschwester Thelma, und das Haus diente ihnen als Treffpunkt. Ich hatte damit etwas aufgedeckt, was bis dahin niemandem aufgefallen war. Ich weiß nicht, ob du so etwas Intuition oder gesunden Menschenverstand nennen willst. Aber wenn Leute sich anders verhalten, als ihr Charakter es vermuten läßt, so können Nachforschungen oft Erstaunliches ans Tageslicht bringen.

ZDENEK: Bei deinen Nachforschungen interviewst du viele Menschen. Inwieweit kommt dir deine Intuition dabei zu Hilfe?

GOLDSMITH: Ich könnte geradezu Kurse darüber abhalten, wie man ein erfolgreiches Interview führt. Oft stellt der Interviewer eine Frage nach der anderen. Dabei kommt das Gespräch dann oft vom eigentlichen Thema ab und verliert sich in Nebensächlichkeiten, die für den Befragten nicht von Interesse sind. Zwar sollte man möglichst genaue Nachforschungen anstellen, aber man muß auch zuhören können. Und hier kommt Intuition mit ins Spiel. Man muß auf Nuancen achten, auf Dinge, die unausgesprochen bleiben - und dann muß man sich fragen, warum diese Dinge unausgesprochen bleiben. Und man muß sich ganz auf das einlassen, was die befragte Person mitteilen möchte.

Oft wird völlig vergessen, daß ein Interview eine Kommunikation zwischen zwei Menschen ist. Es ist erstaunlich, was die Leute einem alles erzählen, wenn man wirklich bereit ist, ihnen zuzuhören.

Da ich mich mit Sozialgeschichte befasse, befrage ich besonders oft alte Leute. Und Interviews mit alten Menschen lassen sich nicht steuern. Man muß viel Geduld aufbringen, weil sie Fragen nur beantworten, wenn man sich ganz auf sie einläßt. Dann allerdings können sie eine wahre Goldgrube an Informationen sein. Entweder man geht auf sie ein, oder sie behalten ihr Wissen für sich. Auf diese Weise lernt man, sich zu gedulden.

ZDENEK: Das funktioniert, solange sie bereit sind, dir genügend Zeit zu widmen.

GOLDSMITH: Alte Menschen haben unendlich viel Zeit, da kaum jemand ihre Zeit in Anspruch nimmt.

ZDENEK: Besonders bei den Interviews für dein Buch über die Vanderbilts hast du Leute nach Dingen und Gefühlen gefragt, die sehr weit in der Vergangenheit zurückliegen. Und da du sehr genau bist, hast du sie auch nach kleinen Details befragt. Zum Beispiel nach Farben, Strukturen, Stimmungen. Die Umwelt ist deinen Büchern gegenüber kritisch eingestellt, trotzdem konntest du diese Informationen nur von anderen Menschen erhalten. Viele Sachbuchautoren verzichten darauf, Orte oder Stimmungen in ihren Büchern zu beschreiben. Du hast beides in *Little Gloria* erwähnt. Wie bist du an diese Informationen herangekommen?

GOLDSMITH: Zunächst einmal muß man sich dafür begeistern können. Am meisten bewundere ich Schriftsteller wie Marcel Proust, die eine Welt durch eine Vielzahl von Klei-

176

nigkeiten schaffen. Man muß sich wirklich dafür interessieren, ob eine Bluse tatsächlich rot war und ob die betreffende Person eine Spitzenrüsche trug oder nicht. Für solche Kleinigkeiten muß man sich begeistern können. Man schaut sich Photographien oder Bilder der Personen an - falls sie existieren - und liest über die Epoche, in der sie lebten. Anschließend kann man die Leute fragen: "Man hat mir erzählt, daß man früher diamantenbesetzte Armreifen, die Frauen am Oberarm trugen, "Rangabzeichen" nannte. Können sie sich noch daran erinnern?" Oft antwortet dann die befragte Person: "Aber natürlich erinnere ich mich noch daran! Ich habe selbst noch einen Platinarmreif von meiner Großmutter und ..." Und plötzlich versetzt sie sich zurück in die Vergangenheit. Oftmals ist ein konkreter Gegenstand ein wunderbares Mittel, um Erinnerungen wachzurufen.

Es kommt auch vor, daß sie dich korrigieren und sagen, daß du eine Fehlinformation hast. Das ist ebenso gut, weil sie die Geschichte dann aus einem ganz anderen Blickwinkel beschreiben. Man kann dabei also nur gewinnen. Natürlich kommen auf jedes interessante Detail fünfzig, die vollkommen uninteressant sind. Interessante Details haben etwas Faszinierendes an sich - etwa die Tatsache, daß die Kleider von Gertrude Vanderbilt mit so vielen Juwelen besetzt waren, daß man sie nicht in den Schrank hängen konnte, sondern sie in zweieinhalb Meter lange Regale legen mußte. Eins von den überraschenden Details. Wenn man dagegen erwähnt, daß sie einhundertzweiundvierzig Kleider besaß, ist das längst nicht so faszinierend.

ZDENEK: Du besitzt eben die Fähigkeit diese Details aufzuspüren.

GOLDSMITH: Und in meinen Augen ist all das in der rechten Gehirnhälfte zu Hause. Ich kenne nur eine Regel: Wenn es mich begeistert, werde ich auch andere dafür begeistern. Bei mir im Kopf muß nur dieses kleine, rote Lämpchen aufleuchten, das reicht. Es ist keine intellektuelle Sache. Natürlich erkennt man diese faszinierenden Details auch deshalb, weil man sie als Außenseiter betrachtet. Ich glaube, daß alle guten Journalisten und die meisten guten Autoren Außenseiter sind. Sie stehen sozusagen draußen und pressen ihre Nase gegen die Fensterscheibe, um einen Blick ins Innere des Hauses zu werfen. Sie fühlen sich keiner Gruppe zugehörig. Daher wird jede Situation individuell beobachtet und beurteilt.

ZDENEK: Glaubst du, daß viele Künstler "die Nase gegen die Fensterscheiben pressen", weil sie sich in ihrer Kindheit oft einsam gefühlt haben?

GOLDSMITH: Ich weiß nicht, was einen Künstler ausmacht. Manche Künstler hatten eine schreckliche Kindheit, andere wiederum hatten eine sehr glückliche Kindheit. Meiner Meinung nach ist die einzige Gemeinsamkeit, die alle Künstler teilen, daß sie empfindsam und verletzlich geblieben sind. Ein Künstler muß sein Herz offen darlegen und sich sagen: "Einige Leute werden es mögen, andere werden ein Messer hineinstoßen." Diese Bereitschaft, verletzbar zu sein, ist das einzige was alle Künstler gemeinsam haben.

ZDENEK: Aber es muß doch eine gemeinsame Motivation geben, die alle Künstler dazu bringt, soviel zu riskieren. Es ist nicht nur das Risiko des künstlerischen Engagements, sondern auch das Risiko persönlicher Verletzbarkeit - und die Bereitschaft, damit leben zu wollen. Es ermöglicht den anderen Menschen, sie sehr persönlich kennenzulernen.

GOLDSMITH: Ich habe immer das Gefühl, eine Zwiebel zu schälen, Haut für Haut, bis sie völlig entblößt ist.

178

ZDENEK: Wenn du dir Sorgen machst oder Angst hast, gibt es dann für dich eine besondere Art mit diesen Gefühlen umzugehen?

GOLDSMITH: Wenn ich vor etwas Angst habe, gehe ich nicht gleich vom Schlimmsten aus, sondern von dem, was im günstigsten Fall passieren könnte. Und irgendwie trägt mich diese Euphorie darüber, daß es doch klappen könnte, direkt in die Erfahrung selbst.

ZDENEK: Das erinnert mich an visuelle Vorstellungen, wie ich sie in meinen Kursen unterrichte.

GOLDSMITH: Es sind visuelle Vorstellungen.

ZDENEK: Und wie weit gehst du?

GOLDSMITH: Bis ich an den Punkt gelange, an dem ich keine Angst mehr habe. Ich habe mir das selbst beigebracht. Angenommen, ich treffe jemanden, der eine für mich entscheidende Information hat. Wenn ich mit meinen Fragen beginnen würde, würde ich denken: "Warum sollte er mir diese Dinge erzählen? Ich werde nie etwas darüber erfahren." Aber die Leute haben mir schon die unglaublichsten Dinge über sich selbst erzählt. Dinge, von denen man nie annehmen würde, daß jemand darüber spricht. Das halte ich mir dann vor Augen und sage mir: "Ich besitze einen Schlüssel zu dieser Person, daher wird sie mir etwas sagen, was sie noch nie zuvor einem anderen Menschen anvertraut hat." Ist das kein phantastisches Gefühl? Und ist es für die Person nicht ebenfalls phantastisch, ihr Geheimnis mit mir zu teilen?

ZDENEK: Du erinnerst dich an Erfolge und programmierst dadurch neue Erfolge. Andere Menschen erinnern sich nur an ihre Mißerfolge und ziehen sich damit immer weiter herunter.

GOLDSMITH: Wenn etwas nicht sofort gelingen will, taucht ein Gefühl beim Künstler auf: "Es wird nie klappen. Ich habe meine Begabung verloren." Es ist nicht leicht, einen neuen Anlauf zu nehmen, aber man muß es immer wieder versuchen. Hemingway zum Beispiel erzählte, daß er den ganzen Tag lang schreiben konnte und aufhörte, während er noch gut in Form war. Er wollte damit sagen, daß er die Arbeit am nächsten Morgen an dieser Stelle wieder aufnehmen konnte und sofort wieder "mittendrin" war. Ich könnte das nie. Wenn ich einmal einen Tag habe, an dem es mir nur so aus der Feder fließt, denke ich, daß ich das nutzen muß und daß es nicht so schnell wieder passiert. Deswegen schreibe ich durch bis zum nächsten Morgen oder bis ich vollkommen erschöpft bin. Den nächsten Schritt tun und das zu fühlen, was Hemingway empfand - das ist mein Ziel, auf das ich hinarbeiten möchte.

ZDENEK: Ich glaube, die meisten Schriftsteller wissen, wie schwer Kreativität zu erfassen ist, wie schwer sich diese Gabe bestimmen läßt. Wenn du eine gute Phase hast und gut schreibst, hast du dann nicht das Gefühl, daß die Worte dir eingegeben werden?

GOLDSMITH: Ja, man hört seiner eigenen Musik zu. Ich habe sowohl Belletristik als auch Sachbücher geschrieben. Immer wieder heißt es, daß es besonders wichtig ist, auf seine innere Musik zu hören, wenn man an einem Roman arbeitet, da man ihn aus seinem Inneren heraus schreibt. Ich kann dazu nur sagen, daß es bei Sachbüchern genauso wichtig oder vielleicht sogar noch wichtiger ist. Man beginnt mit einer Menge trockener Fakten. Um daraus ein wirklich interessantes Buch zu machen, muß man die Fakten zusammenstellen, damit sie ein spannendes, lebendiges Bild ergeben. Und das ist keineswegs eine nüchterne, intellektuelle Tätigkeit.

ZDENEK: Kannst du dich an deine Träume erinnern?

GOLDSMITH: Ja, ich versuche stets mich an meine Träume zu erinnern, weil sie zu meinen wichtigsten Arbeitsmitteln gehören. Wenn ich mich nicht an sie erinnern kann, weiß ich, daß ich etwas verdränge. Ich vergesse sie sehr schnell, daher versuche ich, sie möglichst noch vor dem Aufstehen aufzuschreiben. Allerdings muß ich zugeben, daß es häufig vorkommt, daß ich morgens aufwache und keine Zeit dazu habe. Aber wenn ich es tue, ist es sehr hilfreich.

ZDENEK: Hast du eine besondere Art und Weise mit deinen Träumen zu arbeiten?

GOLDSMITH: Das von einem Traum ausgelöste Gefühl - ob positiv oder negativ - ist immer hilfreich. Selbst wenn man seine Träume nicht deuten kann - und ich kann es nicht - kann man sich an das Gefühl erinnern, das bereits sehr viel aussagt.

ZDENEK: Viele Schriftsteller befällt ein unruhiges Gefühl, wenn sie ein Buch beenden und noch kein neues angefangen haben. In dieser Zwischenperiode fühlen sich einige von uns ... nun, sagen wir, als hätten sie keinen Boden unter den Füßen mehr.

GOLDSMITH: Du meinst *verzweifelt?*

ZDENEK: Genau! Gibt es ein Mittel, daß dir hilft, das nächste Werk in Angriff zu nehmen?

GOLDSMITH: Du hast mir einmal Übungen zur Aktivierung der rechten Gehirnhälfte gezeigt, die mir halfen herauszufinden, was ich *nicht tun* möchte. Und du hast mich gebeten, einige erfundene Begebenheiten aufzuschreiben. Daraus ergab sich ganz deutlich, daß ich ein Projekt, ein Drehbuch, das man mir angeboten hatte, *nicht* annehmen wollte. Das Geld reizte mich natürlich sehr, außerdem war es in Kalifornien und damit an einem Ort, an dem man das Drehbuch sehr gut hätte schreiben können. Aber ich hatte wirklich keine Lust dazu. Deine kleine Übung zeigte mir das sofort sehr deutlich.

ZDENEK: Es ist immer sehr hilfreich, in Erfahrung zu bringen, was die rechte Gehirnhälfte gern tun würde. Das kann auf alle Arten von Kreativität sehr stimulierend wirken.

GOLDSMITH: Ich glaube, daß jeder Mensch Zugang zu seiner Kreativität hat. Jeder. Und ich glaube, daß man dadurch ein viel erfüllteres Leben führen kann. Man sieht die Dinge aus einer ganz anderen Einstellung heraus - sie erscheinen viel schöner und man lebt viel intensiver.

11

Marge Champion, Tänzerin / Choreographin

Wer es eilig hat, von New York City nach Stockbridge im US-Bundesstaat Massachusetts zu kommen, kann die Dienste einer kleinen Fluggesellschaft in Anspruch nehmen. Die leicht gebauten Flugzeuge sind zwar nicht, wie man auf den ersten Blick annehmen könnte, aus Balsaholz gebaut, dennoch schaut man unweigerlich zweimal hin, um auch wirklich sicher zu sein.

Der Motor heulte auf, keuchte und heulte erneut auf. Trotz meiner schwerwiegenden Bedenken erhob sich die Maschine schließlich von der Piste und strich über die Baumkronen hinweg, um dem Hudson River nach Norden zu folgen. Instinktiv hielt ich Ausschau nach eventuellen Landemöglichkeiten - nur für den Fall der Fälle. Unter uns schlängelte sich der schmale Fluß wie ein dunkles, im Sonnenlicht schimmerndes Samtband zwischen den Bäumen hindurch.

Das dichte Laub der hohen, dicht gedrängten Bäume am Ufer war noch grün. Weiter nördlich verfärbten sich die Blätter der Ahornbäume bereits, die Ulmen leuchteten golden und auch die Eichen hatten die Farben des Herbstes angenommen. Dabei war es noch nicht einmal Oktober. Neu-England wirkte wie eine vorzeitig gereifte Schönheit.

Wenn man keine Geschwister hat, sucht man sich manchmal seine eigene Familie. Seit fünfundzwanzig Jahren war Marge wie eine Schwester für mich. Gemeinsam haben wir mehrere Bücher geschrieben, liturgische Feiern vorbereitet, und ich habe Marges Kreativität auch bei zahlreichen anderen Gelegenheiten erleben können. Marge und Gower Champion gehörten zu den berühmtesten Tanzpaaren in den Vereinigten Staaten. Nach fünfundzwanzig Ehejahren trennten sich ihre Wege: Gower ging zum Broadway und führte Regie in mehreren Filmen, Marge choreographierte *Queen of the Stardust Ballroom* (wofür sie den Emmy-Preis erhielt), kehrte zurück auf die Bühnen und heiratete später den renommierten Fernsehregisseur Boris Sagal.

Sie waren keine fünf Jahre verheiratet, als Boris bei einem Hubschrauber-Unglück ums Leben kam. Nur wenige Monate zuvor war Gower an den Folgen einer seltenen Bluterkrankung gestorben.

Wir unterhielten uns viele Stunden, ehe ich meinen Kassettenrecorder auf den Frühstückstisch stellte, um mit dem Interview zu beginnen. Im Osten brach bereits ein neuer Tag an.

Marge wendet die Techniken zur Aktivierung ihrer rechten Gehirnhälfte nicht bewußt an, dennoch besitzt sie ein hohes Maß an Kreativität und Intuition, und ihre Art, Probleme zu lösen, ist außergewöhnlich erfindungsreich. Solange ich sie kenne, hat sie auf eine ganz natürliche Art mit Affirmationen ihre positive Lebenseinstellung immer wieder bekräftigt.

ZDENEK: Marge, ich habe von dir viel darüber gelernt, wie man Erfolg vorbereitet. Wenn du ein neues Projekt in Angriff nimmst, beanspruchst du geradezu, daß es ein Erfolg wird.

184

CHAMPION: Meine positive Lebenseinstellung hängt sehr viel mit meinem religiösen Glauben zusammen. Wenn man auf Erden ist, um Gott zu ehren, kann man das nicht mit einer negativen Einstellung tun.

ZDENEK: Aber du bist auch bei völlig unbedeutenden Dingen optimistisch. Zum Beispiel gehst du davon aus, beim Einkaufen direkt vor dem jeweiligen Geschäft einen Parkplatz zu finden. Und ich bin immer wieder erstaunt, wie oft das klappt.

CHAMPION: Dieses wunderbare Spielchen habe ich schon immer betrieben. Wenn ich Lust habe, ein Eis zu kaufen, wird es auch einen freien Parkplatz vor der Eisdiele geben. Sollte ich wider Erwarten keinen Parkplatz finden, bin ich trotzdem offen für Alternativen.

ZDENEK: Diese philosophische Einstellung vertrittst du auch bei wichtigen Angelegenheiten - ob es nun um Geld geht oder um deine Arbeit. Du gehst stets davon aus, daß die Dinge in deinem Sinne verlaufen, und sollte das einmal nicht der Fall sein, so hast du die Gabe, im nächsten Moment sogleich etwas Besseres zu finden.

CHAMPION: Ich habe noch niemals einen wirklichen Mißerfolg erlebt, der sich im Nachhinein nicht doch in einen Erfolg verwandelt hätte.

ZDENEK: Gibt es dafür ein Beispiel?

CHAMPION: Natürlich. Eine Sache, die Gower und mich betraf. Wir sollten ursprünglich in New York eine Show aufführen, hatten den Vertrag aber noch nicht unterzeichnet. Die notwendigen finanziellen Mittel standen bereits zur

Verfügung, doch dann platzte der Vertrag ohne unser Verschulden. Damit waren wir plötzlich den ganzen Sommer ohne Beschäftigung.

Wahrscheinlich ist es auf mein positives Denken zurückzuführen, daß wir schließlich ein Angebot in Kalifornien annahmen. Wir traten im "Mocambo" auf - einem Club, der im Ruf stand, Künstler nicht immer zu bezahlen. Wir hatten jedoch den richtigen Schritt getan, denn unser Auftritt dort führte uns direkt zu unserer Filmkarriere.

ZDENEK: Kannst du dich noch daran erinnern, wie du deine Enttäuschung in der Zwischenzeit, also nach Platzen des Vertrages und vor der Zusage vom "Mocambo", bewältigt hast?

CHAMPION: Oh ja, daran erinnere ich mich noch genau. Zunächst war mir natürlich zum Heulen zumute, und ich wußte nicht, was wir tun sollten. Aber ich habe mich von diesem Gefühl nicht unterkriegen lassen. Ich kann so nicht leben. Das einzige, worüber ich in so einem Fall noch nachdenke ist: "Was lerne ich jetzt daraus?" und ich habe daraus gelernt, daß es trotzdem weitergeht. Man fällt immer wieder auf die Füße.

ZDENEK: Gibt es außer deinem Glauben noch etwas anderes, daß dir soviel Kraft gibt?

CHAMPION: Seltsamerweise ist das Tanzen für mich eine große Hilfe, Probleme zu meistern. Wenn ich unterrichte und die Musik läuft, bin ich in einer anderen Welt. Meine Muskeln reagieren - wenn auch nicht immer so, wie ich es mir wünsche - ich bin in Schweiß gebadet und befinde mich in einer ganz anderen Welt. Das einzig Wichtige in diesen Momenten ist, sich zur Musik zu bewegen. Und eine innere Stimme sagt mir dann, daß ich mich in diesem Augenblick am einzig richtigen Ort befinde. Ich habe komplettes Vertrauen in die Richtigkeit des Augenblicks. Wenn also außerhalb dieser "anderen" Welt Dinge nicht klappen, so befreit mich mein Unterricht von der Verpflichtung, mich in diesem Moment kritisch damit auseinanderzusetzen. Nach dem Unterricht fühle ich mich dann immer viel besser, und auf dem Heimweg fällt mir häufig eine Lösung zu einem bestimmten Problem ein.

ZDENEK: Du *lenkst* deine Aufmerksamkeit ganz bewußt *von diesem Problem ab,* damit dein Unterbewußtsein die Möglichkeit hat, sich mit dem Problem auseinanderzusetzen, während du tanzt. Und Tanzen ist eine Tätigkeit, die von der rechten Gehirnhälfte gesteuert wird.

CHAMPION: Darüber weiß ich nichts Genaues. Aber ich weiß, daß ich die Angelegenheit anschließend aus einer anderen Perspektive betrachte.

ZDENEK: Du sprachst vorhin davon, wie du dich selbst auf Erfolg einstellst. Eine derartige verbale Affirmation wäre nach meiner Sichtweise eine Sache der linken Großhirnhälfte. Programmierst du auch deine rechte Gehirnhälfte und erzeugst eine positive Einstellung zum Erfolg auf nonverbale Art? Zum Beispiel in Form von Visualisierungen oder Phantasievorstellungen?

CHAMPION: Nicht bewußt. Aber in all meinen Träumen, an die ich mich erinnern kann, bin ich ausgesprochen erfolgreich. Ich habe kaum Alpträume und träume selten von unangenehmen Dingen. Wenn ich schlafe, feiert mein Unterbewußtsein einfach nur Erfolge. Mißerfolge stelle ich mir grundsätzlich nicht vor. Ich habe mir auch noch nie vorgestellt, was es wohl für ein Gefühl sein mag, wenn eine Sache schief geht. Ich stelle mir zum Beispiel nie vor, in die Zeitung zu schauen und dort auf eine schlechte Kritik zu stoßen.

ZDENEK: Hast du dir denn schon einmal vorgestellt, die Zeitung aufzuschlagen und auf eine ausgesprochen positive Kritik zu stoßen?

CHAMPION: Es mag anmaßend klingen, aber ich habe das Glück, so gute Kritiken zu bekommen, daß ich sie mir nicht vorstellen muß.

ZDENEK: Du erwartest einfach, daß du gute Kritiken bekommst?

CHAMPION: Ich gehe einfach davon aus, daß alles gut klappt. Je mehr ich arbeite, umso weniger kümmere ich mich um die Reaktion eines Einzelnen, eines Rezensenten. Ich achte darauf, wie das Gros der Leute auf meine Stücke reagiert. Und ich habe gelernt, daß es nicht das Ende meines Lebens oder meiner Arbeit bedeutet, wenn eine Show einmal schlecht war. Wenn etwas schiefgeht, betrachte ich es als einen - wenn auch schwierigen - Lernprozeß, ohne mich davon erschüttern zu lassen. Wie gesagt, es geht dabei nicht um Leben oder Tod.

ZDENEK: Nicht jeder geht so selbstverständlich wie du davon aus, erfolgreich zu sein. Ich versuche in meinen Kursen, Menschen eine positive Lebenseinstellung zu vermitteln, damit sie ihre Phantasie als Hilfsmittel für positives Denken einsetzen können.

CHAMPION: Wenn man sich immer nur Erfolge vorstellt, braucht man eine Art geistiges Trampolin, um im Falle eines

Mißerfolges den Absprung zu finden. Wenn etwas einmal nicht klappt, muß man sich davon lösen können. Man darf sich nicht in Mißerfolge hineinsteigern. Man muß von dem Trampolin abspringen und sich sagen: "Schön, das war ein Reinfall. Mal sehen, was du daraus gelernt hast. Das nächste Mal machst du es besser." Ich kann mich selbst hören, wie ich zu anderen Menschen sage: "Stimmt, das war ziemlich enttäuschend. Beim nächsten Mal kann es nur besser werden." Gleichzeitig kann ich aber auch das mißgünstige Geschrei der Leute hören, die nicht bereit sind, Enttäuschungen ad acta zu legen.

ZDENEK: Dieses "Sich-lösen-können" war schon immer eine Stärke von dir. Ich erinnere mich noch genau daran, wie wir nach New York fuhren, um in *The Today Show* aufzutreten und wie nervös ich war und mir Sorgen machte, weil unser Auftritt keineswegs sicher war. Ich wollte im Hotelzimmer auf die telefonische Zusage warten. Du sagtest nur: "Es wird schon klappen, mach dir keine Sorgen. Und wenn es wirklich nicht klappen sollte, finden wir etwas anderes!" Das habe ich nie vergessen. Damals konnte ich deine Einstellung nicht verstehen, aber inzwischen weiß ich, wie wertvoll und hilfreich sie ist.

CHAMPION: Ich habe die Bedeutung dieses Interviews damals keineswegs unterschätzt, aber ich konnte meine Besorgtheit abbauen.

ZDENEK: Du verfügst über die wunderbare Gabe, ein Problem zu nehmen, es auf den Tisch zu bringen und dich dann ganz unbekümmert weiter um deine Aufgabe zu kümmern.

CHAMPION: Wenn ich das einmal nicht kann - und es kommt natürlich vor, daß ich eine Sache nicht ad acta legen kann - ist Beten die einzige Möglichkeit, um meine Gedanken zu beruhigen. Ich bin bemüht, mich auch sonst dankbar zu zeigen und Gott wissen zu lassen, daß ich mich nicht nur mit Problemen an ihn wende.

ZDENEK: Ich denke gerade daran, wie du Schicksalsschläge verkraftest. Du hast ja deine beiden Ehemänner im gleichen Jahr verloren. Als Boris starb, hattest du noch Mühe, Gowers Tod zu verarbeiten, der ja auch völlig unerwartet eintrat. Ich weiß, daß Gower dir immer noch viel bedeutet hat, auch wenn ihr bereits geschieden wart.

CHAMPION: Ja, hat er. Und ich verlor nicht nur zwei Ehemänner in einem Jahr, sondern zugleich auch zwei Partner. Ich habe ja mit beiden beruflich eng zusammengearbeitet.

ZDENEK: Dennoch geht das Leben für dich weiter. Deine Trauer hat dich nicht davon abgehalten, konstruktive Wahlen zu treffen. Ich weiß, daß du dich beruflich weiterentwickelt hast, und auch im Privatleben hast du positive Entscheidungen getroffen.

CHAMPION: Ich glaube, daß wir die Summe und das Wesen all unserer Erfahrungen sind. Wenn einem das Leben Nackenschläge versetzt, hat man zwei Möglichkeiten - entweder man zerbricht daran und gibt sich ganz seiner Trauer hin oder man macht weiter. Natürlich muß man sich mit seinem Schmerz und seiner Trauer auseinandersetzen und sie verarbeiten, aber danach muß das Leben weitergehen. Ich bin einfach zu stolz, um mich ganz der Trauer hinzugeben. Entweder man geht daran zugrunde oder aber man lernt daraus und ist für die nächsten Aufgaben bereit.

ZDENEK: Du hast zwei phantastische Ehemänner verloren, dennoch bleibt dir der Trost, daß sie ein Teil deines Lebens waren.

CHAMPION: Unsere gemeinsamen Jahre habe ich alle in meinem "unbewußten Computer" gespeichert. Ich spüre so häufig den Einfluß der beiden, insbesondere wenn ich Regie führe. Die Ideen stammen zwar schon von mir, aber ich habe das Gefühl, als habe ihr Talent auf mich abgefärbt. Ich habe beide in meine Person integriert.

ZDENEK: Ich erinnere mich, daß du auch nach der Scheidung von Gower entschlossen warst, die schönen Augenblicke, die ihr zusammen geteilt habt, in guter Erinnerung zu behalten. Du wolltest eure guten Zeiten nicht leugnen, indem du nur an die Dinge dachtest, die zu eurer Scheidung geführt haben. Es verlangt ein hohes Maß an Reife, die schöne Zeit, die man miteinander verbracht hat, in Erinnerung zu behalten, ohne die Dinge, die man falsch gemacht hat, zu leugnen. Das ist wohl die beste Art positiven Denkens, die ich kenne.

CHAMPION: Anders geht es doch gar nicht. In dem Jahr, als Gower und Boris starben, verlor ich meinen gesamten Schmuck, und all meine persönlichen Andenken wurden mir aus meinem Haus gestohlen, Dinge, die Gowers Mutter gehörten und der Silbersamowar, den Boris' Mutter auf Rußland mitgebracht hatte - sogar der Ring, den Boris mir zur Hochzeit geschenkt hatte.
Das war das Jahr, in dem alle weggingen. Alles war mir genommen. Vielleicht fiel es mir deshalb nicht schwer, von Los Angeles nach Stockbridge überzusiedeln. Es war keine Flucht, aber ich zog mich zurück an einen geschützten Ort, in eine andere Umgebung. Auch Jesus zog

sich zurück in die Wüste. Nicht, weil er einen geliebten Menschen verloren hatte, aber weil er über Dinge nachdenken und beten wollte. Ich hatte das gleiche Bedürfnis. Und ich wollte mich in aller Ruhe meiner Trauer widmen. Ich fand großen Trost darin, die Landschaft ganz bewußt wahrzunehmen, das Wasser, das ich trank zu schmecken und die Reinheit der Luft zu spüren. Ich war dankbar, all dies wahrnehmen zu können.

ZDENEK: Wenn du so besonders empfänglich bist für Sinneswahrnehmungen, was lösen sie bei dir aus?

CHAMPION: Ich habe das Gefühl, lange Zeit fortgewesen zu sein, an einem Ort mit komplizierten Regeln und jetzt an einen ursprünglichen Ort zurückgekehrt zu sein.
Der Schnee im Winter, die ersten Knospen im Frühling, all das hilft mir, zu mir selbst zu finden. Natürlich geschehen dieses Dinge auch in Kalifornien, aber nicht auf so lebhafte Weise. Dort ist alles homogenisiert. Hier auf dem Land dagegen schwimmt die Sahne noch auf der Milch, man erlebt es ganz unmittelbar. Die ersten Krokusse müssen sich ihren Weg ans Licht noch richtig erkämpfen und man kann es genau verfolgen. In warmen Sommernächten gibt es hier Glühwürmchen. Es ist ja im Grunde ein alter Hut: "Nimm dir die Zeit, um den Duft der Rosen zu riechen." Aber wenn man sehr hektisch gelebt hat und viele Dinge passiert sind, hilft es, einmal an einem Ort zu sein wie diesem. Jede Jahreszeit hat ihr Fest. Weihnachten ist wirklich Weihnachten - anders als unter Palmen. Und anschließend kommt der Frühling.

ZDENEK: Du brauchst deine Sinneswahrnehmungen nicht nur zur Freisetzung deiner Kreativität, sondern auch zum Überleben. Das ist eine angemessene Methode, um Probleme zu lösen: alles Positive, das einen umgibt, zu nutzen, um den Schmerz zu überwinden. Hast du häufig Tagträume?

CHAMPION: Ich bin nicht sicher, ob ich wirklich weiß, was Tagträume sind. Ich glaube nicht, daß ich Tagträume im üblichen Sinne habe. Aber ich sitze am Fenster und schaue hinüber auf den Bergwald und betrachte jeden Sonnenuntergang bis zum Einbruch der Nacht. Für mich ist diese Aussicht immer wieder eine wunderbare Erfahrung. Aber ich stelle mir dabei nicht vor, wie es wäre, dort mit ... nun, ganz gleich mit wem ... zu sitzen. Ich habe keine bewußten Gedanken. Keine Erinnerungen oder Pläne. Es genügt mir, die Landschaft auf mich wirken zu lassen und der Stille zu lauschen. Und damit bin ich so beschäftigt, daß ich an nichts denke, außer an die Dinge, die sich direkt vor meinen Augen abspielen.

ZDENEK: Du "erlebst" im wahrsten Sinne des Wortes jeden Augenblick für sich. Wie lange tust du das am Tag?

CHAMPION: Ungefähr eine Stunde lang. Manchmal bin ich während dieser Zeit sehr glücklich und manchmal auch sehr, sehr traurig. Dann kommen mir sogar die Tränen. Manchmal ist es ein überwältigendes Gefühl der Einsamkeit. Oder aber ein Überschwang der Gefühle.

ZDENEK: Und trotzdem bist du dir nicht über die Gedanken bewußt, die diese Gefühle auslösen?

CHAMPION: Eigentlich nicht. Eine Zeitlang habe ich jeden Abend auf den Sonnenuntergang angestoßen. Und dann merkte ich, daß ich selbst diese geringe Menge Alkohol nicht zu mir nehmen wollte. Ich lehnte alles ab, was die

Wahrnehmung der Realität beeinflußt. In dieser Stunde, während ich den Sonnenuntergang betrachte, bin ich der glücklichste Mensch auf Erden. Ich bin einfach sehr dankbar für alles Gute.

12

Konstantin Wecker, Musiker / Dichter / Komponist

Ich habe mich sehr darüber gefreut, daß Konstantin Wecker bereit war, sich von meinem Verleger Gerhard Huhn nach seinen Erfahrungen mit dem schöpferischen Prozeß befragen zu lassen. Vielleicht wird das Wesen der kreativen Arbeit für den Leser noch anschaulicher, wenn er von jemandem, den er selbst kennt, erfährt, wie er zu seinen Texten und Liedern kommt.

***

Schon als Kind erhielt Konstantin Wecker Klavierunterricht. Nach einer zunächst klassischen Ausbildung an der Musikhochschule in München und gleichzeitigem Philosophie- und Psychologiestudium unternahm er seine ersten eigenen künstlerischen Schritte, indem er in Künstlerkneipen auftrat, seine ersten Lieder schrieb und fürs Theater arbeitete. Nach einer kommerziell erfolglosen LP gelang ihm in der zweiten Hälfte der siebziger Jahre der künst-

195

lerische Durchbruch. Mit sozialkritisch-poetischen Liedern,
vor allem mit der politischen Ballade "Willy", traf er den
Nerv einer Generation. Vele schätzen ihn, weil er sich von
keiner dogmatischen Richtung als Sprachrohr vereinnah-
men läßt. Sein Oszillieren zwischen Nachdenklichkeit und
Lebenslust läßt immer wieder den Funken überspringen.
Wer ihn persönlich - auf der Bühne oder im Gespräch -
erlebt, ist angetan von seiner Menschlichkeit.

Noch ganz unter dem Eindruck einer Lesung vom Vor-
abend, in der Konstantin Wecker in seinem "Kaffee Giesing"
Gedichte von Gottfried Benn in temperamentvollem Rhyth-
mus rezitierte, war ich es, der sich zunächst befragen ließ.
Nachdem er sich vergewissert hatte, daß hier keine neue
Lebensphilosophie vermarktet werden soll, war er neugierig
auf Autorin und Inhalt des Buches. Zwar hatte er schon
einiges von der Hemisphärenforschung gehört, sich - wie
übrigens auch die meisten der amerikanischen Interview-
partner - bisher aber noch nicht mit ihren möglichen Ein-
flüssen auf seine eigene Arbeit beschäftigt. Unser Gespräch
konzentrierte sich folglich auf seine persönlichen *Erfah-*
rungen mit dem kreativen Prozeß:

HUHN: In einem längeren Interview mit Bernd Schroeder
beschreibst du, daß du durch das Klavierspielen und Improvisieren mit kreativen Erfahrungen in Berührung gekommen bist. Dort sagst du, daß du es als Geschenk
empfindest, wenn dir plötzlich Musik einfällt. Ist deine
Kreativität etwas, was du nur anzapfen mußt, oder bedarf
es schon gewisser Anstrengungen? Schaffst du dir beispiels-
weise bestimmte Situationen, um deine Kreativität zu
fördern?

WECKER: Wie ich das mache, weiß ich selbst nicht genau.
Aber es ist so, daß ich eigentlich nie mit einem festgelegten
Thema oder Vorsatz ans Schreiben gehe. Ich habe fest-

gestellt, daß ich mich leer machen muß. Eine bestimmte Methode habe ich nicht. Es gibt jedoch Orte, an denen es besser geht. In meinem Haus in Italien kann ich zum Beispiel phantastisch arbeiten. In der Regel brauche ich eine streßfreie Umgebung, es kann aber auch manchmal unter großem Streß passieren. Ich muß dabei allerdings zwischen Texten und Komponieren unterscheiden. Ich habe den Eindruck, daß mir Melodien eigentlich fast immer zufließen, wenn ich am Klavier sitze. Beim Improvisieren kann ich mich - manchmal besser, manchmal schlechter - in einen besonderen Zustand versetzen, in dem mir immer irgend etwas zufließt. Beim Schreiben ist das sehr viel schwieriger.

Ich muß beim Texten mein Gehirn ausschalten - ich will das jetzt mal so sagen, auch wenn das wieder falsch verstanden werden kann. Denn wenn ich es eingeschaltet lasse, kommt irgendein Werbetext 'raus, bestenfalls ein Essay. Ich bin kein großer Essayist. Die Sätze, die mich wirklich selbst verwundern, kommen erst, wenn mein Gehirn für kurze Momente ausgeschaltet ist. Und über manche Sätze bin ich wirklich selbst sehr verwundert. Deswegen kann ich mich an meinen eigenen Gedichten manchmal sogar selbst richtig freuen. Diese Freude spürt das Publikum auch bei meinen Konzerten. Das hat nichts mit Stolz oder Größenwahn zu tun. Stolz bin ich auf ganz andere Dinge. Ich bin stolz, wenn ich mal wieder drei Kilo abgenommen habe. Das ist wirkliche Arbeit. Das Liedermachen dagegen ist keine eigentliche Arbeit. Es kommt nicht von mir, sondern ich habe eigentlich ein Riesenglück, daß es kommt.

Erstaunlicherweise kommen die Ideen , obwohl ich mir ja nie Themen vornehme. Nur ein paar Mal wurde mir eine bestimmte Thematik vorgegeben. Ich habe mich zum Beispiel nur sehr widerstrebend darauf eingelassen, für den

"Scheibenwischer" etwas zu schreiben. Der Sammy Drexel sagte damals: "Ist schon gut. Am Soundsovielten ist der Scheibenwischer und bis dahin brauchen wir dieses Lied." So ähnlich macht das heute auch der Dieter Hildebrandt. Ich gehe dann immer sehr lange schwanger mit dem Thema und es kommt, wie beim Deutschaufsatz in der Schule, erst im letzten Moment, aber es kommt. Wenn ich mich hinsetze und es läuft nichts, wenn ich also in kein Fieber komme, dann quäle ich mich nicht, sondern setze mich ans Klavier. Das macht mir mehr Spaß. Aber wenn die Texte dann kommen, kann ich das Schreiben gar nicht mehr aufhören. Das ist ein Vorgang, der passiert einfach. Ich kann dann nicht mehr Schluß machen. Aber diesen Zustand kann ich nicht erzwingen. Mir macht die Arbeit am Schreibtisch eigentlich keinen Spaß. Mir macht es nur dann Spaß, wenn etwas aus mir rausfließt.

HUHN: Kannst du so eine Situation beschreiben?

WECKER: Dieses Lied vom Baum, das war der letzte Auftrag vom leider verstorbenen Sammy Drexel. Ich habe mich zunächst gesträubt, denn ein Lied zum Thema Waldsterben kann inzwischen eigentlich nur peinlich werden. Aber ich sollte eben doch bis zu einem bestimmten Termin etwas fertig haben. Dieses Lied vom Baum habe ich geträumt. Ich habe im Traum auf der Bühne gesungen und Beifall bekommen. Dann bin ich aufgewacht und das Lied war schon fertig gesungen und geschrieben. Zum Glück konnte ich mich an einiges erinnern, vor allem an die eigentlich wichtige Wendung in der Geschichte, daß *ich als Baum* singe. Und somit war das Lied in vier Minuten fertig.

Das Lied vom "Willy" damals war auch so eine Sache. Ich weiß noch, wir haben irgend etwas geprobt. Ich ging auf einmal hinauf in ein Zimmer und als ich nach sieben oder zehn Minuten mit dem fertigen Lied wieder herunter- kam, sagte ich: "Ich habe ein neues Lied!" Ich weiß nicht, es hatte sich anscheinend angesammelt, und dann mußte es genau in diesem Moment, zum richtigen Zeitpunkt, heraus.

HUHN: Du bist hochgegangen, mußtest also offensicht- lich alleine und ungestört sein. Was ist dann passiert?

WECKER: Ich setzte die Feder an und schrieb. Ich kann über diesen Zustand nicht sehr viel sagen, es klingt leicht kitschig und viele Dichter haben das ja ganz ähnlich be- schrieben, es ist wie ein Rausch, etwas Orgiastisches. Dieser rauschhafte Zustand, hört erst auf, wenn ich alles aufgeschrieben habe. Ich ergebe mich in diesen Momen- ten so dem Rhythmus, daß ich auch mal einen Satz auf- schreibe, von dem ich genau weiß, daß er falsch ist. Denn ich muß im Rhythmus bleiben und weiter schreiben. Die paar Sachen kann ich dann später noch ausbessern.

HUHN: Du hörst also eine kritische Stimme in dir, die sagt, daß da irgend etwas nicht stimmt. Diese Stimme nimmst du aber in diesem Moment nicht ernst, du hörst sie zwar, aber sie setzt sich nicht durch ...

WECKER: ... weil ich im Rhythmus bleiben muß.

HUHN: So etwas wie ein Zensor setzt sich in solchen Momenten nicht durch?

WECKER: Nein, das wäre schlimm. Ich will den auch gar nicht, der soll sich gar nicht durchsetzen, denn dann komme ich raus aus der Geschichte. In so einem Gedicht sind ja immer nur ein, zwei Sätze, die gelungen und wirk- lich etwas Neues sind. Das genügt auch. Ich habe wirklich keine Ahnung, wo sie her sind. Und das ist auch das Schöne. Denn das ist eben der Unterschied: diese Sätze kann man sich nicht erdenken, sie sind intellektuell nicht erarbeitbar. - Es ist schwer, diesen Zustand zu beschreiben. Leute, die mich kennen, könnten das besser. Sehr oft rufe ich meine Mutter anschließend an. Mit ihr kann ich sehr gut über die kreative Arbeit sprechen. Sie kennt halt alles.

HUHN: Spielen bei solchen Prozessen Erinnerungen an die Kindheit eine Rolle? Umgibst du dich mit irgendwelchen Erinnerungsstücken, mit Fotos von früher ...

WECKER: Nein. Ich muß dazu sagen, ich beschäftige mich überhaupt nicht mit meiner Kindheit, ich habe auch kaum Erinnerungen an sie. Aber ich denke, daß ich eine glückliche Kindheit hatte. Ansonsten scheine ich doch immer sehr in der Gegenwart zu leben.

HUHN: Du hast irgendwann einmal gesagt, daß du dir deine Verwundbarkeit und Empfindsamkeit erhalten möchtest. Verwundbarkeit heißt ja auch, Verletzungen erlebt zu haben, unter Dingen gelitten zu haben.

WECKER: Es kann natürlich sein, daß meine Persönlichkeitsstruktur es verhindert, daß ich mich daran erinnere, verletzt worden zu sein. Also, wenn du mich nach meiner Vergangenheit fragst, dann sag ich zuerst einmal: glücklich. Mir ging es eigentlich immer gut. Obwohl ich auch schon sehr viel gelitten habe, zum Beispiel während des halben Jahres Knast als Neunzehnjähriger. Aber irgendwie versuche ich immer, aus meiner Vergangenheit etwas zu machen. Ich seh dann mehr, das alles notwendig war für mich, für meine Entwicklung. Wie schlimm es war, merke ich nur, wenn ich die Tagebücher lese, die ich damals geschrieben habe.

HUHN: Du hast offensichtlich einen Weg gefunden, konstruktiv mit Leid umzugehen.

WECKER: Ich bleibe nicht in diesen Phasen hängen. Bei dem ungeheuren Leid, das um mich herum passiert, nicht nur in der ganzen Welt, sondern auch privat um mich herum, muß ich auch einfach mal sagen, daß ich im Prinzip ein glückliches Leben habe. Und daraus erwächst ja auch eine Verantwortung. Ich glaube, daß ich für alles, was ich tue, und für alle Situationen, in die ich hineingerate, verantwortlich bin. Ich mache eigentlich für nichts, für keinen Blödsinn, den ich gemacht habe, irgend jemand anderes verantwortlich. Ich habe immer das Gefühl, daß ich für die Situationen, in die ich hineingerate, auch irgendwann einmal der Auslöser war. Und es waren ja auch gerade die dunklen Phasen, die Einschnitte in meinem Leben, durch die ich von einem gewissen - mal übertrieben gesagt - Sunnyboytum in andere Daseinsüberlegungen hineingestoßen worden bin.

HUHN: Mozart hat einmal beschrieben, daß er eine ganze Sinfonie sieht und hört, und es kaum schafft, sie aufzuschreiben. Er rang sich also nicht Note für Note ab, sondern hörte und sah die gesamte Komposition und stand vor der Schwierigkeit, sie festzuhalten.

WECKER: Das Problem kenne ich auch, ich höre manchmal Dinge und bin nicht in der Lage sie aufzuschreiben. In solchen Momenten wird mir klar, daß das künstlerische Handwerk eine der intensivsten Arbeiten ist, die es überhaupt gibt. Du bist ja nicht nach drei, vier Jahren Ausbildung fertig. Allein um ein Instrument ordentlich zu beherrschen, dauert es mitunter zwanzig Jahre. Zwanzig Jahre, in denen Tag für Tag 6 oder 8 Stunden geübt und gearbeitet wird. Ich glaube, daß viele Leute, die nicht das Glück hatten, dieses Handwerk zu lernen, an sich viel hören könnten, aber nicht in der Lage sind, es künstlerisch auszudrücken.

HUHN: Du hast schon mit vier, fünf Jahren begonnen Klavier zu spielen. Technik und das Umsetzen von Musik sind dir also schon seit frühester Kindheit vertraut.

WECKER: Gott sei Dank, ja. Ich habe meinen Schwerpunkt aber immer auf das Improvisieren gelegt. Ich habe es zwar immer als Spielerei empfunden - es war auch Spielerei - aber doch nicht nur. Ich habe, wie ich heute weiß, durch dieses Improvisieren sehr viel mehr gelernt, als ich gedacht habe. Ich glaube eben, daß jeder Mensch auf die Weise meditieren sollte, die ihm gegeben ist. Für mich ist das keine bestimmte Sitzhaltung, sondern das freie Spielen auf dem Instrument.

HUHN: Das Improvisieren am Klavier als Meditation?

WECKER: Ja, ich bin dabei von allem losgelöst. Doch sobald ich komponiere, wird es ernster. Da überlege ich genau, ob es zu altmodisch klingt, zu sehr nach Puccini oder was weiß ich. Beim Improvisieren ist mir das egal, wenn da ein schöner Richard Strauß rauskommt, dann freut es mich.

HUHN: Der innere Zensor mischt sich beim Komponieren also schneller ein als beim Improvisieren?

WECKER: Ja. Aber in den Momenten, in denen er sich nicht

einmischt, mache ich wirklich etwas Eigenes.

In den letzten dreißig, vierzig Jahren wurde jede Note, jeder Ton auf seinen geistigen und intellektuellen Inhalt hin analysiert. Ich hatte manchmal den Eindruck, daß bestimmte Kunstwissenschaftler einen Drang in sich verspüren, die Künstler ihrer Kreativität zu berauben und sie genauso analytisch zu machen, wie sie selbst es geworden sind. Das hat sich jetzt zum Glück etwas geändert. Allerdings wird das, was man als neue Romantik und neue Innerlichkeit bezeichnet, auch heute noch von der Kritik gnadenlos verrissen. Nur wenige Kritiker - zum Glück gibt es die aber auch - können die emotionale Kreativität akzeptieren. Gerade die Musik hat ja etwas so wunderbar Philosophisches, etwas Überpolitisches, an dem man die Seele gesunden lassen kann. Ich denke oft, daß die Musik, die Kunst im allgemeinen, eigentlich eine Art Medizin ist, etwas, das die Seele gesund macht. Andere Völker haben das schon lange kapiert.

HUHN: Früher ist man bei uns ja auch anders damit umgegangen. Wahrscheinlich leben wir erst jetzt in einer Zeit, wo alles in Kategorien gepreßt und analysiert werden muß.

WECKER: ... was vielleicht auch sehr wichtig ist. Ich kann es von daher auch verstehen, denn wir haben ja eine jüngere Vergangenheit, in der das sogenannte rein Emotional-Archaische im Nationalsozialismus so brutal ausgenutzt wurde, daß man anschließend panische Angst hatte. Man hatte Angst, diesen nur gefühlvollen, inneren Trieben zu vertrauen, weil man wußte, da lauern die Gefahren, da kann das alles noch mal von vorn losgehen.

Daher war es auch ein sehr wichtiger und notwendiger Prozeß, das Ganze auch von dieser Seite sehr kritisch zu untersuchen.

HUHN: Es macht sicher das Schreiben nicht leichter, gleichzeitig an mögliche Kritik, an mögliche Mißverständnisse oder Inanspruchnahme zu denken. Raubt dir das nicht deine Spontaneität?

WECKER: Ja. Zum Glück habe ich meine eigene intellektuelle Zensur. Ich lasse zuerst einmal alles raus, ohne dabei an Veröffentlichung zu denken. Ich finde es wichtig, auch Gedichte, von denen ich von vornherein weiß, daß sie nicht gut sind, zuerst einmal aufzuschreiben. Ich habe ja immer noch die Möglichkeit, sie in den Papierkorb zu werfen. Das ist ja das Gute an unserem Verstand, daß er am effektivsten ist, wenn beide Gehirnhälften zusammenarbeiten - um mal das Thema des Buches zu zitieren. Ich selbst habe mich mit diesen Thesen noch nicht so gründlich auseinandergesetzt, aber sicher hat es keinen Sinn, eine pure Rechte-Gehirnhälften-Welt zu wollen, weil, es wäre sicher grauenvoll.

HUHN: Die meisten Aktivitäten gelingen ja nach diesen Forschungen erst dann optimal, wenn beide Hälften zusammenarbeiten. Zwar kann mal die eine, mal die andere Hälfte dominieren, wenn sie bei der betreffenden Aufgabe über die besseren Voraussetzungen verfügt. Jede Einseitigkeit wäre in diesem Sinne aber höchst problematisch. Vermutlich hat es ja auch geraume Zeit gekostet, bis der Mensch das kritische Bewußtsein, über das er heute verfügen kann entwickelt hat. Es kann nicht darum gehen, dies wieder aufzugeben.

WECKER: Eben.

HUHN: Und aus lauter Freude darüber, was wir mit dem linken Gehirn alles erreicht haben, haben wir es jetzt übertrieben und nehmen das rechte nun kaum noch zur

Kenntnis. Ich denke, der entscheidende Punkt ist, daß man dahin kommt, beide als wichtig anzuerkennen und auch beiden Seiten den ihnen zukommenden Raum zu geben.

WECKER: Was bei den Künstlern eigentlich nie ein Problem war. Die haben wohl immer beiden Seiten Raum gegeben. Gerade Komponisten - ich habe mich in letzter Zeit intensiver damit beschäftigt - waren ja keineswegs nur Träumer, die ehrliche Melodien geschrieben haben, sondern Leute, die sich eingemischt haben, sich Gedanken gemacht haben und nach unserem heutigen Sprachgebrauch sehr intellektuell waren.

HUHN: Marilee Zdenek ist der Meinung, daß die schöpferischen Möglichkeiten des Menschen durch das Wissen um die Fähigkeiten des rechten Gehirns bedeutend erweitert werden könnten. Sie betont aber auch, daß man nie unmittelbar aus den Impulsen der rechten Seite heraus sofort handeln sollte, sondern erst auch seine logischen, analytischen Instanzen befragen muß.

WECKER: Ja, ich denke, man soll sich das jedenfalls nicht zu einfach machen. Darum wehre ich mich auch dagegen, wenn manche Menschen sagen, daß das, was ich mache, aus dem Bauch kommt. Früher hat man ja Emotion und Verstand gegenübergestellt. Die Zusammenhänge zwischen Emotion und Verstand sind doch so vielschichtig. Es gibt ja eine sehr oberfächliche Emotion, der nachzugeben, wie man von sich selbst weiß, recht gefährlich ist. Dann gibt es wohl auch so etwas wie anerzogene Emotion. Wenn heute ein Mädchen ihr ganzes Leben lang vom Traumprinzen träumt, kommt das bestimmt nicht aus den Tiefen ihres Instinktes. Dort verbergen sich vermutlich ganz andere Emotionen. Und das Künstlerische, glaube ich, ist in noch ganz anderen Schichten unseres Denkens und Daseins versteckt.

HUHN: Künstler betonen ja immer wieder ganz besonders das Eigene, das Individuelle. Wo liegen die Besonderheiten deiner kreativen Arbeit im Unterschied zu anderen, die du kennst?

WECKER: Also, ich muß dazu sagen, ich habe sehr wenige Kollegen getroffen, die in der gleichen Art und Weise wie ich kreativ sind. Ich habe den Eindruck, daß sehr viele andere sehr bewußt an Texte herangehen. Nun darf man nicht vergessen, was ich dazu vorhin schon gesagt habe. Beim Texten ist es wirklich schwer, diesen inneren Zensor auszuschalten. Er steht pausenlos mit dabei und lacht dich an. Bei der Musik ist das alles viel leichter, da kommt man schnell in diesen losgelösten Zustand hinein. Melodien fallen mir eigentlich immer ein. Es ist sehr schwer, den gleichen Zustand zu schaffen für Texte. Da muß so viel stimmen.

Neulich, auf dem Weg nach Italien - hat es allerdings mal wieder schön geklappt - ich hatte einfach alles hinter mir gelassen - und gleich nach der deutschen Grenze hatte ich eine Fülle von Ideen. Also ich hätte es dem Zöllner schon aufschreiben können, so schnell hat das funktioniert. Ich werde ja wegen dieser Art zu denken und zu schreiben auch oft angegriffen. Das paßt in kein fertiges Konzept. Und das, was am weitesten von mir weg ist, weil es mir einfach zugeflogen ist, halte ich für das Beste. Also manches davon, zum Beispiel die "Elegien" aus den "Ketzerbriefen eines Süchtigen" klingt mir sogar selbst ein wenig zu gescheit für mich ...

HUHN: Da hast du sehr deutlich das Empfinden, es ist einfach in dir passiert, es ist nicht ausgedacht, sondern war plötzlich da, und du mußtest es nur noch aufschreiben.

WECKER: Ja, ich habe geschrieben und geschrieben und geschrieben, fast ein halbes Buch in einer bestimmten Situation und mit durchgehendem Rhythmus.

HUHN: Es gibt ein Lied von dir "Manchen Nächten kann man nicht entfliehen", das mich persönlich sehr bewegt. Dort sprichst du jene Momente an, in denen man hin- und hergerissen ist und spürt, daß Richtungsänderungen anstehen. Kennst du solche Augenblicke auch aus deinem Schaffensprozeß? Momente, in denen du dich fragst, ob du weiter Lieder komponieren sollst und Gedichte schreiben?

WECKER: Ja, aber diese Momente betreffen mich als ganze Person. Wie es ja auch in dem Lied heißt: "Du mußt ein anderer werden." Ich muß mich immer wieder häuten. So ein Prozeß kann sehr lang dauern und auch sehr schmerzhaft sein, wenn man sich ihm stellt.
Ich habe den Eindruck, daß, je älter man wird, man sich diesen Häutungen immer weniger stellen will. Daß man immer selbstgefälliger wird und sich sagt: Jetzt habe ich endlich mein Weltbild und will es auch behalten. Aber wenn man jemals den Schritt gemacht hat, sich radikal in Frage zu stellen, sein ganzes Selbstbild, wenn man das einmal getan hat, dann wird man begierig danach. Man ist dann weiterhin in der Lage dies zu tun, auch wenn es schwierig wird.

HUHN: Suchst du dann eher die Einsamkeit oder eher den Kontakt mit anderen Menschen, mit denen du dich austauschen kannst, die dich kritisieren, dir Anregungen geben und dich inspirieren?

WECKER: Also, durch Kritik von außen habe ich noch nie etwas an mir geändert. Eher habe ich dadurch die Gegenposition eingenommen. Ich mußte mir immer erst selbst überdrüssig werden. Sicher hat das Feedback von anderen dabei auch eine Rolle gespielt. Aber der entscheidende Kick war die Beschäftigung mit mir selbst.

HUHN: Spielen bei diesem entscheidenden Kick auch deine Träume eine Rolle?

WECKER: Ja. Ich war immer schon in der Lage, meine Träume zu forcieren. Neben den Träumen, in denen ich hilflos bin, gibt es oft auch Träume, in die ich eingreifen kann. Ich träume mir manchmal schwierige Entscheidungen. Schwierige Entscheidungen muß ich im wahrsten Sinn des Wortes überschlafen. In dem Moment, wo ich aufwache weiß ich dann, was richtig oder falsch ist. Es gibt ja oft solche Probleme oder Fragen, über die man Tage und Nächte nachdenken kann, ohne zu einem Ergebnis zu kommen. Dann fragt man Menschen und der eine sagt dies und der andere jenes. Das hilft dir nicht weiter. Wenn du nicht selbst sicher bist, können dir Hunderte sagen, daß es so oder so richtig ist. Überzeugen können sie dich nicht, weil du es nicht glaubst.

Doch wenn ich mich ganz bewußt mit dem Problem in den Schlaf hineinbegebe und träume, dann habe ich auf jeden Fall beim Aufstehen ein sicheres Gefühl. Ganz gleich, ob ich mich an Einzelheiten des Traumes erinnere oder nicht.

HUHN: Manchmal sogar, ohne daß du dich an die Bilder erinnerst, die du im Traum gehabt hast?

WECKER: Ja, ich habe nur ein sicheres Gefühl.

HUHN: ... nur noch das Gefühl ist da?

WECKER: Ja, das Gefühl ist da, ich *weiß* es dann plötzlich. Und in der letzten Zeit vertraue ich diesem Gefühl immer mehr.

Teil III

Ihr persönliches Übungsprogramm

Einleitung

Hinweise für die Arbeit mit dem persönlichen Übungsprogramm

Es gibt verschiedene Möglichkeiten, die Übungen zur *Entdeckung des rechten Gehirns* durchzuführen:

1. Sie können gemeinsam mit einem Freund oder einer Freundin arbeiten, wobei jeder für den anderen zum "Vermittler" oder "Inspirator" wird. Wichtig ist, daß Sie ein ganz besonderes Vertrauensverhältnis zu dem Menschen haben, mit dem Sie zusammenarbeiten, denn Sie werden sich im Rahmen Ihres Programmes mit einigen sehr persönlichen Dingen beschäftigen. Zwar könnten Sie auf eine Besprechung der in den Übungen angefertigten Aufzeichnungen verzichten, würden aber damit wahrscheinlich gegen Ihre eigenen Wünsche handeln. Die meisten Menschen haben das Bedürfnis, die Übungsergebnisse mit jemand anderem zu besprechen. Aber auch unabhängig davon empfehle ich Ihnen, sich Ihren Partner oder Ihre Partnerin für diese Übungswoche recht sorgfältig auszuwählen.

2. Sie können sich die Übungen auch im Rahmen einer Gruppe erarbeiten. Dies hat den Vorteil, daß die Rolle des "Inspirators" auf mehrere Personen verteilt ist. Zwar wächst bei einer solchen Zusammenarbeit das Problem des Vertrauens, andererseits werden Sie auf diese Weise aber auch differenzierteren Zuspruch und eine größere Bandbreite verschiedenartiger Unterstützung bekommen. In den Gruppen, die ich selbst leite, gibt es zwei wesentliche Grundsätze: Erstens muß niemand etwas tun, was er oder sie nicht tun will (zum Beispiel wird niemand gezwungen, eine bestimmte Übung zu demonstrieren oder intime Einsichten mitzuteilen, die bei ihm oder ihr im Verlauf einer Übung zum Vorschein kommen). Und zweitens darf niemand kühl kritisieren, was ein anderer von sich gibt. Wenn die Gruppe optimal laufen soll, darf sie *nicht* wie eine Encounter-Gruppe funktionieren. Sie soll stattdessen eine Atmosphäre der Geborgenheit und Sicherheit bieten.

3. Sie können auch für sich alleine arbeiten und die Visualisierungsübungen auf Band sprechen, bevor Sie damit beginnen. Auf diese Weise können Sie sich entspannen, Ihre Erfahrungen mit den Übungen genießen und aus dem angebotenen Arbeitsmaterial den größtmöglichen Nutzen gewinnen.

4. Sie können auch die speziell von mir für die Arbeit mit diesem Programm produzierten Kassetten bestellen. Auf diesen Kassetten hören Sie nicht nur den Text der Übungen, sondern auch Meeresgeräusche und meditative Musik.

5. Sie können sich den jeweiligen Übungstext aber auch mehrmals durchlesen, bis Sie mit den Anweisungen ver-

214

traut sind; dann können Sie die Visualisierungen ohne Kassette und ohne äußere Hilfe üben.

Wägen Sie die Vorteile der verschiedenen Möglichkeiten gegeneinander ab und entscheiden Sie sich für den Weg, der Ihnen am besten liegt.
Wenn Sie die Übungen zur Aktivierung des rechten Gehirns sachgerecht ausführen wollen, müssen drei Voraussetzungen erfüllt sein:

1. *Die äußere Umgebung:* Suchen Sie sich ein ruhiges Plätzchen, wo Freunde, Familienangehörige, Haustiere, Telefonklingeln(!) oder die Türglocke(!) Sie nicht stören können. Versuchen Sie, sich vor allen denkbaren Ablenkungen zu schützen, die Ihre Konzentration beeinträchtigen und Ihre momentane Stimmung zerstören könnten. Wählen Sie sich einen Ort, der inneren Frieden und Zurückgezogenheit garantiert und an dem Sie sich wohl fühlen können. Dieser Ort kann Ihre Wohnung sein oder vielleicht sogar Ihr Auto, wenn Sie in einer abgeschiedenen und landschaftlich schönen Gegend Halt machen.

2. *Der geeignete Zeitpunkt:* Das Programm ist so angelegt, daß Sie sich sechs Tage lang jeden Tag zwei Stunden lang damit beschäftigen. (Machen Sie nur dann einen anderen Zeitplan,wenn dies unmöglich ist.) Setzen Sie aber in jedem Fall *genau fest,* wann Sie an den Übungen arbeiten wollen und halten Sie sich an diese Verpflichtung, damit Sie das Programm wirklich optimal nutzen können. Die Übungen wirken kumulativ. Deswegen sollten Sie in festen Zeitblöcken damit arbeiten und, wenn möglich, an aufeinanderfolgenden Tagen bis zum Ende des Programms.

3. Ausrüstung: Sie brauchen einen Stift und ein Notizbuch, die Sie nur für diesen Zweck benutzen. Falls vorhanden, ist auch ein Kassettenrecorder hilfreich, ebenso eine Küchen- oder Stoppuhr. Damit können Sie jene Übungen stoppen, die am effektivsten sind, wenn man sie sehr schnell durchführt, das heißt, wenn man gegen die Uhr arbeitet.

Betrachten Sie Ihr Notizbuch als einen sehr persönlichen Gegenstand. Vieles von dem, was Ihnen bei den Übungen in den Sinn kommt, könnte durchaus offenbarenden Charakter haben - und es ist wichtig, daß Sie dies zulassen. Emotionale Aufrichtigkeit ist für die Wirksamkeit des Programmes unerläßlich. Zögern Sie also nicht, Ihre Erfahrungen und Erlebnisse aufzuschreiben. Betrachten Sie Ihr Tagebuch also am besten als intime Aufzeichnung der Einsichten, die die rechte Hemisphäre Ihnen gewährt. Es wird spannend für Sie sein, einen Monat oder ein Jahr später darauf zurückzukommen und festzustellen, welche Veränderungen sich in der Zwischenzeit in Ihrem Leben ergeben haben.

Gebrauchen Sie die Anleitungen zuerst einmal wie ein Kochbuch, bei dem Sie sorgfältig den Rezeptvorschriften folgen. Sobald Sie die Funktionsweise des rechten Gehirns verstanden haben und erfahren haben, auf welchen Wegen Sie mit ihm kooperieren können, sind Sie in der Lage, Ihre eigenen Übungen zu entwickeln, um auf Ihre spezifischen Bedürfnisse einzugehen.

Für den langfristigen Umgang mit unserem Programm wird es hilfreich sein, wenn Sie sich Zeiten und Situationen merken, die Ihre Kreativität anregen. Stellen Sie die Begleitumstände fest, die Sie auf eine Idee gebracht haben. Wo haben Sie sich aufgehalten? Was haben Sie gerade getan? Wie haben Sie sich gefühlt? Was haben

Sie gedacht? Bemühen Sie sich nach Perioden erhöhter Kreativität um einen Rückblick und halten Sie die näheren Umstände dieser Zeit schriftlich fest. Lernen Sie, achtsam zu sein für das, was im Augenblick geschieht. Nehmen Sie bewußt wahr, zu welchen Zeiten Sie "klarer" sehen.

Durch die Selbstbewußtheit und die Erfahrung mit den Übungen werden Sie lernen, die überschäumende schöpferische Energie, die in Ihrer rechten Hemisphäre schlummert, zu kanalisieren. Sie werden lernen, die Kräfte anzuschirren, die Sie dann sehr bald werden lenken können.

13

Der erste Tag

Bewußtheits-Kurve

Viele Menschen haben den Kontakt zu ihrem Körper und ihren Gefühlen so sehr verloren, daß es ihnen schwerfällt, klar zu beschreiben, was sie in einem bestimmten Augenblick fühlen. Anhand der Bewußtheitskurve können Sie feststellen, was Sie zu Beginn Ihres Tagespensums fühlen und damit einen Bezugspunkt ermitteln, mit dessen Hilfe Sie Ihren Fortschritt im Verlauf des Übungsprogrammes bewerten können.

Die Kurve stellt Ihren Gefühlszustand mit Hilfe von Zahlen dar. Die Ziffer Null (0) repräsentiert einen Zustand tiefer Entspannung, einen offenen Geist, eine Haltung der Erwartung und Empfänglichkeit. Die negative Seite der Kurve (-10 bis -1) zeigt die Abstufung negativer Energie an. Unter dem Einfluß negativer Energie hat man das Gefühl, emotional oder in seiner Leistungsfähigkeit blockiert zu sein; man ist angespannt und bewegt sich in verengten Denkmustern. Minus Zehn steht für die extreme Überspitzung dieses Lebensgefühls.

Die positive Seite der Kurve (+10 bis +1) spiegelt das Anwachsen eines produktiven und neuerungsfreudigen Lebensgefühls wieder; sie nähert sich allmählich dem energiereichen Zustand des sogenannten "schöpferischen Hochs". Wenn wir uns auf plus Zehn am Ende der Kurve zubewegen, durchströmen uns wahrscheinlich ekstatische Gefühle positiver Energie.

Es ist für uns wichtig zu wissen, wie wir uns in regelmäßigen Abständen völlig entspannen können, denn nur so können wir über einen langen Zeitraum hinweg in hohem Maße schöpferisch sein. Sobald Sie unter Termindruck stehen oder an einem Langzeitprojekt arbeiten, müssen Sie das dafür angemessene Tempo finden und sich die Zeit einteilen. Um aber überhaupt über lange Zeiträume hinweg ohne unnötigen Kräfteverschleiß produktiv arbeiten zu können, sollten Sie Ihr geistig-seelisches und physischen Befinden richtig einschätzen können.

Schauen Sie sich also die Bewußtheitskurve an und versuchen Sie, so exakt wie möglich zu bestimmen, welcher der angegebenen Werte Ihrem momentanen Lebensgefühl am nächsten kommt. Malen Sie einen kleinen Kreis um diese Zahl.

Haben Sie Geduld mit sich, wenn Sie Ihr momentanes Lebensgefühl nur schwer bestimmen können. Das ist nicht immer leicht. Vertrauen Sie der Einsicht, daß Ihnen diese Art der Bewertung im weiteren Verlauf unseres Programmes zunehmend leichter fallen wird.

Was Ihr linkes Gehirn über Sie denkt

Das Anliegen dieser Übung ist es, eine Ausgangsbasis zu schaffen, von der aus die vorbewußte Vorstellung, die Sie von sich selbst haben, deutlich werden kann. Wenn Sie dann später zurückblicken, werden Sie ein klares Bild davon

Bewußtheits-Kurve

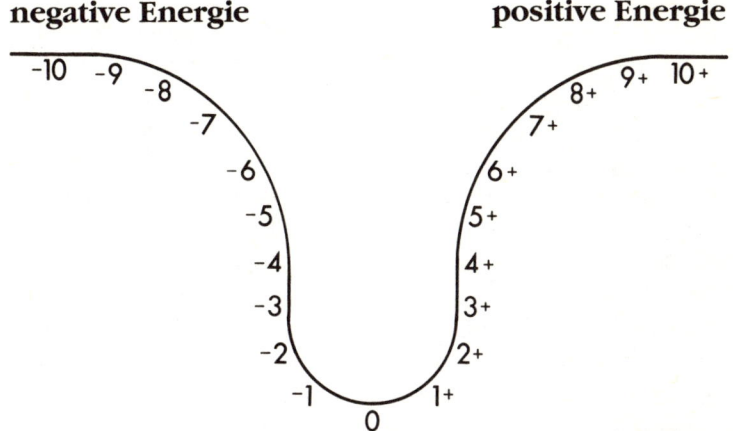

negative Energie   positive Energie

Tiefenentspannung

Negative Energie

das Gefühl,
blockiert zu sein

starres Denken

das Empfinden einer
nervösen Spannung

Positive Energie

das Gefühl,
produktiv zu sein

innovatives Denken

das Empfinden eines
"kreativen Hochs"

haben, welche Einstellungen Ihr Leben zu Beginn unseres Programmes bestimmt haben.

Der entscheidende Punkt dieser Übung ist, daß Sie sie möglichst schnell ausführen, denn wir wollen versuchen, Ihre spontanen Einfälle zu erfassen. Nehmen Sie sich nicht die Zeit, diese zu analysieren, das würde die Wirkung nur abschwächen. Nachdem Sie diesen Abschnitt gelesen haben, greifen Sie also zum Stift und schreiben geschwind Ihre *spontanen* Gedanken nieder, ohne sie zwischendurch nochmals zu lesen. Später werde ich Sie bitten, auf das Geschriebene zurückzukommen, und Sie werden seine Bedeutung verstehen. Für den Augenblick müssen Sie sich jedoch dem Geschehen anvertrauen! Machen Sie jetzt einfach - wie bei einem Einkaufszettel - eine Liste von Wörtern, die beschreiben, wer oder was Sie sind, das, was Sie ausmacht. Denken Sie daran: Es ist Ihnen nicht erlaubt zu lesen, was Sie schreiben! - Fertig? Dann legen Sie los.

1.　　　　　　9.
2.　　　　　　10.
3.　　　　　　11.
4.　　　　　　12.
5.　　　　　　13.
6.　　　　　　14.
7.　　　　　　15.
8.　　　　　　16.

Ich weiß, die Versuchung ist groß, aber *lesen Sie auf keinen Fall die Worte*, die Sie geschrieben haben. Blättern Sie einfach weiter und gehen zur nächsten Übung über.

ÜBUNGSGRUPPE 1:
Überlisten der linken Gehirnhälfte

Mandala Nr. 1

Das Mandala auf der folgenden Seite ist mehr als ein simples grafisches Muster. Es ist Ihr erster Schritt zur bewußten Einstellung auf den Modus Ihrer rechten Hemisphäre. Während Sie sich auf das Mandala konzentrieren, wird Ihre linke Gehirnhälfte allmählich außer Aktion gesetzt; da es mit bildhaften Zusammenhängen wenig anzufangen weiß, wird es frustriert, schläfrig und unaufmerksam. Ihr rechtes Großhirn kann sich jetzt durchsetzen.

Das Mandala wird Ihnen helfen, die Stille tief in Ihrem Inneren zu finden. Setzen Sie sich bequem auf Ihrem Stuhl zurecht und betrachten Sie die Zeichnung. Konzentrieren Sie sich auf das Zentrum der Figur, schaufen Sie sich das Muster an. Sie brauchen sich zu dieser Zeichnung nichts zu denken. Fühlen Sie nur, welche Empfindungen das Muster in Ihnen auslöst. Nehmen Sie sich vor, so lange auf das Zentrum der Figur zu schauen, wie es Ihnen angenehm ist. Das visuelle Muster wird dabei in Bewegung geraten: Es wird sich umordnen und verändern. Die Mehrheit meiner Klienten verwendet zu Anfang fünf bis zehn Minuten auf diese Übung; andere sind der Meinung, daß es hilfreich ist, sich mehr Zeit zu lassen.

Das Mandala wird Ihnen helfen:
- sich zu konzentrieren;
- Ihren inneren Dialog ausklingen zu lassen;
- die linke Hemisphäre zu verwirren, die mit Bildern nichts anzufangen weiß;
- der rechten Hemisphäre erlauben, für einen größeren Zeitraum dominierend in den Vordergrund zu treten.

Ergebnisse von Erfahrungen mit der rechten Gehirnhälfte bei dieser Übung

Sie werden sich nach dieser Übung entspannter und "zentrierter" fühlen. Die Einfachheit der Übung ist verblüffend, ihre Wirkung ist jedoch in höchstem Maße wohltuend.

Einige von Ihnen werden nach ein paar Minuten unruhig werden und sich nur noch schwer konzentrieren können. In diesem Fall müssen Sie wissen, daß wirklich nichts dagegen spricht, wenn Sie in Ihrem eigenen Tempo vorgehen und Ihren eigenen Rhythmus finden. Wenn Sie sich täglich auch nur wenige Augenblicke der Betrachtung des Mandalas widmen, wird der Mind allmählich nicht mehr unruhig umherschweifen. Nach drei Tagen fühlt sich fast jeder mit dem Mandala wohl und entdeckt, wie außerordentlich wohltuend es ist.

ÜBUNGSGRUPPE 2:
Biofeedback-Training

Ein klassischer Beginn

Ihre Gedanken beeinflussen Ihren Körper in erheblicher Weise. Gedanken sind eine gewaltige Macht; sie bestimmen weitgehend alle körperlichen Prozesse. Gedanken können Ihren Blutdruck steigen lassen, sie können ihn aber auch senken, wenn man sie richtig lenkt. Gedanken können die Sperren aufrichten, an denen Ihre Kreativität zerbricht. Indem Sie sie bewußt lenken lernen, können Gedanken andererseits die schöpferischen Kräfte freisetzen, die in Ihnen schlummern. Auch wenn Ihre Gedanken Sie möglicherweise anspannen, besitzt Ihr Mind die Kraft, Ihren Körper zu entspannen.

Die folgende Aufwärmübung wird Ihnen helfen, jenen Grad von Entspanntheit zu erreichen, der auf unserer Bewußtheitskurve mit der Ziffer Null angezeigt wird. Sobald Sie über die nötige Erfahrung verfügen, Ihre Körperenergie durch die Kraft Ihres Bewußtseins zu lenken, werden Sie sich sehr rasch in einen Zustand tiefer Entspannung hineinversetzen können. Am Anfang wird dies länger dauern. Vielleicht müssen Sie sogar erst ein paar Tage üben, bevor Sie all die destruktiven Spannungen in Ihrem Körper loslassen können.

Das Paradoxe ist: Je mehr Sie sich willentlich bemühen loszulassen, desto schwerer wird Ihnen diese Aufgabe fallen. Willentliche Anstrengung hilft Ihnen nicht weiter. Das Geheimnis ist, daß Sie Ihrem Körper erlauben, sich von aller Spannung zu befreien. Gehen Sie liebevoll mit sich um und halten Sie sich vor Augen, daß es unwichtig ist, ob Sie sich den Zustand tiefer Entspannung schon heute oder erst morgen oder sogar erst übermorgen erschließen. Wichtig ist nur, daß Sie bereits auf dem richtigen Weg dorthin sind. Seien Sie also großzügig zu sich selbst und schreiten Sie beim Üben so voran, wie es Ihrem natürlichen Rhythmus entspricht.

Suchen Sie sich den Platz in Ihrem Zimmer, wo Sie am liebsten und am bequemsten sitzen. Sich hinzulegen ist nicht so geeignet, da Sie sich im Liegen vielleicht aus Gewohnheit so entspannen, daß Sie einschlafen. Am besten, Sie schlagen für diesen Zweck, die Beine *nicht* übereinander. Desgleichen sollten Sie eine Sitzposition vermeiden, bei der Sie sich körperlich verspannen. Lockern Sie alle einschnürenden Kleidungsstücke. Lassen Sie die Arme locker und bequem neben sich aufliegen.
Wie fühlt sich die Sitzfläche unter Ihrem Gesäß an?

weich ... (schmiegen sich die Kissen an Sie an?)

226

kühl ... (preßt sich eine glatte Holzfläche gegen Ihre Haut?)

Wärend Sie nun die Augen schließen,

beachten Sie, wie Sie in die Dunkelheit hineingleiten ...
wie Lichtaureolen langsam verblassen ...
und eine schwarze Leinwand sich ausbreitet.

Lauschen Sie Ihrem Atem, ohne seinen Rhythmus irgendwie zu manipulieren.

Strömt er leicht und entspannt dahin?

Legen Sie die Hand auf Ihren Unterleib und atmen Sie tief
ein.

Wenn Sie richtig atmen, sollte sich die Hand
auf ihrem Bauch rhythmisch heben und senken.

Versuchen Sie es noch einmal ...

Spüren Sie den Unterschied?

Atmen Sie tief ein und zählen Sie dabei bis fünf; halten Sie
nun den Atem an, indem Sie abermals bis fünf zählen;
atmen Sie dann langsam durch den Mund aus: eins ... zwei
... drei ... vier ... fünf.

Jetzt müssen Sie vielleicht gähnen,
denn Sie beginnen, sich zu entspannen.

Atmen Sie nochmals tief ein, zählen Sie und entspannen Sie
sich:

eins ... zwei ... drei ... vier ... fünf ...
Halten Sie den Atem an ...
und atmen Sie aus.

Stellen Sie sich einen Punkt als Zentrum Ihres Körpers vor.
Versuchen Sie, mit all Ihren Muskeln gegen dieses Zentrum
zu drücken. Während Sie dies versuchen, sollten sich alle
Muskeln Ihres Körpers anspannen.

Und nun lassen Sie los, entspannen Sie!
Spüren Sie ganz genau, wie sich das *anfühlt* :
Spannung ... Entspannung.

Stellen Sie sich nochmals denselben zentralen Punkt vor,
aber versuchen Sie nun, alle Muskeln von diesem Punkt aus
auszudehnen: Dehnen Sie die Muskeln so weit wie möglich
vom Zentrum fort.

Und entspannen Sie sich dann.

Beachten Sie die fast unmerkliche Empfindung, die durch
Ihren Körper geht. Konzentrieren Sie sich nun mit gesam-
melter Aufmerksamkeit auf Ihre Füße und spannen Sie alle
Fußmuskeln so fest Sie können an:

Anspannen   ... zwei ... drei ... vier ... fünf ...
Spannung halten   ... zwei ... drei ... vier ... fünf ...
entspannen   ... zwei ... drei ... vier ... fünf ...

Richten Sie nun Ihr ganzes Bewußtsein auf Ihre Fußgelenke
und strecken Sie sie.
Anspannen   ... zwei ... drei ... vier ... fünf ...
Spannung halten   ... zwei ....drei ... vier ... fünf ...
entspannen   ... zwei ... drei ... vier ... fünf ...

Und nun auf Ihre Waden:

anspannen ... zwei ... drei ... vier ... fünf ...
Spannung halten ... zwei ... drei ... vier ... fünf ...
entspannen ... zwei ... drei ... vier ... fünf ...

Und nun auf Ihre Oberschenkel:

anspannen ... zwei ... drei ... vier ... fünf ...
Spannung halten ... zwei ... drei ... vier ... fünf ...
entspannen ... zwei ... drei ... vier ... fünf ...

Nehmen Sie Ihre Gesäßbacken ganz bewußt wahr, spannen
Sie sie an und machen Sie sie hart und fest,

anspannen ... zwei ... drei ... vier ... fünf ...
Spannung halten ... zwei ... drei ... vier ... fünf ...
entspannen ... zwei ... drei ... vier ... fünf ...

Wölben Sie jetzt Ihren Rücken,

strecken Sie ihn wie eine Katze,
Spannung halten ... zwei ... drei ... vier ... fünf ...
entspannen ... zwei ... drei ... vier ... fünf ...

Drücken Sie Ihre Schultern nach vorn

so weit wie es nur geht.
Spannung halten ...
entspannen ...

Drücken Sie Ihre Schultern nach hinten,

strecken
Spannung halten ...
entspannen ...

Machen Sie nun die Arme ganz steif,

Spannung halten ...
entspannen ...

Lassen Sie Ihre Handgelenke langsam und gleichförmig
kreisen,

drehen Sie sie
Spannung halten ...
entspannen ...

Krümmen Sie jetzt Ihre Finger

und strecken Sie sie wieder ...
Spannung halten ...
entspannen ...

Bewegen Sie Ihren Hals langsam im Kreis

eine volle Umdrehung
Sie spüren das Ziehen in den Halsmuskeln
und entspannen ...

Ziehen Sie alle Muskeln des Gesichts zusammen

Spannung halten ...
entspannen ...

Atmen Sie tief ein ...

und wieder aus.

Strecken Sie jeden Teil Ihres Körpers, den Sie gerne strekken möchten

Atmen Sie nochmals tief ein ...

und erinnern Sie sich daran, daß Ihre rechte Hemisphäre Ihnen bei der Verwirklichung Ihrer Ziele helfen möchte. Sagen Sie Ihrer rechten Gehirnhälfte, daß Sie gern kreativer sein möchten und deswegen ihre Hilfe willkommen heißen.

Öffnen Sie nun langsam,
ganz langsam Ihre Augen
und stellen Sie fest, wie Sie sich fühlen.

Schauen Sie auf die Bewußtheits-Kurve von Seite 221 und notieren Sie in Ihrem Notizbuch die Ziffer, die Ihr augenblickliches Lebensgefühl am besten beschreibt.
Ihre linke Hemisphäre ist in keiner Weise daran interessiert, was Sie gerade getan haben. Es ist die rechte Gehirnhälfte, die während dieses Erlebnisses mit dem Körperbewußtsein die meiste Zeit aktiv war.

Die Ergebnisse dieser rechtshirngesteuerten Erfahrung

Ihr Mind hat Ihren Körper beeinflußt, sich zu entspannen, und Ihr Körper hat auf diese Aufforderung reagiert. Immer wenn ich diese Übungen in meinen Gruppen gemacht habe, zeichnet sich auf den Gesichtern vieler Teilnehmer ein Lächeln ab; einige gähnen auch und andere strecken sich zufrieden.

Aber es gibt auch Menschen, deren Körper den Anleitungen des Mind nicht so ohne weiteres folgen. Solche Menschen haben niemals gelernt, sich wirklich zu entspannen - und ganz gewiß nicht zu einem selbstgewählten Zeitpunkt. Ich bitte diese Menschen gewöhnlich, es auch weiterhin zu versuchen. Wenn sie nach sechs Sitzungen immer noch Schwierigkeiten haben, ihren Körper in die Entspannung zu führen, empfehle ich ihnen einige Sitzungen mit einem Biofeedback-Gerät und zwar zum Nutzen der allgemeinen Gesundheit, nicht etwa nur, weil es für unser Übungsprogramm wertvoll ist. Menschen, die sich unter gar keinen Umständen entspannen können, weisen im allgemeinen Krankheits-Symptome auf, die auf eine Unfähigkeit des Körpers hindeuten, Spannungen abzubauen. Unter diese Kategorie fallen zum Beispiel Patienten mit Magengeschwüren oder chronischen Nacken- und Rückenschmerzen.

ÜBUNGSGRUPPE 3:
Phantasie-Reise

In fernen Wäldern

Wenn Sie allein mit diesem Programm arbeiten und den Text dieser Übung nicht auf Kassette aufgenommen haben, ist es wichtig für Sie, abschnittsweise zu arbeiten. Lesen Sie den Text, bis Sie zu einem natürlichen Einschnitt gelangen. Schließen Sie dann die Augen und *rufen Sie sich die Anleitung ins Gedächtnis zurück.*
Stellen Sie sich vor, daß Sie alleine in einem Wald spazierengehen. Die Bäume sind saftig grün und wunderbar anzuschauen.

Können Sie sie sehen?
Oder ihre Anwesenheit spüren?
Stellen Sie sich die Farben vor ...
Bauen Sie vor Ihrem "geistigen Auge" ein klares,
deutliches Bild auf.
Lauschen Sie auf alle Geräusche ...,
auf das Gezwitscher der Vögel ...
Nehmen Sie den Geruch der Bäume wahr.
Wie fühlt sich die Luft auf Ihrer Haut an?

Ein kleiner Bach fließt in der Nähe vorbei. Genießen Sie für einige Augenblicke das Rauschen des Wassers. Jetzt überqueren Sie den Bach, indem Sie auf die abgeflachten Steine treten, die die Wasseroberfläche durchbrechen.

Wandern Sie gemächlich durch den Wald, bis Sie zu einer herrlichen Wiese gelangen, auf der Sie sich niedersetzen und ausruhen. Richten Sie Ihr Bewußtsein mit aller Intensität auf das, was Sie sehen und fühlen.

Sehen die Farben hier anders aus? Sind andere Geräusche zu hören?

Sitzen Sie einen Augenblick still und prägen Sie sich alle Einzelheiten der Wiese ein. Erschaffen Sie die Szenerie vor Ihrem inneren Auge so klar und deutlich wie möglich. Vom Waldrand her ertönt ein Geräusch. Was ist das für ein Geräusch?

Wenn Sie bereit sind, die Wiese zu verlassen, gehen Sie tiefer in den Wald hinein. Achten Sie auf das Geräusch Ihrer Füße, wenn sie den Boden berühren.

Beschreiben Sie die Beschaffenheit des Waldbodens unter sich.

Nun macht der Waldweg einen Bogen. Folgen Sie ihm. Nicht weit vor Ihnen steht ein Haus auf einer Lichtung.

Sie sind überrascht, es dort zu finden? (Oder haben Sie schon die ganze Zeit gewußt, daß Sie auf dieses Haus treffen werden?)

Nehmen Sie nun Ihr Notizbuch zur Hand und beschreiben Sie, wie das Haus *von außen* aussieht. Dann gehen Sie näher darauf zu. Dabei entdecken Sie, daß die Tür einen Spalt offensteht. Sie können beruhigt hineingehen, Sie sind kein unwillkommener Eindringling. Also tun Sie es und stellen fest, daß Sie allein sind. Schauen Sie sich um. Was sehen Sie? Schreiben Sie jetzt auf, wie der Raum aussieht.

An der Vorderseite des Hauses steht ein Fenster offen. Sie gehen hin, blicken hinaus und halten fest, was Sie sehen. Danach erforschen Sie das Haus etwas gründlicher. Sie gehen auf dem dunklen Flur entlang und schauen in jedes Zimmer, bis Sie an seinem Ende auf eine geschlossene Tür treffen. Öffnen Sie auch diese Tür und werfen Sie einen Blick in diesen Raum. Zuerst meinen Sie, der Raum sei leer, aber dann erkennen Sie in einem Alkoven ein schlafendes Kind in seinem Bettchen. Denken Sie sich in das Kind hinein. Stellen Sie sich vor, was es bei Ihrem Eintreten fühlt. Was möchte das Kind Ihnen sagen? Schreiben Sie auf, was das Kind sagt, und auch, was Sie ihm antworten oder antworten möchten.

Erinnert Sie die Antwort des Kindes in irgendeiner Weise an Ihre eigenen Gefühle? Wenn ja, fragen Sie sich, ob dieses Gefühl schon eine Weile in Ihrem Unbewußten existiert. Wenn Sie dieses Gefühl mit einem Wort erfassen müßten, welches Wort wäre das?

Wenn Sie sich nach Ihrem Aufenthalt in dem Haus emotional aufgewühlt fühlen und sich mit den ausgelösten Emotionen näher befassen wollen, sollten Sie eine Seite in Ihrem Notizbuch dazu benutzen, diese Gefühle klarer darzustellen. Sie können ein Gedicht darüber schreiben, ein Bild zeichnen oder eine Melodie komponieren. Bemühen Sie sich dabei aber nicht um formale Vollkommenheit (Sie wissen ja, der innere Kritiker ist gerade Mittagessen gegangen ...). Überlassen Sie es der Kraft Ihrer Gefühle, die richtigen Worte zu finden.

Ergebnisse dieser Erfahrung des rechten Gehirns

Dr. Robert Good hatte sich schon immer gewünscht zu schreiben, und er erzählte, daß er dies früher auch schon mit einigem Erfolg getan hatte. Sein großes Problem war aber "die Angst vor dem weißen Papier", eine regelrechte Blockierung seiner Gedanken, wann immer er mit dem Schreiben wieder beginnen wollte. Sein großer Wunsch war es, dieses Anfangshindernis zu überwinden. Am ersten Tag führte ich die Gruppe, nach der Aufwärmübung und dem Biofeedback, durch die gleiche Imaginationsübung, die Sie soeben beendet haben.

Anschließend lasen die Teilnehmer, was Sie gerade geschrieben hatten, und eines der bewegendsten Ereignisse jenes Tages geschah, als Bob eine Zeile vorlas, die er niedergeschrieben hatte. Er beschrieb kurz das Haus im Wald mit wenigen Worten und deutete an, daß es von lachenden und spielenden Kindern umgeben war. Dann hatte er diese eine Zeile niedergeschrieben: "Hier stehe ich, vor mir der Zaun, und ich sehne mich so sehr."

Bob las seine Worte mit gedämpfter, ruhiger Stimme; es war fast nur ein Flüstern. Die Ausdruckskraft dieser Zeile kommt nicht allein von dem, was gesagt wird, sondern vielmehr von dem, was ungesagt blieb. Wir konnten uns ausmalen, was einem Kind widerfahren sein muß, daß es sich so von der Liebe der Familie abgeschnitten fühlt - und was es für einen erwachsenen Menschen bedeutet, diesen alten Schmerz noch einmal wachzurufen.

In den nächsten vier Tagen sprach Bob in der Gruppe nur sehr wenig, vertiefte sich aber intensiv in jede Übung. Am letzten Tag schließlich sagte er uns, daß er seine Schreibblockierung überwunden habe. Er hatte eine äußerst vielschichtige und leidenschaftliche Geschichte geschrieben. Überdies wußte er den genauen Titel und das Thema für ein Buch, das er schreiben wollte.

Rose Cabe erzählte uns, daß sie nie in ihrem Leben ein Gedicht geschrieben hätte. Ich mochte ihr das nicht glauben, aber sie bestand eisern darauf. Soweit sie zurückdenken konnte, hatte sie niemals ein Gedicht verfaßt, nicht in der Schule, nicht in ihrem Tagebuch. Und sie erklärte uns mit voller Überzeugung, daß Sie für Gedichte vollkommen unbegabt sei. Ihre linke Hemisphäre hätte sie eben zu eher "praktischen Tätigkeiten" prädestiniert.

Als Rose aber dann während der Visualisierung dem Kind begegnete, sah sie unwillkürlich ihre eigene Tochter im Kinderbett liegen. Plötzlich erinnerte sie sich an zwei sehr bewegende Ereignisse in ihrem Leben: die Geburt ihres Kindes und den Tod ihrer Mutter. Sie wußte noch genau, mit welchen Worten man ihr diese Ereignisse mitgeteilt hatte. Diese Worte stellte Sie wie in einem Volkslied nebeneinander; daraus entstand ein Text, der sich gewissermaßen von selbst zu schreiben schien:

Rose, Du hast eine Tochter geboren,
Rose, Deine Mutter ist gestorben.
Nehmen und geben
- ein heiliges Lied durchzieht unser Leben.

236

Was wir auch halten wollen,
Es wird uns genommen.
Dazwischen wüten Kämpfe, die aus dem Herzen kommen.

Es muß ein Muster auf diesem Webstuhl geben,
Aus größerer Distanz öffnet
Der Tod den Raum nach dem Leben.

Rose, Du hast eine Tochter geboren.
Rose, Deine Mutter ist gestorben.
In zahllosen Farben und klangvollen Tönen
Zieht sich ein heiliges Lied durch unser Leben.

Noch in derselben Woche vertonte der Liedermacher Paul Bergen Rose's Gedicht und sang es als Lied auf dem Schriftstellerkongreß in Santa Barbara.

ÜBUNGSGRUPPE 4:
Erinnerungsstücke

Du kannst wieder nach Hause zurück

Atmen Sie tief ein, halten Sie den Atem für einen Moment an und atmen Sie dann langsam aus. Jedesmal, wenn Sie diese besondere Art des Atmens ausführen, wird Sie dies an die sofortige Entspannung erinnern, die Sie durch die Biofeedback-Übung erlernt haben. So werden Sie sich allmählich in die Lage versetzen, mit nur einem Atemzug in die Tiefenentspannung hineinzugleiten.

Wenn Sie das Gefühl haben, daß irgendein Teil Ihres Körpers sich strecken möchte, strecken Sie ihn jetzt. Lassen

Sie alle Verspannungen los, die sich in der Zwischenzeit in Ihnen angesammelt haben. Dann schließen Sie die Augen. Lassen Sie die frühen Jahre Ihrer Kindheit vor Ihrem inneren Auge vorüberziehen. Manchen mag es schwerfallen, sich so weit zurückzuerinnern, für andere ist es leicht, sich in die Vergangenheit hineinzubewegen. Vielleicht hilft es Ihnen, wenn Sie an etwas denken, das damals sehr wichtig für Sie war: eine Puppe, ein Spielzeug, eine Decke. Welcher Gegenstand bedeutete Ihnen damals am meisten? Wenn Ihnen auch dies schwerfällt, können Sie sich vielleicht an die Wohnung oder das Haus erinnern, in dem Sie lebten, als Sie eingeschult wurden. Gestatten Sie Ihrer Vorstellung, Sie in dieses Haus hinein bis in Ihr damaliges Kinderzimmer zu tragen. Jetzt können Sie den Gegenstand finden, der so wichtig für Sie war, stimmt's? Nehmen Sie sich Zeit, bis Sie dieses Objekt aufgestöbert haben. Dann fahren Sie mit der Übung fort.

Die Erinnerung an das Objekt führt Sie zu anderen Erinnerungen. Gesichter mögen vor Ihnen auftauchen, Gefühle, Ereignisse ... Lassen Sie den Mind von einem Bild zum nächsten gleiten. Erlauben Sie Ihrem Mind, jene Zeit zu sehen ... zu fühlen ... zu erleben.

Kommen Sie nun zu Ihrem ersten Schultag zurück; Sie sitzen zum ersten Mal in einem Klassenzimmer. Haben Sie in den vorderen Reihen gesessen? Vielleicht eher weiter hinten? Auf der rechten Seite des Klassenzimmers oder auf der linken?

> Die Bank war wahrscheinlich aus Holz. War die Schreibplatte vielleicht beschädigt? Waren da irgendwelche Namen eingeritzt? Haben Sie mit Ihren Fingern je über die Rillen gestrichen, die mit Bleistiften oder Taschenmessern dort eingeritzt wurden?

Wer saß vor Ihnen? Erinnern Sie sich an irgendwelche Farben? Wissen Sie noch, wie der Lehrer ausgesehen hat?

Es macht nichts, wenn Sie das Klassenzimmer aus einem Jahr und den Lehrer aus einem anderen Jahr vor sich sehen. Wir Menschen kondensieren häufig mehrere Erinnerungsfetzen zu einem Erinnerungsbild. Sie sind mehr an den *Gefühlen* interessiert, die Ihre Kindheit bestimmt haben, weniger an den Tatsachen. Jede Erinnerung ist eine Fiktion. Wer weiß schon, wie es genau gewesen ist? Jetzt geht es um das, was sich in unserem Inneren als damalige Realität abgebildet und verfestigt hat, nicht um die damalige Realität.

Schreiben Sie alles auf, was Ihnen auf dieser Reise in die Vergangenheit in den Sinn kommt - so, als würden Sie einen Traum aufzeichnen. Lassen Sie Ihre Sätze von einem Gedanken zum nächsten, von einer Situation zur nächsten springen.

Sollten Sie sich aus irgendwelchen Gründen nicht an Ihre Kindheit erinnern können, dann erfinden Sie einfach eine Kindheit für sich. Denken Sie sich eine gute Geschichte aus. Stellen Sie sich vor, wie es gewesen sein könnte. Schreiben Sie die ersten Erinnerungsbilder nieder, die in Ihrem Bewußtsein auftauchen - ein einzelnes Ereignis, Erinnerungsfetzen, was immer Sie wollen.

Können Sie sich an ein Geheimnis aus Ihrer Kindheit erinnern? Etwas, das Sie nie weiterzuerzählen gelobt haben? Wer hat Sie in dieses Geheimnis eingeweiht?

Worum ging es dabei?

Waren Sie versucht, es jemandem zu erzählen?

Haben Sie es dann tatsächlich weitererzählt?

Was passierte danach?

Wann haben Sie zum ersten Mal bemerkt, daß Ihre Eltern Geheimnisse vor Ihnen hatten? Erinnern Sie sich noch, wie

Sie sich bei dieser Entdeckung gefühlt haben? Sind Sie vielleicht sogar hinter ein wichtiges Geheimnis gekommen? Erinnern Sie sich jetzt noch daran?

Wissen Sie noch, wann Sie zum ersten Mal ein Kind des anderen Geschlechts nackt gesehen haben? Was haben Sie dabei gedacht? Und was haben Sie gefühlt?

Wer war in der Grundschule Ihr bester Freund?

Oder Ihre beste Freundin?

Was war das Beste an diesem Freund oder dieser Freundin?
Was war das Schönste, das Sie jemals gemeinsam gemacht haben?

Führt Sie diese Erinnerung zu weiteren Erinnerungen?

Helfen Ihnen diese Erinnerungen, mit dem Kind Kontakt aufzunehmen, das immer noch ein Teil von Ihnen ist? Behandeln Sie dieses Kind wie auch diese Erinnerungen mit großem Respekt. Vergewissern Sie sich, ob der erwachsene Teil in Ihnen eine fürsorgliche Haltung gegenüber dem Kind einnimmt, das Sie damals waren, oder heute noch sind und in gewisser Weise immer sein werden.

Gibt es irgend etwas, von dem Sie sich wünschen, daß es Ihnen jemand gesagt hätte, als Sie noch Kind waren? Irgend etwas, das Sie gern gehört hätten?

Würden Sie irgendeine Erinnerung verändern wollen, wenn Sie die Möglichkeit hätten, die Zeit zurückzudrehen oder die Vergangenheit umzuschreiben? Seien Sie ganz ruhig und geben Sie der Geschichte die Möglichkeit, sich in Ihrer Phantasie zu entfalten. Lassen Sie das Kind hören oder fühlen, was es braucht. Lassen Sie dieses neue Ende einer alten Geschichte das Kind trösten und stärken.

ÜBUNGSGRUPPE 5:
Schreiben mit der "anderen Hand"

Was Ihr rechtes Gehirn
über Sie denkt

Diese Übung ist auf Ihre gewöhnlich inaktive Hand abgestimmt. Nehmen Sie Ihren Stift also in die Hand, mit der Sie gewöhnlich *nicht* schreiben. Es wird Ihnen wahrscheinlich schwerfallen, lesbar zu schreiben, und möglicherweise fühlen Sie sich dabei auch etwas töricht. Es ist jedoch zu schaffen, und es ist wirklich wichtig, daß Sie es tun. Schreiben Sie nun wie auf einer Einkaufsliste alle die Worte nieder, bei denen Sie das Gefühl haben, daß sie Sie treffend charakterisieren. *Machen Sie dabei auf keinen Fall eine Denkpause!* Das ist äußerst wichtig. Beginnen Sie also rasch, Ihre Liste zu schreiben!

1.   9.
2.   10.
3.   11.
4.   12.
5.   13.
6.   14.
7.   15.
8.   16.

Lesen Sie nun die Liste und vergleichen Sie die Worte mit der Liste, die Sie mit der anderen Hand auf dieselbe Frage hin angefertigt haben. Sie werden wahrscheinlich feststellen, daß Ihre linke Hand (Ihr rechtes Großhirn) Sie sehr viel verwundbarer kennzeichnet.

241

Ergebnisse von Erfahrungen mit
der rechten Hemisphäre bei dieser Übung

Ein Vergleich der beiden angefertigten Listen wird Ihnen deutlich machen, wie unterschiedlich jede Ihrer beiden Gehirnhälften Sie einschätzt, besonders wenn Sie ein ausgesprochener Rechtshänder sind und nicht nur mit rechts schreiben, sondern so gut wie alles mit der rechten Hand erledigen. Sollten Sie bereits über psychotherapeutische Erfahrung verfügen oder mit anderen Methoden zur Stimulierung der rechten Hemisphäre vertraut sein, werden die beiden Listen eher konvergieren, da Ihre rechte Gehirnhälfte dann der "anderen Hälfte" diese sehr intimen Gefühle bereits mitgeteilt hat. Sie werden feststellen, daß die mit Ihrer dominanten Hand abgefaßte Liste Charaktereigenschaften nennt, mit denen sie sich im allgemeinen identifizieren. Dagegen hat Ihre linke (nicht-dominante) Hand vielleicht eine Liste zusammengestellt, die Sie überraschend verwundbar zeigt. Vielleicht erschreckt es Sie sogar, was Ihr Unbewußtes mittels der linken Hand von Ihnen offenbart.

Hier ein für diese Übung typisches Ergebnis. Es stammt von einer etwa fünfunddreißigjährigen, recht attraktiven Frau aus Florida.

Die erste Liste, von der dominanten Hand zusammengestellt, führt folgende Eigenschaften auf: ehrlich, zum Staunen bereit, hübsch, warmherzig, liebevoll, hilfsbereit, gebend, für die eigenen Bedürfnisse aufgeschlossen, arbeitsam, ungeduldig.

Die zweite Liste, von der nicht-dominanten Hand zusammengestellt, nennt andere Eigenschaften: großzügig, leicht erzürnbar, verängstigt, verträumt, hoffnungsvoll, bedürftig, zum Weinen aufgelegt, traurig, töricht, einsam, gequält, zerrissen.

Bei einigen Listen ähneln sich die ersten Worte. Wir nennen dies den Echo-Effekt: Unbewußt hören wir zu Anfang

242

der zweiten den Nachhall der ersten Liste. Dann erst erscheinen die Worte, die uns von unseren sensiblen Seiten zeigen.

Haben sich die Worte Ihrer beiden Listen so extrem voneinander unterschieden wie in unserem Beispiel? Wenn dies der Fall ist, bewahrt Ihr Unbewußtes einige Geheimnisse vor Ihnen. Im weiteren Verlauf des Programmes werden diese Geheimnisse allmählich an den Tag kommen.

ÜBUNGSGRUPPE 6:
Die Stimulierung der Sinne

Die Auffrischung Ihrer Sinneswahrnehmungen

Die erste Übung zur Stimulierung der Sinne ist sehr allgemein gehalten und spricht alle fünf Sinne an (wenn Sie über diese Gabe verfügen, sogar alle sechs!). An den folgenden Tagen werden sich die Übungen jeweils länger auf einen dieser Sinne konzentrieren. Heute aber werden wir kurz auf alle Sinne eingehen.

Ich werde Ihnen anschließend einige Vorschläge unterbreiten; lassen Sie sich bewußt darauf ein. Und nehmen Sie sich Zeit! Diese Übung drängt uns nicht zur Eile.

Hier und jetzt mache ich mir bewußt, wie reich mein Leben ist durch:

Die Möglichkeit des Sehens. Wählen Sie einen Gegenstand aus Ihrem Zimmer und schauen Sie ihn mit neuen Augen an. Nehmen Sie ihn wahr, wie ein Kind einen faszinierenden neuen Gegenstand wahrnehmen würde. Sie brauchen dazu nur Ihre Augen: Erforschen Sie seine Umrisse, jede Einzelheit. Versuchen Sie, ihn mit neuen Augen zu sehen, etwas daran zu entdecken, was Sie niemals zuvor gesehen haben.

Die Möglichkeit des Hörens. Wählen Sie ein Geräusch, einen Klang und hören Sie ihn neu. Dringen von draußen Geräusche zu Ihnen herein? Erleben Sie sie als unbekannte Klänge. Ist alles still? Dann stellen Sie das Radio an, den Kassettenrecorder oder irgendeinen Apparat, der in Ihrem Zimmer steht. Eine meiner Gruppenteilnehmerinnen saß bei dieser Übung in ihrer Küche auf dem Boden, stellte die Waschmaschine an und entdeckte, wie sehr das Wirbeln und Schwappen des Wassers ihre Vorstellungskraft anregte. Sie konzentrierte sich auf alles, was sie dabei hörte, und vermochte nach kurzer Zeit, diese Geräusche konstruktiv einzusetzen. Bei einer anderen Gelegenheit habe ich einen vorbeifahrenden Zug in die Gruppenarbeit mit einer "Hier-und-Jetzt"-Übung einbezogen. Es war ein faszinierendes Erlebnis. Stellen Sie sich vor; das langsame, düstere Klagen in der Ferne ... sich zum Crescendo steigernd ... die vielen Untertöne und Nebengeräusche, die in den Chor einstimmen ... und dann das plötzliche Abebben aller Geräusche.

Die Möglichkeit des Riechens. Ist Ihr Zimmer von irgendwelchen Gerüchen erfüllt? Riechen Sie vielleicht den Duft von Blumen oder den eines Parfums? Einen Küchenduft? Das Holz im Kamin oder Pfeifentabak oder Leder? Speichern Sie diesen Duft bewußt in Ihrem Bewußtsein, so als würden Sie versuchen, ihn in Erinnerung zu bewahren.

Die Möglichkeit des Schmeckens. Schmecken Sie etwas im Mund, das Sie bestimmen können? Ist es vielleicht süß? Metallisch? Angenehm? Öffnen Sie den Mund und gähnen Sie herzhaft. Nehmen Sie nun Ihre Mundhöhle und den Geschmack darin bewußt wahr.

Die Möglichkeit des Fühlens. Reiben Sie mit den Fingern der linken über den Rücken der rechten Hand. Fühlen Sie die Beschaffenheit der Haut, die Umrisse der Adern, die Knochenstruktur. Nehmen Sie an Ihrer Hand etwas wahr, das Sie noch nie zuvor gespürt haben? Schließen Sie die Augen und streichen Sie mit den Fingern über den Handrücken, als wollten Sie sein Bild in Ihrem Bewußtsein zeichnen.

Bleiben Sie einen Augenblick still sitzen und achten Sie darauf, ob sich nun eine neue Art der Bewußtheit in Ihrem Mind manifestiert. Taucht irgendein Gefühl auf, eine Empfindung, ein Gedanke? Wenn ja, schreiben Sie es in Ihr Notizbuch. Wenn nein, gehen Sie einfach zur nächsten Übung über.

ÜBUNGSGRUPPE 7:
Phantasieren

Vorstellungsbilder

Ihre Fähigkeit zu schöpferischer Phantasie beruht auf dem spielerischen Umgang mit Ihrer Vorstellungskraft. Die nun folgende Übung verbindet Ihre Sinne, Ihr Erinnerungsvermögen und Ihre Phantasie zu einem Ganzen und setzt sie gemeinsam auf neuen Wegen ein. Sollten sie bereits in der Lage sein, ohne große Schwierigkeiten zu visualisieren, wird Ihnen diese Übung ausgesprochen leicht fallen. Ist es für Sie hingegen ein Problem, geistige Bilder zu erzeugen, legen Sie diese Übung am besten für eine Weile beiseite und versuchen Sie zunächst, diese Fähigkeit jeden Tag bei den verschiedensten Gelegenheiten zu entwickeln. Sobald Sie dann erkennen, wie leicht Sie Erinnerungsbilder in sich neu erschaffen können, ist es nur noch ein kleiner Schritt, mit diesen Bildern schöpferisch zu spielen und jede gewünschte Art rechtshirngesteuerter Aktivität zu stimulieren.

Stellen Sie sich eine Filmleinwand vor und projizieren Sie auf diese weiße Fläche die Bilder, die ich Ihnen nun nahelege. Denken Sie daran, die Bilder nach *außen* zu projizieren und nicht nach innen hinein auf den dunklen Hintergrund der geschlossenen Augenlider.

Schließen Sie Ihre Augen und stellen Sie sich einen rotbackigen Apfel vor. Leuchtet seine Farbe Sie an? Glänzt die Schale? Ist der Stiel abgebrochen oder noch ganz? Schauen Sie die Farbe noch etwas genauer an ... Können Sie das Rot vielleicht noch ein wenig kräftiger aufleuchten lassen?

Nehmen Sie den Apfel in die Hand und spüren Sie seine Glätte. Ist er noch fest oder schon überreif? Sind irgendwo Druckstellen zu fühlen? Tasten Sie den Apfel mit Ihren Fingerkuppen nach weichen Stellen und Flecken ab. Beißen Sie hinein. Können Sie ihn schmecken? Können Sie das Fruchtfleisch auf dem Gaumen spüren und beschreiben, wie es sich anfühlt? Wenn Sie hungrig sind, sollten Sie getrost noch einmal hineinbeißen und Ihren Hunger damit stillen.

Stellen Sie sich nun eine Orange vor. Ist sie groß und dickschalig wie eine Navel? Oder klein und glatt wie eine Valencia? Können Sie ihre Farbe vielleicht noch leuchtender machen?

Berühren Sie die Orange und fühlen Sie ihre Oberflächenstruktur. Fangen Sie an, sie zu schälen. Sie können die Schale auf die Serviette legen, die Sie mit Ihrem *geistigen* Auge neben sich auf dem Stuhl sehen. Öffnen Sie nun die Frucht, brechen Sie ein Stück ab und führen Sie es zum Mund. Ist der Geschmack süß? Haben Sie auf einen Kern gebissen? Ist das Fruchtfleisch saftig oder etwa spröde und fest? Nehmen Sie das warme, feuchte Tuch, das Ihre Vorstellung herbeigezaubert hat, und wischen Sie sich damit die Hände ab.

Vor Ihrem geistigen Auge entsteht ein Tisch. Darauf liegen zwei volle, pralle Trauben, eine grün und kernlos, die andere dunkelblau. Können Sie die Farben auch wirklich sehen? Achten Sie auf die unterschiedliche Größe der einzelnen Trauben. Gelingt es Ihnen, sich die grünen Trauben etwas kleiner, die blauen hingegen ein wenig größer vorzustellen?

Pflücken Sie eine von den grünen Trauben und spüren Sie, wie sie sich dem Druck Ihrer Finger widersetzt, wie fest sie am Stengel sitzt. Pflücken Sie nun eine blaue Traube. Welche hängt fester am Stengel? Essen Sie zuerst die grüne Traube und genießen Sie den köstlichen Geschmack. Nun führen Sie die blaue Traube zum Mund. Aber passen Sie auf die Kerne auf.

Vor Ihnen auf einem Teller liegen eine Zitrone und eine Limone. Vergleichen Sie die verschiedenen Gelb- und Grüntöne miteinander.

Nehmen Sie beide in die Hand. Sie fühlen sich unterschiedlich an, nicht wahr? Sind sie reif oder gar schon leicht überreif?

Ahnen Sie schon, was jetzt als nächstes auf Sie zukommen mag?

Möglicherweise verspüren Sie nicht die geringste Lust, auch diese Früchte zu kosten, weder die Limone noch die Zitrone. Wenn Sie nicht möchten, lassen Sie es. Aber vielleicht erinnern Sie sich gerne an das Aroma dieser Früchte. Vielleicht war aber auch der Gedanke an ein mögliches Hineinbeißen schon so plastisch, daß Sie jetzt deutlich merken, wie alleine diese Vorstellung einen kräftigen Speichelfluß in Ihrem Mund erzeugt. Aber es kann auch sein, daß Sie feststellen, nun von dieser Übung endgültig genug zu haben und lieber zur nächsten weitergehen würden.

Ergebnisse von Erfahrungen mit der rechten Hemisphäre bei dieser Übung

Eine meiner Klientinnen aus San Francisco beschrieb mir ihre Erfahrung mit dieser Übung folgendermaßen:

"Ich konnte keine einzige Frucht sehen; immerhin einige Farben, aber bei weitem nicht alle, und auch die verschwanden immer wieder. Und schmecken konnte ich rein gar nichts."

"Wie haben Sie sich in letzter Zeit gefühlt?", fragte ich sie, denn ich wußte, daß sie seit ungefähr einem Jahr verwitwet war. Ihre Kinder waren bereits erwachsen und lebten in verschiedenen Städten. Ihr Leben hatte also in den letzten zwölf Monaten schmerzliche Veränderungen mit sich gebracht.

"Nun", antwortete sie, "ich fühle mich innerlich irgendwie tot ... vom Dasein abgeschnitten. Und ich sehe keinen Ausweg. Nichts zieht mich mehr an. Ich habe zu nichts Lust."

Wir besprachen dann einige Möglichkeiten, die ihr helfen könnten, besser mit Trauer und Depression umzugehen. Sie stimmte mir zu, daß eine Arbeit mit dem Therapeuten, den ich ihr empfohlen hatte, ihr vielleicht noch weitere

Möglichkeiten eröffnen würde. Bei unserem nächsten Treffen fiel ihr das Visualisieren schon leichter, obwohl es ihr niemals so leicht zufließen würde wie den meisten Menschen. Trotzdem hatte es unbestreitbar Fortschritte gegeben, und zwar gleichzeitig auf zwei Gebieten: Zum einen konnte sie nun leichter innere Vorstellungsbilder erzeugen, zum anderen ihre persönlichen Schwierigkeiten konstruktiver meistern. Natürlich ließ sich im Nachhinein nicht feststellen, wie viel die Psychotherapie dazu beigetragen hatte und wieviel unsere Beschäftigung mit dem Übungsprogramm.

ÜBUNGSGRUPPE 8:
Traumarbeit

Dem Träumer zuhören

Versetzen Sie sich in die letzte Nacht zurück und sehen Sie sich schlafend in Ihrem Bett liegen. Können Sie sich an irgendeinen Traum erinnern? Denken Sie einen Augenblick darüber nach und schauen Sie, ob nicht vielleicht doch irgendwelche Erinnerungsfetzen auftauchen. Schreiben Sie das, was Sie geträumt haben, in der Gegenwartsform auf: "Ich sehe das und das ... ". In dieser Formulierung steckt so viel mehr Kraft als in dem eher distanzierenden: "Ich sah das und das ...". - Versuchen Sie, den Traum nochmals zu durchleben. Wenn Sie sich wirklich an keinen Traum erinnern können, erfinden Sie einen. Dann schreiben Sie alles in Ihr Notizbuch.

Bemühen Sie sich vor allem, die Stimmung des Traumes einzufangen. Schließen Sie die Augen und überlassen Sie sich den Empfindungen. Stimulieren Sie Ihre Sinne, indem Sie Farben, Klänge und greifbare Gegenstände fühlen, wie wir es bereits geübt haben. Schreiben Sie dann nach einigen Minuten die Assoziationen auf, die Ihnen zu diesem Traum einfallen. Was auch immer Ihnen zu einem beliebigen Gegenstand oder Geschehen in den Sinn kommen mag, es ist wichtig! Schreiben Sie schnell: Satzfragmente, Gedankenbruchstücke, blitzartig auftauchende Bilder ... schreiben Sie einfach auf, an was der Traum Sie jetzt in diesem Augenblick erinnert. Lassen Sie Ihrem Mind freien Lauf, und protokollieren Sie alle Gedanken, Empfindungen oder Erinnerungen, die die Gefühle einfangen und wiedergeben, die bei Ihrer Traumarbeit auftreten. Schreiben Sie so schnell, wie die Ideen Ihnen zufliegen. Auf Perfektion kommt es nicht an.

Ergebnisse von Erfahrungen mit der rechten Hemisphäre bei dieser Übung

B. J., eine siebenundvierzigjährige Frau, erzählte auf einem kleinen Gruppentreffen bei mir zu Hause folgenden Traum:

Der Traum: "Ich bin in meinem Traum sehr wütend auf meine Tochter. Ich schreie sie an, aber sie hört mir nicht zu. Ich bitte inständig um Gehör, aber sie ignoriert mich weiterhin. Sie ist im Begriff, einen gutdotierten Posten in einer angesehenen Werbeagentur aufzugeben, um statt dessen irgendwo als Hausmädchen zu arbeiten. Ich sage ihr, was für ein kompletter Unsinn das wäre. Aber sie tut so, als ob sie mich nicht hören würde."

Ihre ersten Assoziationen: "Es scheint ganz offensichtlich, worüber ich mich dermaßen ärgere. Meine Tochter hat sich nämlich gerade ein großes Haus gekauft, und sie wird sehr hart arbeiten müssen, um ihren monatlichen Zahlungen nachkommen zu können. Außerdem habe ich Bedenken, daß es sie eine Menge Zeit kosten wird, ein so großes Haus sauber zu halten. Ich befürchte wahrscheinlich, daß sie zu viel ihres sauer verdienten Geldes für die Kredittilgungen hergeben und ihre wertvolle Freizeit für unsinnige Hausarbeiten wird opfern müssen."

Weitere Assoziationen: "Ich glaube, es war gar nicht meine Tochter, von der ich geträumt habe - in Wirklichkeit war ich es selbst. Ich habe nämlich einen Beruf, der zwar nicht sonderlich gut bezahlt wird, aber sehr wichtig für mich ist, weil er sehr befriedigend ist. Da ich mir meine Arbeitszeit selbst einteilen kann, erwartet man häufig von mir, daß ich alles stehen und liegen lasse, um mich um anderer Leute Bedürfnisse zu kümmern. Das ärgert mich schon lange. Ich erledige für andere Leute langweilige und zeitraubende Besorgungen, übernehme ihre stupiden Aufgaben und vernachlässige dafür meine eigene Arbeit. Es war mir schon klar, wie sehr ich dies hasse, aber ich habe bisher niemals wirklich auf mich gehört. Mir scheint, ich habe in meinem Traum gehört, wie ich mich selbst anschreie, endlich damit Schluß zu machen, auf Kosten meiner Arbeit all diese Besorgungen zu erledigen. Bis zu diesem Zeitpunkt wußte ich nicht, wie wütend ich eigentlich darüber war. Natürlich liegt die Entscheidung bei mir, doch bisher habe ich immer so getan, als ob ich der Situation machtlos ausgeliefert wäre. Es ist doch klar, daß ich *nicht* für jedermann auf Abruf bereitstehen und nach seiner Pfeife tanzen muß."

Konsequenz: B. J. hörte schließlich auf das, was die rechte Hemisphäre ihr nahelegte und beanspruchte - zuerst sich selbst gegenüber, dann gegenüber ihrer Familie-, daß man sie zu festgesetzten Zeiten einige Stunden ungestört arbeiten ließ. Es wurde vereinbart, daß niemand sie zu diesen Zeiten stören sollte, echte Notfälle ausgenommen. B. J. liebte ihre Familie und sie entdeckte, daß es ihr Freude machte, sich um sie zu kümmern, wenn auch ihre eigenen Bedürfnisse respektiert wurden.

Hinweise zur Traumarbeit 1-6

Sie werden Ihre Träume und die Assoziationen, die Ihnen dazu einfallen, am wirkungsvollsten nutzen können, wenn Sie in den frühen Morgenstunden damit arbeiten. Deswegen schreiben Sie sie am besten gleich nach dem Aufwachen auf. Tun Sie den ersten Schritt gleich heute abend, indem Sie sich Stift und Notizbuch neben das Bett legen. Allmorgendlich schreiben Sie dann Ihre Träume und die Assoziationen dazu auf, *und zwar vor dem Aufstehen.* Denn die Übung ist am wirkungsvollsten, wenn Sie die Signale Ihrer rechten Hemisphäre einfangen, bevor das linke Großhirn vollständig erwacht ist.

Falls Sie frühmorgens einmal nicht die Zeit haben sollten, den ganzen Traum zu protokollieren, achten Sie darauf, wenigstens ein oder zwei Sätze aufzuschreiben. Diese Aufzeichnung können Sie während Ihrer täglichen Beschäftigung nutzen, um die Erinnerung an Ihren Traum zu stimulieren.

Wehrt sich der Traum dagegen erinnert zu werden, dann stellen Sie sich einen beliebigen Traum vor und beschäftigen Sie sich spielerisch mit den Gedanken, die Ihnen dazu in den Sinn kommen.

ÜBUNGSGRUPPE 9:
Freies Assoziieren

Morgenweisheit Nr.1

Bei dieser Übung arbeiten wir gegen die Uhr. Falls möglich, stellen Sie Ihre Uhr auf Zehn-Minuten-Alarm oder stellen Sie eine größere Uhr vor sich hin. Außerdem brauchen Sie Ihr Notizbuch.

Die Technik des freien Assozierens wirkt optimal, wenn Sie beim Aufschreiben darauf verzichten, die linke Hemisphäre zu "konsultieren". Lesen Sie nicht, was Sie geschrieben haben! Und schreiben Sie auch nicht langsamer, um besser nachdenken zu können. Notieren Sie einfach die Sätze, Gedankenfragmente, eben all das, was Ihnen in den Sinn kommt, wenn Sie Ihrem rechten Gehirn freien Lauf lassen. Sie wissen ja, daß Sie jetzt keine wohlformulierten Thesen aufstellen sollen. Das einzige, was Sie tun, ist bildlich formuliert: Sie rollen einen Fliegenfänger aus, so daß jeder unbewußte Einfall, der darauf landet, kleben bleibt.

Wenn Sie fertig sind, bleiben Sie hart und versagen Sie sich den Blick zurück auf das gerade Geschriebene. Es ist wichtig, daß Sie diese Übung sechs Tage lang wiederholen, ohne sich mit den Ergebnissen zu befassen. Am sechsten Tag werden Sie alle Übungen in einem Zug lesen. Sie werden schließlich auch Anleitungen zu ihrer Interpretation und detaillierte Vorschläge erhalten, wie sie diese Übungen am besten für sich nutzen können. Für den Augenblick wollen Sie also bitte der Versuchung widerstehen und *nicht* lesen, was Sie geschrieben haben. Vertrauen Sie sich dem Geschehen an. Ihre rechte Hemisphäre weiß, was sie zu tun hat.

ÜBUNGSGRUPPE 10:
Geschenke der rechten Gehirnhälfte

Erste Zusammenfassung der neuen Einsichten

Am Ende des täglichen Übungsprogrammes ist es hilfreich, sich noch einmal zu vergegenwärtigen, welche Einsichten Ihnen die Übungen eröffnet haben.

1. Betrachten Sie noch einmal die Bewußtheitskurve auf Seite 221 und notieren Sie in Ihrem Notizbuch die Zahl, die Ihrem momentanen Lebensgefühl am ehesten gerecht wird.

2. Gibt es bestimmte Empfindungen oder Einsichten, die Ihnen während des Übungsprogrammes bewußt geworden sind? Wenn ja, schreiben Sie sie auf. Wenn nein, entwickeln Sie deswegen keine negativen Gefühle gegen sich selbst. Viele Menschen stecken über Jahre in einem Panzer verhärteter Verteidigungsmechanismen, der ihre Gefühle einkapselt. Es wird also unter Umständen einige Zeit dauern, diesen Schutzschild wegzumeißeln, bevor die darunter verborgenen Schätze zum Vorschein kommen können.

3. Haben Sie einige der Ungeheuer erspäht, die in der rechten Hälfte Ihres Großhirn lauern? Wenn ja, nennen Sie sie beim Namen. Wenn nein, dürfen Sie dennoch davon ausgehen, daß sie dort herumgeistern und nur auf einen günstigen Augenblick warten, um sich zu offenbaren. Wenn Sie diesen Ungeheuern dann gegenübertreten und sie beim Namen nennen können, werden diese Ihre Träume nicht mehr zerstören und auch Ihr Alltagsleben viel weniger negativ beeinflussen als bisher.

4. Sind Sie mit dem Kind in Berührung gekommen, daß auch in Ihnen als Erwachsenem versteckt ist? Sehen Sie eine Beziehung zwischen den Gefühlen, die die Phantasie-Reise in Ihnen wachgerufen hat, und jenen anderen Gefühlen, mit denen Sie sich auch jetzt als Erwachsener ständig auseinandersetzen?

5. Achten Sie bis zu Ihrer nächsten Beschäftigung mit dem Buch auf unvermittelt auftretende Wahrnehmungen und Ideen. Sie haben mit den Übungen Kräfte angeregt, die im Laufe des Tages vielleicht noch deutlicher in Aktion treten werden. Öffnen Sie Ihr Bewußtsein für diese Kräfte. Sie können solche Ideen morgen wirkungsvoll in Ihre weitere Arbeit mit dem Programm einfließen lassen.

6. Besonders wichtig ist zu bedenken, daß Sie sich nach Ihrer Beschäftigung mit den Übungen verletzlicher fühlen könnten als gewöhnlich. Sollte Ihnen diese Verletzlichkeit zu unbehaglich werden, können Sie Ihre Empfangsbereitschaft für den Input der rechten Hemisphäre bewußt schmälern, indem Sie zum Beispiel Ihre Monatsabrechnung machen oder eine lange Zahlenreihe addieren. Solche Tätigkeiten machen Sie sofort wieder für den Funktionsmodus der linken Hemisphäre ansprechbar. Oder blättern Sie einfach in Ihrer Lieblingszeitschrift und buchstabieren Sie ein paar Worte. Das wird Sie zwar schnell langweilen, aber in jedem Fall dafür sorgen, daß die linear und logisch vorgehende linke Gehirnhälfte sich wieder zu regen beginnt. Bevor Sie allerdings das Selbstbewußtsein der linken Hemisphäre wiedererwecken, sollten Sie unbedingt noch Übung 11 abschließen.

Denken Sie auch daran, wie wichtig der Aspekt der Kontinuität für unser Programm ist. Die Übungen verstärken sich gegenseitig. Ihre Wirkung ist optimal, wenn Sie sie regelmäßig nacheinander ausführen. Sobald Sie einen Tag pausieren, fügen Sie sich selbst einen unnötigen Rückschlag zu. Versuchen Sie also, wenn es sich einrichten läßt, an sechs aufeinanderfolgenden Tagen mit dem Programm zu arbeiten.

ÜBUNGSGRUPPE 11:
Affirmationen

An den Erfolg glauben

Die letzte Übung des Tages ist ein Geschenk, das Sie sich selbst machen können, eine Belohnung für Ihr Tagewerk sozusagen. Manche halten Affirmationen für einen wahren Segen, denn sie bewirken, daß Sie mit sich und Ihrem Potential zufrieden sind.

Affirmationen sind extrem simpel, direkt und wirkungsvoll. Die verbale Affirmation wird Ihre linke Hemisphäre um neues Wissen bereichern und die bildliche Affirmation ihre rechte Hemisphäre programmieren. Wichtig ist, daß beide Seiten des Gehirns an den Erfolg glauben und davon überzeugt sind, daß er sich bereits jetzt einzustellen beginnt.

Die Affirmationen des ersten Übungstages wollen Sie in der Einsicht bestärken, daß Sie ein einmaliger, schöpferischer und phantasievoller Mensch sind. Sie sind mit der Anlage kreativ zu sein geboren und erleben nun die Verwirklichung dieser Tatsache.

Lesen Sie die folgenden Affirmationen und setzen Sie dabei Ihren Namen in die Leerräume ein:

Ich, _____ , bin mit der Anlage geboren, kreativ zu sein.

Du, _____ , bist mit der Anlage geboren, kreativ zu sein.

Sie (er), _____ , ist mit der Anlage geboren, kreativ zu sein.

Mit dem ersten Satz bestätigt Ihnen Ihr erwachsenes Ich Ihre Fähigkeiten. Der zweite Satz mag in Ihnen die Stimme eines Menschen wachrufen, der Ihnen nahesteht. Sie können sich dabei einen Menschen vorstellen, der in Ihrem Leben eine wichtige Rolle spielt (oder gespielt hat) und dessen Meinung sie wertschätzen. Den dritten Satz schließlich dürfen Sie als Lob auffassen, ausgesprochen von Menschen, die eine Autorität für Sie darstellen, oder um deren Wohlgefallen Sie sich bemüht haben.

Sprechen Sie die Affirmationen laut aus, und lassen Sie zu, daß sich die Worte in Ihrem Bewußtsein einprägen. Vielleicht möchten Sie sie auch auf kleine Karteikarten schreiben, die Sie dann in Ihrer Wohnung an verschiedenen Stellen aufhängen. Ich kenne viele Leute, die Ihre Affirmationen sammeln und sie mehrmals am Tag laut vor sich her sagen.

Schreiben Sie die Affirmation nun in Ihr Notizbuch und lassen Sie diese positive Aussage über Ihr Potential in Ihr Bewußtsein eindringen.

Das ist der erste Schritt, und er spricht zunächst nur Ihre linke Hemisphäre an. Um auch Ihre rechte Hemisphäre zu programmieren, sollten Sie sich von der Richtigkeit dieser Worte nicht nur *in Gedanken* überzeugt sein, Sie müssen ihre Wahrheit auch *fühlen*. Ich werde versuchen, Ihnen einen Weg aufzuzeigen, der Sie zu einem solchen Fühlen führen mag. Arbeiten Sie zuerst mit meinem Bild und schauen Sie dann, ob Sie vielleicht eine andere Szene imaginieren können, die diese Affirmation für ihre rechte Hemisphäre begreifbar macht.

Atmen Sie tief durch und entspannen Sie sich. Stellen Sie sich einen Ort vor, der still, sicher und von einer friedlichen Atmosphäre erfüllt ist. Lassen Sie Ihren Kopf nach vorne sinken, und konzentrieren Sie sich auf das Gefühl des Friedens und des offenen Bereitseins. Stellen Sie sich eine Gestalt vor (vielleicht sogar eine Muse oder einen Engel), die vor Ihnen steht und spüren Sie die Wärme ihrer heilenden Hände auf dem Kopf.- Lassen Sie diese Hände nun das repräsentieren, was - ganz gleich wie Sie es in Ihrem Glauben und in Ihrer Sprache benennen mögen - Ihnen ein

Leben der Fülle und Vollkommenheit schenkt. Die heilenden Hände sind ein Symbol für die Großzügigkeit der kreativen Kraft und die Erneuerung des schöpferischen Bewußtseins.

Verweilen Sie in diesem Phantasiebild und spielen Sie damit auf jede Weise, die Ihnen sinnvoll und zweckdienlich scheint.

14

Der zweite Tag

Sie durchleben einen Prozeß der Wandlung - und diese Wandlung geschieht, *weil Sie sich dazu entschlossen haben, sie zuzulassen.* Unsere Übungen sind nicht mehr als ein Transportmittel, das Sie in das noch unerforschte und nicht definitiv erfaßbare Reich Ihres kreativen Selbst trägt. Denken Sie daran, der Verdienst daran, die Expedition unternommen zu haben, gebührt allein Ihnen. *Ihre* Begabung und *Ihr* Talent wird offenbart - sonst nichts. Und alles, was geschieht, kann nur geschehen, weil *Sie* sich auf diese innere Forschungsreise eingelassen haben. Versuchen Sie also nicht, den Übungen mysteriöse Eigenschaften zuzuschreiben, die diese nicht haben. Sie sind, wie gesagt, nur ein Vehikel, das Sie sicher und schnell in das Reich großer Ressourcen hineinführen wird. Vor Ihnen liegt der zweite Übungstag. Auch er will die Reserven der rechten Hälfte Ihres Großhirns stimulieren. Bedenken Sie deswegen nochmals die Vorraussetzungen für ein gutes Gelingen: einen ruhigen Ort, wo Sie ungestört und ohne Unterbrechung arbeiten können; ein bis zwei Stunden Zeit, die allein Ihnen gehören; die Bereitschaft zu neuen Erfahrungen - die Offenheit, sich mit freudiger Erwartung darauf einzulassen.

Setzen Sie sich in Ihren Lieblingssessel. Bevor Sie mit der heutigen Arbeit beginnen, blättern Sie zu der Bewußtheits-Kurve auf Seite 221 zurück und stellen Sie fest, welcher Zahlenwert Ihr momentanes Lebensgefühl ausdrückt.

Schließen Sie Ihre Augen und lauschen Sie den Geräuschen, die aus der Umwelt auf Sie einströmen. Sollte alles ganz still sein, entspannen Sie sich und genießen Sie die Stille. Sollten die Geräusche Sie hingegen ablenken, vertrauen Sie der Kraft Ihres Mind, der sie aus Ihrem Bewußtsein ausfiltern kann. Jede Konzentration schafft sich eine eigene Art von Stille.

ÜBUNGSGRUPPE 1:
Überlisten der linken Gehirnhälfte

Mandala Nr.2

Die Mandalas sehen zwar jeden Tag anders aus, aber sie erfüllen immer denselben Zweck. Vergegenwärtigen Sie sich nun nochmals die Gründe, die uns veranlaßt haben, die Übungsfolge jeweils mit einem Mandala zu beginnen. Das Mandala wird:

- Ihre Aufmerksamkeit zentrieren
- das Plappern des inneren Dialoges beruhigen
- die linke Hemisphäre, die mit räumlichen Relationen nichts anzufangen weiß, ablenken
- die rechte Hemisphäre für einen längeren Zeitraum dominieren lassen

Konzentrieren Sie sich auf das Zentrum des Mandalas, das Sie auf der vorhergehenden Seite abgebildet sehen und befreien Sie Ihren Mind von allen Gedanken. Geben Sie der rechten Hälfte Ihres Großhirns den notwendigen Freiraum, sich auf das Übungsmaterial einzulassen, das die Raumwahrnehmung belebt und vertieft.

ÜBUNGSGRUPPE 2:
Biofeedback-Training

Die Farben des Mind

Versichern Sie sich, ob Ihre Sitzposition auch wirklich bequem ist. Schließen Sie die Augen. Überprüfen Sie Ihren Atem, ob er von tief unten kommt. Nun atmen Sie aus und zählen beim nächsten Einatmen bis fünf (wobei Sie die Luft durch die Nase einsaugen, bis die Lungen gefüllt sind); halten Sie den Atem an und zählen Sie bis fünf; schließlich atmen Sie aus, wobei Sie abermals bis fünf zählen.

Und noch einmal: Einatmen ... und halten ... und ausatmen. Atmen Sie nun weiterhin nach diesem Schema, aber ganz natürlich. Finden Sie Ihren eigenen Rhythmus.

Schließen Sie die Augen und visualisieren Sie die Farbe Rot. Lassen Sie die Farbe so lebendig werden, wie Sie es sich vorstellen können.

Imaginieren Sie die Farbe als leuchtenden Kreis aus rotem Licht über Ihrem Kopf, der mit seinem intensiven Glühen Ihren gesamten Körper bestrahlt. (Sollte Ihnen diese Visualisierung schwerfallen, denken Sie an den roten Apfel aus unserer gestrigen Übung. Übertragen Sie einfach das leuchtende Rot des Apfels in den Lichtkreis über Ihrem Kopf.)

262

Tun Sie so, als ob Sie dieses leuchtende Rot einatmen können.

Lassen Sie es durch den gesamten Körper strömen, welchen Teil Ihres Körpers es auch ausfüllen möchte. Sollten irgendwelche Gedanken die Farbe begleiten, so lassen Sie auch diese in sich hinein - und dann sofort wieder mit dem Atem aus sich herausströmen.

Die Gedanken kommen und gehen, aber Sie konzentrieren sich einzig und allein auf die Farbe, die sich langsam und mühelos durch Ihren Körper bewegt.

Visualisieren Sie nun ein leuchtendes Orange.

Sie stellen es sich über Ihrem Kopf vor, wie es sein warmes, oranges Licht verströmt.

Versetzen Sie sich in die Lage, auch diese Farbe in Ihren Körper einsaugen zu können.

Locker und leicht bewegt sie sich,
warm und beruhigend.
Lassen Sie Ihren Körper von der Farbe nehmen,
was er braucht.
Lassen Sie die Farbe fließen, wohin sie will.
Was Sie nicht brauchen, lassen Sie mühelos
durch Ihre Fußsohlen in den Boden fließen.

Sie erblicken ein leuchtendes gelbes Licht über Ihrem Kopf.

Atmen Sie dieses Licht ein.
Lassen Sie es fließen, wohin es fließen will.
Lassen Sie sich von ihm wärmen und besänftigen.

Was Sie nicht brauchen, lassen Sie
durch Ihre Fußsohlen abfließen.

Nun sehen Sie die Farbe Grün über Ihrem Kopf.

Das grüne Licht strömt durch Ihren Körper.
Was Sie davon nicht brauchen,
strömt durch Sie hindurch nach unten
und durch die Fußsohlen in den Boden.

Visualisieren Sie ein blaues Licht über Ihrem Kopf.

Ziehen Sie das blaue Licht in Ihren Körper hinein.
Lassen Sie sich davon trösten und beruhigen.
Was Sie davon nicht brauchen,
das lassen Sie einfach
ungehindert durch die Fußsohlen wegfließen.

Ein tiefes Purpurrot leuchtet über Ihnen auf.

Atmen Sie es ein ...
Spüren Sie, wie die Farbe sich sanft durch Ihren
Körper bewegt und in den Boden abfließt.

Ein strahlendes Weiß scheint über Ihnen.

Atmen Sie tief ein und ziehen Sie es in Ihren Körper,
bis sein helles Leuchten Sie ganz erfüllt ...
Spüren Sie, wie das weiße Licht sich langsam
durch Sie hindurchbewegt,
Sie auf wunderbare Weise beruhigt,
immerfort strömt und fließt ...

Sehen Sie sich selbst in befreiendem Lauf oder Tanz,

locker, fließend, schön ...
Hüllen Sie sich dabei in das Licht
einer der genannten Farben.
Lassen Sie sich von dem Licht erfüllen.
Lassen Sie sich von der Phantasie führen,
wohin sie Sie führen möchte ...

Wenn Sie dafür bereit sind

öffnen Sie langsam die Augen und
nehmen Sie sich die Zeit,
Ihre Empfindungen zu genießen.
Es gibt keinen Grund zur Eile.

Wenn Sie sich bereit fühlen, zur nächsten Übung überzugehen, nehmen Sie sich einen Moment Zeit, um einen Wert aus der Bewußtheits-Kurve von Seite 221 auszuwählen. Er wird Ihnen anzeigen, wie Sie sich jetzt fühlen.

ÜBUNGSGRUPPE 3:
Phantasie-Reise

Ein Platz nur für Sie

Jeder braucht einen Ort, an den er sich zurückziehen kann, eine Art Heiligtum; einen Platz, der vollkommen sicher ist und eine Atmosphäre gelassener Heiterkeit verströmt. Im wirklichen Leben haben wir zumeist keinen solchen Ort, der genau unseren Wunschvorstellungen entspricht. Indes, wir können ihn uns vorstellen, ihn in unserer Phantasie erschaffen.

Wie würde der Ort wohl aussehen, und wo würde er liegen, der Arbeitsraum Ihrer Träume, in dem Sie schöpferisch und produktiv sein können? Stellen Sie sich für einen Moment diese Gegend vor ... dieses Studio, Atelier oder Ihr Traumbüro. Wenn Sie ihn aufwendig gestalten wollen, können Sie dies tun wie Sie nur wünschen, denn im Reich der Phantasie spielt Geld keine Rolle. Sie können ihn ganz nach Ihren Plänen bauen und einrichten, auf dem Grundstück Ihrer Wahl, wo auch immer auf der Welt es liegen mag.

Ihre Vorstellung kann Ihnen alle Bedürfnisse und Wünsche erfüllen. Überlegen Sie sich, welche Art Traumort Sie gerne hätten. Liegt er in der Stadt oder auf dem Land? Vielleicht in einem anderen Land? Er könnte umgeben sein von Bäumen, am Meer liegen, im Gebirge oder ein Penthouse-Appartement in einem Wolkenkratzer hoch oben über der Stadt sein. Möglicherweise ist Ihre Vorstellung von einem Ort geprägt, den Sie auch in der wirklichen Welt schon immer aufsuchen oder besitzen wollten. Vielleicht stellen Sie sich auch lieber etwas vollkommen Neues und ganz anderes vor.

Schließen Sie die Augen. Lassen Sie vor Ihrem geistigen Auge die Erde an sich vorüberziehen und die Bilder in Ihr Bewußtsein eindringen. Entscheiden Sie sich nicht vorschnell. Da die unterschiedlichsten Gedanken und Bilder in Ihrem Mind auftauchen, wollen Sie sich vielleicht mehrere Möglichkeiten offenhalten.

Finden Sie heraus, welcher Ort der richtige für Sie ist. Wenn Sie seine Lage und Umgebung bestimmt haben, stellen Sie ihn sich von innen vor. Gehen Sie in das Gebäude hinein. Schauen Sie sich um und betrachten Sie die Möbel, die Ausstattung. Schauen Sie sich die Farben an und die Stoffe. Hören Sie irgendwelche Geräusche? Wonach riecht es? Vergessen Sie nicht, daß Sie in diesem

Raum alles haben können, was Sie möchten. Stellen Sie fest, was Sie vor Ihrem geistigen Auge sehen und was Ihnen davon wichtig erscheint. Es wird für immer ein Bestandteil Ihres Traumortes sein.

Vergegenwärtigen Sie sich nun, welche Dinge Sie auf jeden Fall aus diesem Raum *fernhalten* wollen. Zu diesem Zweck ziehen Sie am besten ihre alltägliche Umgebung in Betracht: Welche Dinge verletzen dort Ihr Wohlgefühl, Ihre Intimsphäre? Alle diese unerwünschten Dinge dürfen niemals den ganz persönlichen Ort stören, der Ihnen allein gehört.

Sie können diesen Raum in Ihrer Vorstellung aufsuchen, so oft Sie wollen ... und Sie können so lange bleiben wie Sie wollen. Jetzt zum Beispiel sehen Sie sich vor Ihrem geistigen Auge zu dem Sessel hinübergehen, der so einladend behaglich dasteht, gerade so, wie Sie es gern haben. Dort nehmen Sie Platz und genießen das Wissen, daß der Raum Ihnen gehört, und daß der Blick aus dem Fenster genau der Blick ist, den Sie haben möchten. In diesen Raum kann nichts Unerwünschtes eindringen. Kein Mensch kann ihn ohne Ihre Einladung betreten. Aber Sie selbst können ihn in Ihrer Vorstellung aufsuchen, wann immer Sie Lust dazu haben. Er gehört Ihnen.

Öffnen Sie nun die Augen und atmen Sie tief ein. Fühlen Sie die Präsenz der schöpferischen Energie, die Ihnen Sauerstoff, Klarheit und tiefe Einsichten schenkt. Vergegenwärtigen Sie sich die Einzigartigkeit des Ortes, den Sie sich geschaffen haben. Und vergegenwärtigen Sie sich Ihre eigene Einzigartigkeit, wenn Sie an diesem Ort sind.

Die Gestaltung dieses besonderen Freiraums mag Sie mit Begeisterung erfüllen und Sie dazu anspornen, sogleich mit der Arbeit an diesem Ort zu beginnen, der nur Ihnen allein gehört. In Ihnen könnte ein Gefühl von Sicherheit entstanden sein, weil Sie in irgendeiner Weise mit den besonderen Bedürfnissen Ihres kreativen Ich Kontakt bekommen haben. Was Sie im Zusammenhang mit diesem besonderen Ort auch spüren mögen, gehen Sie niemals leichtfertig damit um. Sie haben nämlich einen wichtigen Schritt in diesem Programm getan: Ihre Muse (Ihr Schutzengel, Ihr intuitives Selbst) hat den Platz festgelegt, an dem Sie tätig sein möchte.

Sind Sie bereit für die aufregenden und schöpferischen Einsichten, die sich Ihnen in diesem besonderen Arbeitsraum eröffnen werden?

ÜBUNGSGRUPPE 4:
Erinnerungsstücke

Die Weisheit vergangener Momente

Betrachten Sie die Schuhe, die Sie gerade tragen. Dann schließen Sie Ihre Augen und visualisieren diese Schuhe in Ihrem Mind. Atmen Sie so, daß Ihr Atem Sie in eine Tiefenentspannung hineingeleitet. Denken Sie nun an ein Paar Schuhe, das Sie vor einem Jahr getragen haben. Kämpfen Sie nicht um das Bild. Es kommt von ganz allein ... oder es kommt gar nicht. Lassen Sie die Zeit noch weiter zurückspulen und stellen Sie sich ein Paar Schuhe vor, das Sie zu einer besonderen Gelegenheit getragen haben: Tennisschuhe, Tanzschuhe, Hochzeitsschuhe ...

Die Bilder tauchen blitzschnell vor Ihnen auf.
Vielleicht sehen Sie die Schuhe,
die Sie immer in der Schule getragen haben ...
im Gymnasium ...
oder sogar noch vor dieser Zeit.

Lassen Sie Ihre Phantasie mit den Erinnerungsbildern spielen, bis Sie aufhören zu suchen und das Paar Schuhe gefunden haben, denen Sie sich auf eine Reise in die entfernte Vergangenheit anvertrauen wollen. Diese Schuhe werden das "Erinnerungsstück" sein, daß Ihr Unbewußtes für diese Übung einer Expedition in die Vergangenheit für Sie ausgewählt hat.

Vorsicht! Achten Sie darauf, daß Sie sich nicht ein Paar Schuhe ausgesucht haben, mit dem schwerwiegende, traumatische Erinnerungen verknüpft sind!

Stellen Sie die Schuhe Ihrer Wahl in Ihrer Phantasie vor sich auf den Boden. Denken Sie sich Ihre Füße in der Größe, die Sie hatten, als Sie die Schuhe getragen haben. Imaginieren Sie nun Ihren Körper in seiner damaligen Größe und Form.

Ziehen Sie die Schuhe an und laufen Sie darin ein wenig umher, bis sie bequem an Ihren Füßen sitzen. Erinnern Sie sich an Ihr Körpergefühl von damals ... wie groß Sie waren ... Rufen Sie in Ihrem Gedächtnis die Erinnerung an das Zimmer wach, in dem Sie als Kind an- und ausgekleidet wurden. Schauen Sie sich um. Was sehen Sie?

Schauen Sie hinab zu diesen Schuhen Ihrer Kindheit.
Haben Sie Strümpfe an?
Welche Farbe haben sie?

Gehen Sie aus dem Haus, und lassen Sie die Schuhe Ihre Schritte leiten. Folgen Sie dem vertrauten Weg zum Bürgersteig. Nehmen Sie die Farben wahr, die Sie umgeben. Wie riecht die Luft, die Sie atmen?

Sie gelangen jetzt vielleicht zu einer Kreuzung. Die Wege gabeln sich. Schlagen Sie die Richtung ein, die Ihnen am vertrautesten erscheint ... und gehen Sie weiter. Gestatten Sie Ihren Schuhen Sie an jenen Ort der Erinnerung zu führen, den Ihr Unbewußtes aufsuchen möchte.

Halten Sie Ihre Augen geschlossen, bis Sie in dieser Erinnerung angelangt sind und sie unmittelbar erleben können. Wenn Sie den richtigen Zeitpunkt für gekommen halten, öffnen Sie Ihre Augen und beginnen Sie zu schreiben: Wo haben die Schuhe Sie hingeführt? Wen haben Sie getroffen? Was haben Sie empfunden?

Vielleicht haben Sie sich an etwas Schönes erinnert? Nun, dann lassen Sie zu, daß das Glücksgefühl jenes Augenblickes Sie auch weiterhin durchdringt und bereichert.

Vielleicht war die Erinnerung aber auch schmerzlich. In diesem Fall haben Sie die Möglichkeit, sie rückwirkend zu verändern. *Nichts zwingt Sie, den Schmerz zu hätscheln und weiter mit sich herumzutragen.* Tauchen Sie erneut in jene unglückliche Erfahrung ein, auch wenn sie Sie traurig gestimmt oder wütend gemacht hat. Tauchen Sie hinein und *schreiben Sie das Protokoll um.*

Lassen Sie die beteiligten Personen anders reagieren, etwas anderes sagen. Verändern Sie den Verlauf des Geschehens so, wie Sie sich ihn damals gewünscht hätten. Finden Sie für das Geschehen ein neues und befriedigendes Ende und halten Sie es in Ihrem Notizbuch fest.

Bevor Sie nun in Ihr Arbeitszimmer und in die Gegenwart zurückkehren, geben Sie dem Erwachsenen, der Sie geworden sind, die Chance, das Kind, das Sie einst waren, zu trösten, zu lieben und zu unterstützen. Die Gefühle des inneren Kindes werden geglättet und versöhnt durch das hilfsbereite und sorgende Wesen des erwachsenen Teils Ihres Selbst.

ÜBUNGSGRUPPE 5:
Schreiben mit der "anderen" Hand

Die Synthese Ihrer Ziele

Schließen Sie die Augen und visualisieren Sie ein Wildpferd oder eine Herde Wildpferde, die über herrlich freie Gebirgshänge und Wiesen jagen. Achten Sie auf das Gefühl von Freiheit, von Kraft und Energie. *Werden* Sie in Ihrer Vorstellung selbst zu dem wunderbar wilden Geschöpf. Spüren Sie, was es heißt, vollkommen ungezwungen dahinzujagen, den Kopf stolz nach allen Seiten zu werfen. Spüren Sie, wie der Wind Sie kost, während Sie in wilder Lust galoppieren.

Erinnern Sie sich, wie leicht Ihnen dies als Kind fiel? Wie Sie mit einem Besenstiel zwischen den Beinen herumtobten, wie ein Pferd schnaubten und wieherten? Den Kopf vor Vergnügen im Wind hin- und herwarfen?
Nicht wahr, Sie erinnern sich?

Visualisieren Sie einen Vogel, der eine andere Art von Freiheit repräsentiert. Vielleicht ist es ein Adler, allein und kraftvoll sich in immer lichtere Höhen schraubend, höher noch als die höchsten Gipfel. Oder eine Möwe, die spielerisch über dem Meer dahinjagt, sich herabstürzt, sich aufschwingt, mit dem Wind gleitet.

Verschmelzen Sie mit dem Bild, das vor Ihrem geistigen Auge erscheint: Werden Sie der Vogel!
Spüren Sie die Freiheit, die Lust des Fliegens - wie die
Flügel sich weit spreizen ... die Freude vom Wind
getragen zu werden.

Folgen Sie Ihrer Imagination, wohin immer sie strebt.
Nehmen Sie bewußt die Kraft und Energie wahr ... des
Vogels, des Pferdes ...

Und nun denken Sie an etwas, das Sie in Ihrem wirklichen Leben gern tun würden - etwas, das Sie
liebend gerne unternehmen würden, wenn Sie sich
nur frei genug fühlten. Denken Sie dabei an etwas,
das nicht ganz und gar unmöglich ist, sondern
vielmehr an Dinge, die etwa nur einen Bruchteil jenseits Ihrer Möglichkeiten zu liegen scheinen.

Vollenden Sie den folgenden Satzanfang, wie Ihre Gedanken es Ihnen eingeben, und zwar mit Ihrer dominanten
Hand:

"Jetzt möchte ich wirklich gern _____"

Nehmen Sie den Stift dann in die nicht-dominante Hand.
Schreiben Sie ganz unerschrocken, auch wenn Ihre Hand-
schrift schwer zu entziffern ist. Machen Sie keine Denk-
pausen. Schreiben Sie einfach mit der nicht-dominanten
Hand in Ihr Notizbuch:

"Jetzt möchte ich wirklich gern _____"

Es ist möglich, daß Ihre linke Hand neue Einsichten aus
Ihrer rechten Hemisphäre zutage fördert. Bevor Sie diese in

272

die Tat umsetzen, sollten Sie allerdings ein paar Stunden nach Abschluß dieser Übung Ihre linke Hemisphäre dazu befragen. Sie wissen ja: Einerseits kann die rechte Hemisphäre ein ganz neues Licht auf Ihre Gefühle werfen und Ihnen die wunderbarsten neuen Möglichkeiten offenbaren; andererseits dürfen Sie ihr nicht blind vertrauen, sondern sollten statt dessen den Zensor und Kritiker in der linken Hemisphäre befragen, insbesondere wenn es um genau zu überlegende Entscheidungen geht.

Widersprechen sich die von Ihren beiden Händen niedergeschriebenen Aussagen auffallend stark, nehmen Sie abermals Ihr Notizbuch zur Hand und schreiben Sie auf, was Ihnen zu diesem Konflikt einfällt.

ÜBUNGSGRUPPE 6:
Die Stimulierung der Sinne

Eine andere Art des Sehens

Was kann es doch für eine außergewöhnliche Erfahrung sein, die Welt visuell neu zu entdecken. Nach Abschluß der folgenden Übung werden Sie erkennen, wie wenig Sie im allgemeinen "sehen". Sie können sich tatsächlich eine neue Welt erschaffen. Dazu gehört nicht mehr, als sie mit den unkonditionierten Augen eines Kleinkindes zu sehen. Wenn Sie dies tun, entdecken Sie, daß die Welt ein Wunder ist ... und das ist wesentlich mehr als die weltliche Realität, die man im allgemeinen einfach hinnimmt.

Schauen Sie sich einen Augenblick in Ihrem Zimmer um; beobachten Sie es, ohne die Gegenstände sofort beim Namen zu nennen. Betrachten Sie die Bilder. Versuchen Sie

273

den Raum zu sehen, ohne den Gegenständen eine Bezeichnung zu geben. Ihre Augen sehen einen Stuhl. Anstatt nun "Stuhl" zu denken und die Sache damit abzutun, bemühen Sie sich darum, seine Form zu betrachten, seine Rundungen, sein Design. Sie machen eine bewußte Anstrengung, nicht in die Gedankenkette einzuklinken: "Stuhl, Armlehne aus Holz, Obermaterial Baumwolle, Weinfleck auf der Sitzfläche ... "

Versuchen Sie vielmehr, den Stuhl mit Ihren Augen abzutasten, ihn in allen Einzelheiten aufzunehmen.

Nehmen Sie sich fünf bis zehn Minuten Zeit, um Ihr Zimmer neu zu erforschen. Fallen Ihnen viele Dinge auf, die Ihnen nie zuvor aufgefallen sind? Bisher ungekannte Abstufungen von Licht und Schatten etwa?

Wählen Sie einen Gegenstand aus, der Ihnen besonders gut gefällt: die einzelne Rose in der kleinen Vase ... das Holz neben dem Kamin ... ein Bild oder ein Gemälde ...

Betrachten Sie diesen Gegenstand, als ob Sie ihn zum ersten Mal sehen. Beobachten Sie ihn, bis Sie das Gefühl haben, Sie würden jede seiner Wölbungen kennen, jede Farbschattierung. Erleben Sie dieses interessante Objekt, ohne es mit Worten "dingfest" zu machen. Betrachten Sie seine Farben, ohne sie zu benennen, beobachten Sie seine Gestalt, ohne in Ihrem Mind Worte zu verwenden.

Erlauben Sie Ihren Augen, sich dieses Wunder zu erschließen. Seien Sie wie ein Kind ... genießen Sie.

Nun schließen Sie die Augen und beobachten Sie die ineinanderfließenden Strukturen, die Bilder, die auftauchen und wieder verblassen.

Können Sie sich an irgend etwas in Ihrem Zimmer erinnern, wenn Sie so mit geschlossenen Augen dasitzen?

Vergegenwärtigen Sie sich das Zimmer aus dem Gedächtnis, indem Sie Ihre Augen geschlossen halten. Können Sie das Zimmer vor Ihrem geistigen Auge so wiederaufbauen, wie Sie es gesehen haben?

Gibt es ein anderes Zimmer, an das Sie sich gern erinnern? Vielleicht möchten Sie auch ein Ereignis aus der Vergangenheit nochmals erleben. Dann beginnen Sie am besten damit, daß Sie den Ort, an dem dieses Erlebnis stattgefunden hat, in Ihrer Phantasie nachbilden.

Wenn Sie sich an etwas erinnern möchten, das man Ihnen gesagt hat, denken Sie an den Raum, in dem es gesagt wurde. An die Farben, die Raumaufteilung, die Dinge, die Sie dort gesehen haben.

Rufen Sie sich die Geräusche ins Gedächtnis, die Sie dort vernommen haben, die Gerüche, das Gefühl der Materialien, die mit Ihrer Haut in Berührung gekommen sind. Möglicherweise haben Sie dort etwas gegessen. Können Sie sich erinnern, wie es geschmeckt hat?

Können Sie sich nun an das Gespräch erinnern? An die Menschen, die zugegen waren? Ihre Reaktion auf die Erfahrung?

Tragen Sie diese Erinnerungen zusammen mit Ergänzungen, die Ihnen jetzt dazu einfallen, in Ihr Notizbuch ein.

Ergebnisse von Erfahrungen mit der rechten Hemisphäre bei dieser Übung

Wie könnten Sie diese neue Art des Sehens in gesteigerte Alltagskreativität umsetzen? Wie diese immerhin fesselnde, aber leider sehr flüchtige visuelle Erfahrung in einen faßbaren Ausdruck der Wirklichkeit umwandeln? Vielleicht vermittelt Ihnen die folgende Geschichte Anregungen, wie visuelle Eindrücke und intensives Sehen Ihre Arbeit befruchten können.

Es ist Jahre her. Ich war in einem kleinen Fischerdorf in Alaska, als ein altes Boot am Ufer meine Aufmerksamkeit erregte. Ich begann, mich für dieses offensichtlich immer weiter verfallende Wrack zu interessieren. Irgend etwas daran faszinierte mich: das Gefühl von Verlassenheit, der Verzicht auf jeglichen Stolz, das stille Sinnbild der Sterblichkeit, wer weiß ...

Photographieren spielt eine wichtige Rolle in meinem Leben. So beschäftigte ich mich also für die nächste halbe Stunde damit, das Wrack durch verschiedene Objektive visuell zu erleben. Das Teleobjektiv schärfte meinen Blick für die Risse und Schrammen am Rumpf. Sturm und Regen hatten die Farbe abgeschält, die in geringelten Strähnen locker und ohne jeden Halt an dem bloßen Holz hing. Das Weitwinkelobjektiv ließ mich die Größenverhältnisse zwischen dem Wrack und seiner Umgebung erkennen. Während ich diese Szene beobachtete, schob sich aus dem Hintergrund ein anderes Boot hervor, das auf das offene Meer zusteuerte. Dieser Gegensatz zwischen den beiden Booten erzeugte in mir ein neues Bild und lenkte meine

Gedanken in eine andere Richtung, hin zu einer anderen Lebensphilosophie, die sich sehr von dem unterschied, was ich noch kurz zuvor gedacht hatte.

Diese zunächst belanglose Begebenheit des "intensiven Sehens" wurde zum Katalysator für eine wichtige Entscheidung in meinem Leben. Mir wurde plötzlich klar, daß es höchste Zeit war, meine Talente wirklich einzusetzen.

Das Wrack, das Boot und all die damit verbundenen Assoziationen hatten eine heftige innere Bewegung ausgelöst, bis eine innere Stimme aus meiner rechten Hemisphäre sich so deutlich äußerte, daß es auch für meine linke Hemisphäre vollkommen einsichtig war. Die Botschaft hieß: Dilettanten spielen mit ihrer Kreativität, für Profis hat sie höchste Priorität.

Erst in jenem Moment, als diese Erkenntnis mein Fühlen und mein Denken gleichermaßen erfaßt hatte, war der Wunsch nach beruflichem Erfolg in mir geweckt.

ÜBUNGSGRUPPE 7:
Phantasieren

An fernem Ort in ferner Zukunft

Atmen Sie mit geschlossenen Augen tief durch und kehren Sie in einen Zustand tiefer Entspannung zurück. Lassen Sie Ihren Mind weit in eine ferne Zukunft schweifen, vielleicht ein Jahr voraus, vielleicht aber auch zehn oder zwanzig Jahre. Stellen Sie sich vor, wie alt Sie dann sein werden. Achten Sie auf Ihre Körpergestalt, auf die Frisur, die Sie tragen werden.

Betrachten Sie die Menschen, die um Sie herum
sind ...
den Ort, an dem Sie arbeiten ...

Sie haben Erfolg, und Ihre langjährigen Bemühungen auf
Ihrem Arbeitsgebiet sind allgemein anerkannt. Erleben
Sie diesen Erfolg, spüren Sie das Vertrauen, das Sie und
andere Ihnen entgegenbringen.

Gehen Sie in Ihrem Zimmer herum, in dem Sie sich
dann aufhalten werden
Wie ist es ausgestattet?
In welchen Farben ist es gehalten?
Stellen Sie fest, wie Sie auf diesen Ort reagieren.

Wandern Sie im Geist durch Ihren zukünftigen Tagesablauf.

Wohin gehen Sie zur Arbeit?
Wann beginnen Sie und wann beenden Sie Ihre
Arbeit?
Wo leben Sie?
Leben Sie allein?
Oder mit einem anderen Menschen zusammen?
Beschreiben Sie den Ort, an dem Sie leben.
Achten Sie auf alle Einzelheiten und beschreiben
Sie sie in Ihrem Notizbuch.

Es könnte sein, daß Sie etwas aufgeben müssen, um in
der Zukunft so zu leben, wie Sie es gerade in Ihrer Phantasie gesehen haben. Schreiben Sie in Ihr Notizbuch, was
dies war. War der Erfolg den Preis wert, den Sie dafür
bezahlen mußten?

ÜBUNGSGRUPPE 8:
Traumarbeit

Die Botschaft dechiffrieren

Schildern Sie in Ihrem Notizbuch den letzten Traum, an den Sie sich erinnern können. Versuchen Sie, ein Gefühl dafür zu entwickeln, indem Sie das Geschehen noch einmal durchleben, während Sie den Traum niederschreiben. Wenn Ihnen dies gelingt, werden Ihnen wahrscheinlich neue Assoziationen und Einsichten zuteil werden. Sobald Sie mit der Niederschrift fertig sind, überlesen Sie sie nochmals und geben ihr einen Titel. Der Titel, den Sie wählen, wird Ihnen in vielen Fällen die Botschaft entschlüsseln helfen, die Ihre recht Hemisphäre Ihnen in der Nacht übermittelt hat.

Schreiben Sie nun Assoziationen zu dem Traum auf.

Woran erinnert Sie der Traum noch? Schreiben Sie alles auf, was Ihnen in den Sinn kommt. Lassen Sie das Unterbewußtsein Ihre Gedanken führen. Lassen Sie die Ideen frei herumwirbeln, wie die Kugel auf der Roulettescheibe. Sie lassen sie einfach tanzen und dort landen, wo sie landen wollen.

Die Gestalt-Therapie lehrt, daß Sie aus Ihren Träumen lernen können, wenn Sie die Rolle jedes einzelnen Traumelements übernehmen und nachspielen. Es mag Ihnen zuerst widerstreben, in die Emotionen wenig akzeptabler Einstellungen und Handlungen bestimmter Traumcharaktere zu schlüpfen. Dennoch reflektieren alle Traumelemente auf einer gewissen Ebene einen Teil von Ihnen selbst, der nach Ausdruck drängt. Betrachten Sie also nochmals die Gestalten aus Ihrem Traum und versuchen Sie, den Traum aus Ihrer jeweiligen Sicht darzustellen. Selbst nicht-menschliche Traumelemente lassen sich personifizieren. Schlüpfen Sie also nacheinander in die Rolle jeder einzelnen Traumgestalt, ja stellen Sie sich sogar vor, daß Sie die gesamte Traumszenerie verkörpern. (Falls Sie meine Hinweise nicht verstehen oder ihnen nicht ganz folgen können, lesen Sie sich zuerst die untenstehenden Ergebnisse durch. Was andere über dieses Vorgehen zu sagen haben, wird Ihnen wahrscheinlich helfen, Ihre eigenen Traumsymbole zu deuten.)

Ergebnisse von Erfahrungen mit der rechten Hemisphäre bei dieser Übung

Den folgenden Traum schilderte uns eine Frau, ihrem Aussehen nach etwa Anfang fünfzig, als wir in einer kleinen Gruppe in Los Angeles gemeinsam an dem Programm arbeiteten.

Der Traum: In meinem Traum befinde ich mich im Penthouse eines Wolkenkratzers auf Hawaii. Ich schaue aus dem Fenster und sehe eine riesige Flutwelle heranbrausen. Mein Hund steht dicht bei Fuß. Ich höre ihn winseln. Ich beobachte, wie die Welle gigantische Dimensionen annimmt. Dann fühle ich, wie sie sich am Gebäude bricht, höre Glas zerspringen und werde dann weit vom Gebäude fortgeschwemmt. Ich kämpfe darum, das Haus wieder zu erreichen, aber dies scheint unmöglich. Ich versuche es immer und immer wieder, denn ich spüre, daß dort jemand ist, der mich braucht, obwohl ich nicht weiß, wer es ist. Schließlich kämpfe ich mich zum Haus zurück; es scheint unversehrt zu sein. Ich stelle die Möbel wieder auf ihren Platz und habe dabei das Gefühl, daß ich eigentlich nicht verstehe, wie das Haus die Flutwelle überstehen konnte. Es sind viele andere Leute da, aber ich kenne sie nicht.

Ihre ersten Assoziationen: Ich habe seit langem finanzielle Sorgen. Ich habe eine Menge Kapital in Immobiliengeschäfte investiert, was mich wirklich vernichten könnte. Die Rezession hat mich im ungünstigsten Augenblick erwischt, und ich habe Angst, daß alles zerstört werden könnte, was ich mir aufgebaut habe. Meiner Ansicht nach sagt der Traum folgendes:

Hawaii ist an sich ein Ort des Friedens, eine Idylle. In der Flutwelle scheint sich der finanzielle Ruin zu verkörpern, von dem ich befürchte, daß er alles vernichten wird, für das ich meine Leben lang gearbeitet habe. Das Gebäude dagegen repräsentiert den Erfolg, den ich über die Jahre hinweg hatte.

Versetze Dich in die Charaktere Deines Traumes: Ich bin Hawaii, friedlich und faul in der Sonne liegend. Ich mag es, wenn ich anderen Menschen gefalle, ich lache gerne.

Ich bin das Gebäude. Es hat Jahre gekostet zu werden, was ich heute bin.

Ich bin das Penthouse, hoch über die Menge hinausragend - erfolgreich.

Ich bin die Flutwelle: herrisch und zerstörerisch, machtvoll und wutentbrannt.

Ich bin der Hund: hilflos, vor Selbstmitleid winselnd.

Ich bin die unbekannten Leute, die jene Teile von mir repräsentieren, die ich selbst nicht verstehe.

Ich bin die Frau, die zurückkehrt, um alles wieder ins Lot zu bringen und das Problem anzupacken.

Ich bin die Möbel. Ich stehe nicht am richtigen Ort. Aber ich kann dorthin zurückgestellt werden.

Weitere Assoziationen: Ich glaube, der Traum will mir versichern, daß ich überleben werde, ganz gleich was geschehen sollte. Und ich nehme an, daß unversehrte Gebäude ist ein Hinweis, daß ich tief in mir eigentlich nicht von der Unvermeidbarkeit unseres Bankrotts überzeugt bin. Die Lage ist nicht so hoffnungslos, wie sie scheinen mag. Ich habe Mitleid mit dem Hund, und ich weiß nur zu genau, daß ich gelegentlich wertvolle Energie verschwende, indem ich tatenlos herumsitze und über Schwierigkeiten jammere, anstatt ihre Lösung in Angriff zu nehmen. Ich möchte gern so sein, wie die Frau, die ruhig und fest im Sturm steht und den Mut hat, auch schwierige Situationen zu meistern. Der Hund, das ist der hilflose Teil meines Selbst, der verletzlich ist, der weint und unfähig ist, etwas zu tun.

Mein Unbewußtes spürt offenbar, daß ich überleben werde, wenn die Zerstörung tatsächlich über mich hereinbrechen sollte. Es gehört Mut dazu und ist keineswegs einfach, zu dem Haus zurückzukehren. Irgendwie ist es unversehrt geblieben oder inzwischen wiederhergestellt worden.

Mir bleibt noch eine Menge zu tun, um die Dinge wieder ins Lot zu bringen; aber das ist alles nicht so schrecklich wie ich befürchtet hatte.

Die Arbeit mit ihrem Traum hat es dieser Frau ermöglicht, aus Ihrem Unterbewußtsein Kraft zu gewinnen. Sie spürte, daß die Angst vor dem finanziellen Ruin ihre kreativen Energien blockiert hatte. Die Assoziationen hingegen gaben ihr das Gefühl, ihre Emotionen besser kontrollieren zu können. Infolgedessen konnte sie produktiver arbeiten und fühlte sich angesichts ihrer außerordentlich prekären Lage natürlich nun auch sicherer und gelassener.

ÜBUNGSGRUPPE 9:
Freies Assozieren

Morgenweisheit Nr. 2

Stellen Sie Ihre Uhr wieder auf zehn Minuten und lassen Sie Ihre Gedanken gegen die Uhr anrennen, wie in einem Wettrennen. Lassen Sie Ihren Mind springen, herumwirbeln und ganz unerwartete Verbindungen entdecken. Stellen Sie sich vor, daß die Worte *durch Sie* geschrieben werden, Sie sind nur ein Werkzeug. Ihre Aufgabe ist einzig, die Worte auf Papier zu bringen, die sich aus eigenem Antrieb formulieren.

Bewahren Sie die Worte wie ein Geheimnis, auch vor Ihnen selbst. Lesen Sie nicht, was sich da geschrieben hat. Vertrauen Sie einfach darauf, daß diese Worte um so faszinierender sein werden, wenn Sie sie erst am sechsten Tag lesen und dadurch lernen, den Schlüssel zu jenen Sinnbildern zu finden, die das Unbewußte anspricht.

ÜBUNGSGRUPPE 10:
Geschenke der rechten Gehirnhälfte

Zweite Zusammenfassung der Einsichten

Am Ende jedes Tages ist es hilfreich, wenn Sie festhalten, zu welchen Entdeckungen diese Übungen geführt haben.

Notieren Sie als erstes mit Hilfe der Bewußtheits-Kurve von Seite 221 den Zahlenwert, der Ihrem momentanen Lebensgefühl am meisten entspricht.

Gelingt es Ihnen nach den bisherigen Sitzungen schon besser zu visualisieren? Haben Sie beobachten können, daß Sie auf die verschiedenen Farben auch verschieden reagiert haben? Welche Farben haben Sie am meisten entspannt? Haben Sie einige Farben nicht an sich heranlassen wollen oder sich mit ihnen unbehaglich gefühlt? War eine Farbe besonders anziehend für Sie? Vielleicht weil sie besonders beruhigend oder anziehend gewirkt hat? Was gefällt Ihnen an dieser Farbe?

Als Sie in "Ihren Kinderschuhen" steckten und sich an Ereignisse aus der Vergangenheit erinnerten, waren Sie sich dabei bewußt, welche Bedeutung jene fernen Gefühle in Ihrem jetzigen Leben spielen, ganz gleich wieviel Jahre inzwischen vergangen sein mögen?

Sind Sie mit dem Kind in Ihnen in Berührung gekommen? Wenn ja, was war das Wichtigste bei diesem Zusammentreffen?

Haben Sie seit dem Beginn Ihrer Auseinandersetzung mit unserem Übungsprogramm festgestellt, daß Ihnen besondere Ideen oder Vorstellungen in den Sinn gekommen sind? Versuchen Sie den ganzen Tag und Abend über, für Einsichten empfänglich zu bleiben, die vielleicht den Weg zu Ihnen finden möchten.

Was haben Sie heute sonst noch so vor? Werden Sie sich sicher und entspannt fühlen können, oder werden Sie auf Menschen treffen, die Sie herausfordern, oder vor denen Sie in irgendeiner Weise auf der Hut sein müssen? Entscheiden Sie für sich, ob es zweckmäßig ist, jetzt in der verletzlicheren Grundstimmung eines leicht veränderten Bewußtseins zu verharren. Sie wissen ja, es gibt Momente, da will die linke Hemisphäre mit allen ihren Verteidigungsmechanismen unbedingt das Ruder übernehmen!

Sollten die Übungen Sie bereits mit großen Überraschungen und vielen wertvollen Einsichten beschenkt haben, braucht man Sie nicht weiter zu ermutigen, mit den Übungen regelmäßig fortzufahren. Das Buch wird Sie dann ohnehin anziehen wie ein Magnet. Aber es könnte auch sein, daß Sie noch keine solchen Offenbarungen erlebt haben. In diesem Fall möchte ich Ihnen versichern, daß fast alle Menschen eine Wirkung der Übungen erst nach dem dritten Tag zu spüren beginnen. Haben Sie Geduld mit sich und Geduld auch mit mir. Wir werden in dem Tempo fortschreiten, daß Ihr Unbewußtes verlangt. Wenn Sie noch ein wenig ängstlich sind, wird nichts geschehen. Ebensowenig wird etwas geschehen, nur weil ich Ihnen gut zurede. Geschehen wird erst dann etwas, wenn Ihre rechte Hemisphäre dafür bereit ist.

ÜBUNGSGRUPPE 11:
Affirmationen

Anerkennung

Jeweils am Ende Ihrer täglichen Beschäftigung mit dem Programm können Sie Ihr Vertrauen mit Hilfe einer Affirmation verstärken und beide Hemisphären so programmieren, daß diese das Geschenk der Kreativität akzeptieren.

Ein Gefühl des Dankes, ja der tiefen Dankbarkeit, hat eine belebende Wirkung auf Körper und Mind. In diesem Sinne richtet eine Affirmation beide Hemisphären des Großhirns neu aus und führt Sie dazu, Ihre eigenen schöpferischen Gaben wahrzunehmen und zu würdigen.

Programmieren Sie mit der folgenden Affirmation zuerst Ihre linke Hemisphäre:

Ich, _____ , bin dankbar für meine schöpferischen Kräfte.

Du, _____ , bist dankbar für Deine schöpferischen Kräfte.

Diese Frau (dieser Mann), _____ , ist dankbar für ihre (seine) schöpferischen Kräfte.

Denken Sie daran, in die Leerstellen Ihren Namen zu schreiben. Lesen Sie sich den Text dann Zeile für Zeile laut vor, während Sie ihn in Ihr Notizbuch eintragen.

Sprechen Sie sich in den nächsten vierundzwanzig Stunden diese Affirmation laut vor, wobei Sie sich auf das Gefühl der Dankbarkeit konzentrieren. Sie tun damit den ersten Schritt, die Ihnen angeborenen Begabungen besser wahrzunehmen und zu würdigen; indem Sie ihnen Ihre Aufmerksamkeit schenken, werden Sie sich selbst auch mehr zutrauen.

Um Ihr rechtes Gehirn, Ihr fühlendes Selbst zu programmieren, atmen Sie tief ein und aus, entspannen Sie sich, schließen Sie die Augen und erschaffen vor Ihrem inneren Auge folgende Szene:

Sie befinden sich an dem Zufluchtsort, den Sie sich in Ihrer Vorstellung heute geschaffen haben. Lassen Sie ein Gefühl der Ruhe und des Friedens Ihren Mind durchströmen. Schauen Sie sich Ihre Handflächen an, dann krümmen und strecken Sie ganz bedächtig alle Finger. Während Sie dies tun, seinen Sie sich bewußt, was für ein Wunder des Lebens Sie doch sind! Sie brauchen der Bewegung Ihrer Finger nur bewußt zu folgen, um dies zu sehen und zu fühlen. Allein durch die Kraft Ihres Denkens sind Sie schon in der Lage, Wunder zu bewirken. Man müßte ausgesprochen abgestumpft sein, um nicht mehr über das Wunder des eigenen Daseins staunen zu können ...

Schließen Sie jetzt wieder die Augen, heben die Hände vor sich, mit den Handflächen nach oben. Würdigen Sie die Kraft, die Ihnen Ihr Leben schenkt und Ihre Kreativität. Zeigen Sie Ihre Dankbarkeit, nicht mit Worten, sondern eher mit dem tiefen Fühlen, das aus dem Zentrum der Stille in Ihnen entsteht. Sollten Sie sich bei dieser Geste unbehaglich fühlen, möchten Sie vielleicht einen anderen Weg finden, das einmalige Geschenk Ihres Daseins und Ihrer Kreativität zu würdigen.

15

Der dritte Tag

In einem fernab von der westlichen Zivilisation gelegenen Land entdeckte ein Archäologe eine Zeichnung, die darauf hinwies, daß ein großer Schatz im Innern dieses fernen Landes vergraben war. Die Edelsteine befanden sich in einer unerschlossenen Gegend, in der Felswüsten und rauhe Gebirge das Reisen sehr erschwerten. Angespornt durch die Entdeckung der entsprechenden Landkarte und ausgerüstet mit einem besonderen Fahrzeug, das noch geländegängiger war als ein Wagen mit Allradantrieb, brach der Archäologe auf, um den Schatz, der bereits seit langem im Inneren des Landes verborgen lag, zu finden.

Am dritten Tag unserer Expedition in bislang nicht kartographierte Regionen unseres kreativen Mind befinden Sie sich in einer ähnlichen Lage wie der Archäologe in unserer Geschichte. Sie verfügen ebenfalls über eine Karte und ein Transportmittel. Aber die Entdeckung der vergrabenen Reichtümer hängt nicht allein von diesen Hilfsmitteln ab, sondern von Ihrer Bereitschaft, sich in unbekanntes Terrain zu begeben, fremden Wesen, die in dieser Gegend leben, zu begegnen und Ausgrabungen vorzunehmen, um einen der größten Schätze überhaupt freizulegen: die Macht der Kreativität.

Ihre Reise beginnt in der geborgenen Umgebung Ihres Arbeitszimmers. Ist das Telefon außer Hör- und Reichweite? Sind Sie von Haustieren ungestört? (Vielleicht ist es sinnvoll, ein Schild mit der Aufschrift BITTE NICHT STÖREN an Ihre Zimmertür zu hängen?)

Beginnen Sie Ihre Arbeit mit der Bewertung Ihrer Gefühle. Blättern Sie zurück auf Seite 221 und legen Sie den Wert fest, der Ihre momentanenGefühle wiedergibt.

Mit jedem Tag wird es Ihnen wahrscheinlich leichter fallen, Ihre kreative Energie zu beurteilen. Das Vertrautwerden mit diesem Gefühl wird äußerst hilfreich sein, wenn Sie sich Ihren kreativen Kräften zuwenden. Seien Sie jedoch keineswegs enttäuscht, wenn Ihnen diese Bewertung noch schwer fällt. Entspannen Sie sich und vertrauen Sie darauf, daß die Antwort auf diese Frage zu einem beliebigen anderen Zeitpunkt auftaucht.

ÜBUNGSGRUPPE 1.
Überlisten der linken Gehirnhälfte

Mandala Nr. 3

Ohne Zweifel gewöhnen Sie sich mehr und mehr an den Gebrauch des Mandala, da Sie jeden Tag eine neue Zeichnung vorfinden. Vielleicht stellen Sie fest, daß Sie das Mandala bei jeder Übung für einen längeren Zeitraum genießen können. Jedes der Muster wird Ihnen eine etwas andere Erfahrung bieten. Nachdem Sie mit allen sechs Mandalas gearbeitet haben, werden Sie wahrscheinlich

eines oder zwei ausgewählt haben, die Ihnen am besten gefallen.

Im Verlauf meiner Seminare habe ich festgestellt, daß die Teilnehmer im Hinblick auf das Mandala starke Gefühle entwickeln, mit dem sie am besten arbeiten können. Dies ist eine höchst subjektive Angelegenheit, und im Verlauf Ihrer Arbeit werden Sie sicherlich Ihre eigene Wahl treffen.

Konzentrieren Sie sich nur auf den Mittelpunkt des Musters und lassen Sie Ihr peripheres Gesichtsfeld mit den Strukturen spielen. Entspannen Sie sich und genießen Sie diese Erfahrung. Widerstehen Sie der Versuchung, das Muster zu analysieren. Lassen Sie Ihre in der räumlichen Wahrnehmung geübte rechte Hemisphäre auf ihre Weise vorgehen ohne einzugreifen.

ÜBUNGSGRUPPE 2
Biofeedback-Training

Imaginieren

Überprüfen Sie Ihre gegenwärtigen Gefühle.

Ist Ihr Körper angespannt oder entspannt?
Ist Ihr Mind erregt oder ruhig?
Seien Sie sich der Beziehung zwischen Ihrem Körper und Ihrem Mind bewußt.

Im Verlauf dieser Übung werden Sie sich mehr und mehr entspannen. Suchen Sie sich den bequemsten Platz im Zimmer aus. Sie sollten lockere Kleidung tragen. Strecken Sie

Ihre Beine aus und lassen Sie Ihre Arme neben Ihren Körper sinken. Schließen Sie die Augen. Achten Sie auf Ihren Atem, ohne dabei den Rhythmus zu ändern.

Erinnern Sie sich an die Übung von gestern, daran, wie entspannend es war, in tiefen Zügen ein- und auszuatmen?

Legen Sie Ihre Hand auf Ihr Zwerchfell und atmen Sie durch die Nase ein.

Eins ... zwei ... drei ... vier ... fünf.

Fühlen Sie, wie die Luft Ihre Hand höher und höher drückt.

Stellen Sie sich einen Ballon vor, der aufgeblasen wird.
Eins ... zwei ... drei ... vier ... fünf.

Atmen Sie die Luft durch den Mund aus -

als ob Sie eine imaginäre Feder
in die Luft blasen würden.
Zählen Sie langsam bis fünf.

Atmen Sie erneut tief ein.

Eins ... zwei ... drei ... vier ... fünf ...
halten ... eins ... zwei ... drei ... vier ... fünf ...
durch den Mund ausatmen ... vier ... fünf.

Überprüfen Sie Ihren ganzen Körper auf Verspannungen - beginnen Sie mit den Füßen und bewegen Sie Ihre Zehen.

Stellen Sie sich vor, wie die Spannung sich löst,
während Sie anspannen
und halten ...
und entspannen ...

Fühlen Sie die Entspannung in Ihren Fußgelenken, während Sie sie kreisen lassen.

Alle Spannungen lösen sich ...
alle Belastungen weichen von Ihnen ...

Konzentrieren Sie sich auf Ihre Waden:

Anspannen ...
halten ...
entspannen ...

Und auf Ihre Oberschenkel, während Sie

anspannen ...
halten ...
entspannen ...

Dann auf Ihr Gesäß, während Sie

anspannen ...
halten ...
entspannen ...

Konzentrieren Sie sich auf Ihre Bauchmuskel:

anspannen ...
halten ...
entspannen ...

Ihre Schultermuskulatur ...
Ihre Rückenmuskulatur ...
Nun auf Ihre Armmuskel ...
Nun auf Ihre Finger, während Sie eine Faust formen.

Drehen Sie Ihren Nacken ... ganz langsam ...

Fühlen Sie, wie die Verspannung sich auflöst und von Ihnen abfällt. Wenn einige Körperteile jetzt noch immer verspannt sein sollten und gedehnt werden müßten ...

dehnen Sie sie nun.

Wenn Sie auch jetzt noch Verspannungen in Ihrem Körper spüren, so stellen Sie sich eine Flüssigkeit vor, die in die Ferse Ihres linken Fußes fließt.

Lassen Sie nun ganz langsam alle Verspannungen aus Ihrer Ferse in den Fußboden abfließen. Stellen Sie sich vor, Sie könnten spüren, wie die letzten Überbleibsel der Verspannung durch Ihre Ferse strömen und verschwinden würden, als würden sie Ihrem Körper durch die Schwerkraft entzogen.

Überprüfen Sie Ihren Körper in Gedanken und beachten Sie, wie entspannt Sie sich nun fühlen.

Fühlen Sie die Entspannung in Ihren Beinen
und in Ihrer Beckengegend.
Wenden Sie sich Ihrem Oberkörper zu.

Ihren Armen ...
Ihren Schultern ...
Ihrem Hals.

Beobachten Sie die Ruhe Ihres Geistes ...
Seien Sie dankbar für diese friedfertigen Gefühle.

Ihre rechte Hemisphäre hat an Kraft und Vertrauen hinzugewonnen.
Wie fühlen Sie sich nun? Wenden Sie sich der Bewußtheitskurve zu (Seite 221).

ÜBUNGSGRUPPE 3
Phantasie-Reise

Problemlösung

Atmen Sie tief und entspannt ein, füllen Sie Ihre Lungen und atmen Sie dann langsam durch Ihren Mund wieder aus.

Und noch einmal ...
Und noch einmal ...

Stellen Sie sich vor, Sie sind an einem Strand mit feinem weißen Sand auf einer Insel im Südpazifik. In der kleinen Bucht, wo Sie einen Teil des Tages verbringen werden, ist das Wasser warm und ruhig. Lauschen Sie dem sanften Rhythmus der Wellen.

Es ist ein ruhiger, ungestörter Platz. Die Stille wird nur durch die Geräusche des Meeres unterbrochen. Sie sind an einem sicheren Ort, einem Ort des Friedens und der Geborgenheit. Legen Sie sich an den Strand und genießen Sie das Gefühl tiefer Entspannung.

Genießen Sie den weichen, trockenen Sand auf Ihrer Haut. Spüren Sie die warme Luft und den Sand, der sich an Ihren Körper schmiegt. Gibt es ein Problem in Ihrem Leben, das Sie aus der Welt schaffen wollen?

Ein körperlicher Schmerz oder eine Krankheit?
Ein zerstörerisches Gefühl?
Eine Angst, die Sie beunruhigt?

Nehmen Sie das erste Bild, das Ihnen in den Sinn kommt und geben Sie der Sache, der Sie sich entledigen wollen, *eine Gestalt.*

Sie könnte rund sein wie ein Ball ...
quadratisch wie ein Stahlschrank ...
länglich wie eine Schnur.

Können Sie die Form der Sache ausmachen?

Fühlen Sie das Gewicht ...
sehen Sie die Farbe ...
Was für eine Beschaffenheit hat sie?
Hat sie einen Geruch?

Richten Sie Ihre ganze Konzentration auf diese Sache, bis Sie alle Konturen kennen, jeden einzelnen Zentimeter. Visualisieren Sie sie so genau vor Ihrem geistigen Auge, bis es keine verborgenen Teile mehr gibt. Stellen Sie sich nun vor, daß sie so klein ist, daß sie in Ihrer Handfläche Platz hat.

Nehmen Sie diese Sache in Ihre rechte oder linke Hand.

Halten Sie sich vor Augen, daß Sie diese Sache in Ihrer Hand halten - sie steckt nicht länger in Ihrem Körper. Die Sache, von der Sie sich befreien wollen, ist in Ihrer Hand.

Legen Sie sie nun etwa dreißig Zentimeter entfernt von Ihnen in den Sand. Wenn Sie bereit sind, richten Sie sich langsam auf und fühlen, wie der Sand unter Ihnen nachgibt, während Sie Ihr Gewicht verlagern.

Schauen Sie sich die Sache an, von der Sie sich befreien wollen, und beobachten Sie sorgfältig ihre Form.

Graben Sie ein Loch in den Sand, das um einiges größer ist als die Sache. Fühlen Sie, wie mühelos der Sand sich entfernen läßt, denn er ist körnig und fein und gibt den Bewegungen Ihrer Hände nach.

Nehmen Sie sich genügend Zeit, um das Loch zu graben, das größer und tiefer ist als die Sache, derer Sie sich entledigen wollen.

Wenn Sie fertig sind, nehmen Sie die Sache in beide Hände und lassen Sie sie in das Loch fallen.

Sollte das Loch noch nicht groß oder tief genug sein, nehmen Sie sich die Zeit, um es zu vergrößern. Sie können die Sache herausnehmen, wenn Sie ein größeres Loch graben müssen. Das Loch sollte wesentlich größer sein, als es zum Begraben der Sache notwendig ist.

Wenn Sie denken, daß die Sache, von der Sie sich entledigen wollen, den richtigen Platz hat und tief genug in dem Loch ist, können Sie es mit Sand bedecken.

Schütten Sie nun das Loch zu. Verteilen Sie anschließend den Sand mit Ihren Armen so gut, daß das Loch nicht mehr zu sehen ist.

Streichen Sie nun den Sand so glatt, bis selbst die Spuren Ihrer Finger nicht mehr zu sehen sind.

Betrachten Sie nun aufmerksam den Sand und halten Sie sich vor Augen, daß die Sache, von der Sie sich befreien wollten, mit großem Ritual begraben wurde.

Stehen Sie nun auf, kehren Sie dem Ort des Begräbnisses den Rücken zu und gehen Sie davon.

Wenn Sie sich nun umschauen, werden Sie sehen, daß die Flut nähergerückt ist und Ihre Füße umspült. Beobachten Sie, wie sich jede einzelne Welle langsam nähert.

Heißen Sie sie mit Ihrem Körper willkommen ...
fühlen Sie, wie das warme Wasser
langsam an Ihren Beinen hochsteigt ...
weißer Schaum umspielt Sie ...
Meeresgeräusche ...
wie das Lachen des Meeres ...

Die nächste Welle reicht bis an Ihre Taille, und Sie fühlen sich wieder wie ein Kind, das in einer sicheren und geborgenen Umgebung spielt. Sie wissen und vertrauen darauf, daß sich alles zum Guten wenden und Ihnen nichts zustoßen wird.

Wenn Sie das Gefühl mögen, können Sie auch noch weiter ins Wasser hineingehen. Sie können aber auch

an den Strand zurückkehren und Ihren Körper von
der Sonne trocknen lassen. Tun Sie das, was für Sie
am besten ist und genießen Sie es.

Atmen Sie zum Schluß tief ein und halten Sie sich vor
Augen, daß die Sache, von der Sie sich befreien wollten, jetzt, nach Beendigung der Übung, auf einer fernen Insel tief im Sand vergraben ist. Öffnen Sie die
Augen und werden Sie sich bewußt darüber, daß Sie
sich in Ihrem eigenen Zimmer befinden. Realisieren
Sie, wie weit dieser Ort von der Insel entfernt ist.

Die Sache, die einst Teil Ihrer Persönlichkeit war, gehört
nicht mehr zu Ihnen. Halten Sie diese Erfahrung so detailliert wie möglich in Ihrem Notizbuch fest. Wovon wollten
Sie sich befreien? Welche Form gaben Sie dieser Sache? Was
empfanden Sie, als Sie sie begraben hatten?

**Ergebnisse von Erfahrungen mit
der rechten Hemisphäre bei dieser Übung**

Eine Frau, die Angst hatte, in der Öffentlichkeit zu reden,
bereitete sich mehrere Tage nach der Teilnahme an einem
meiner Workshops auf eine Rede vor.
Als sie ihre Sprechangst begrub - sie gab ihr die Form
einer runden Stahlkugel, die außen mit scharfen Spitzen
bewehrt war (sie erinnerte mich an eine mittelalterliche
Waffe) - war dies ein so überwältigender Vorgang, daß die
Kugel in dem Loch explodierte und hinausgeschleudert
wurde. Die Frau griff danach, durchstach den Stahl mit
einer Waffe und alle Angst entwich aus ihr wie aus einem
erschlaffenden Luftballon. Sie warf die Kugel in das Loch

und beobachtete, wie sie wie ein sterbender Fisch hilflos herumzappelte. Nachdem die Sache schließlich tot war, schüttete sie das Loch zu und ging davon.

Später erzählte mir diese Frau, daß ihre Rede großen Anklang gefunden hatte. Noch wichtiger war vielleicht die Tatsache, daß sie gelernt hatte, zwischen sich selbst und der Intensität ihrer Ängste einen Trennungsstrich zu ziehen.

ÜBUNGSGRUPPE 4
Erinnerungsstücke

Die Wiederbelebung von Erfolg

Schließen Sie Ihre Augen und atmen Sie zweimal tief und fest durch. Machen Sie sich frei von allen Spannungen in Ihrem Körper. Wenn Sie eine innere Ruhe fühlen, sind Sie bereit, mit der Übung zu beginnen.

Stellen Sie sich vor, daß Sie über eine Holzbrücke zu einem Ort gehen, an den Sie sich vage erinnern können, da Sie vor vielen Jahren bereits einmal dort waren. Gehen Sie eine Weile umher, bis Sie eine Stelle gefunden haben, die Ihnen besonders gut gefällt und setzen Sie sich. An diesem Ort sollte ein gedämpftes Licht herrschen, und Sie sollten dort bequem sitzen können. Sie können sich vollkommen sicher und geborgen fühlen.

Stellen Sie sich nun eine Stimme vor, die eine Zahl nennt, die Ihrem Alter entspricht. Hören Sie zu, wie die leise, freundliche Stimme nun rückwärts zählt, Jahr für Jahr, wobei sich Ihnen angenehme Erinnerungen einstellen, während die Jahre ihrer Vergangenheit in Ihrem Mind abrollen.

301

Wenn Sie ein Jahr erreicht haben, mit dem Sie besonders
schöne Erinnerungen, ein Erfolgsgefühl und allgemeines
Wohlbefinden verbinden, halten Sie inne.

Vielleicht richtet sich Ihr Augenmerk dabei auf ein ganz
bestimmtes Ereignis. Vielleicht ist es aber auch nur ein
Gefühl allgemeiner Zufriedenheit. Versuchen Sie, dieses
Gefühl möglichst intensiv zu empfinden, und erlauben Sie
ihm, sich frei zu entfalten.

Sollten Teile Ihrer Erinnerung durch die große Zeitspan-
ne verschleiert sein, können Sie sich an diese Erfahrung
besser erinnern, wenn Sie sich die Farben vor Augen halten, die Sie mit dieser Situation assoziieren. Kommt Ihnen
eine bestimmte Farbe in den Sinn? Welche Farbe ist es?

Gibt es Geräusche, an die Sie sich erinnern können?
Nehmen Sie sich genügend Zeit, um den Geräuschen
zuzuhören. Versuchen Sie, jedes Geräusch zu erkennen,
das durch die Windungen Ihrer Erinnerung schleicht.

Können Sie sich an ganz bestimmte Düfte erinnern?

Wenn das Gewebe Ihrer Kleidung oder einer Decke oder
die Berührung einer anderen Person in Ihrem Mind auftaucht, halten Sie dieses Gefühl fest.

Können Sie sich an bestimmte Geschmacksempfindungen erinnern?

Wenn Sie diese Erinnerungen hervorrufen möchten,
heißen Sie sie in Ihrem Mind willkommen. Sie haben die
Wahl, alles Unangenehme aus Ihrer Erinnerung zu streichen
und nur die schönen Gefühle dieser Erfahrung zu beleben.
Bei unserer Arbeit ist nicht die Realität des Ereignisses von
Bedeutung, sondern die Qualität der Erfahrung.

Halten Sie die schönen Gefühle fest, die Sie an diese Zeit
erinnern. Lassen Sie sich von der Mischung aus Erinnerung
und Phantasie zu einem Gefühl der Zufriedenheit und des
Selbstvertrauens leiten. Halten Sie Ihre Augen während des
Erinnerungsprozesses geschlossen. Wenn Sie schließlich

bereit sind, die Augen zu öffnen, halten Sie alle augenblicklichen Erinnerungen in Ihrem Notizbuch fest. Schreiben Sie Ihre Gefühle und Beobachtungen auf, alle Farben, Geräusche, Geschmacksempfindungen und Strukturen.

Während Sie langsam aus der Erinnerung in die Gegenwart zurückkehren, bewahren Sie die guten Gefühle und lassen Sie alle traurigen Erinnerungen von sich weichen. Halten Sie nur die Dinge fest, an die Sie sich gerne erinnern. Stellen Sie eine Liste von Ereignissen aus Ihrer Kindheit auf, an die Sie sich gerne erinnern. Stellen Sie ebenfalls eine Liste von den Ereignissen auf, die Sie übergehen und hinter sich lassen wollen.

Übungsgruppe 5
Schreiben mit der "anderen" Hand

Ausschalten der Zensur

Es ist ein effektives Mittel bei einer Problembewältigung, die eigene Kritikfähigkeit und Bewertungslust zeitweilig außen vor zu lassen, während Sie verschiedene Möglichkeiten abwägen. Es wird Sie vor überstürzten Entscheidungen schützen und Ihnen die Möglichkeit geben, nach besseren Lösungen zu suchen. Betrachten Sie ein Problem, das Ihnen Sorgen bereitet und für das Sie noch keine Lösung gefunden haben. Es kann sich dabei um ein "äußeres" Problem handeln, wie etwa einen Arbeitsplatzwechsel, oder um ein "inneres" Problem, wie zum Beispiel Einsamkeit. Beschreiben Sie das Problem so genau und detailliert wie möglich.

303

Da Sie sich des Problems bewußt sind, haben Sie wahrscheinlich schon einige spezifische Lösungsmöglichkeiten ausprobiert oder zumindest in Erwägung gezogen. Einige dieser Lösungen haben Sie wahrscheinlich bald verworfen, da der logische Teil Ihres Mind Ihnen gesagt hat, daß diese Lösungen nicht durchführbar sind. Erstellen Sie eine Liste der Dinge, die Sie ausprobiert haben oder ausprobieren wollten und anschließend eine Liste derjenigen Dinge, die Sie zunächst ausprobieren wollten, anschließend jedoch verworfen haben.

Wahrscheinlich hält Ihr kreatives Unbewußtes noch einige andere Lösungsmöglichkeiten bereit, doch aus verschiedenen Gründen konnten sie noch nicht in Ihr Bewußtsein vordringen. Vielleicht ist Ihr "innerer Zensor" zu harten Schlußfolgerungen gelangt und hat bestimmte Ideen zu früh abgelehnt. Oder vielleicht können die Vorschläge Ihres Unbewußten die Barriere einer vorgefaßten Meinung nicht überwinden.

Stellen Sie sich mit Ihrem geistigen Auge vor, wie Ihr Zensor aussieht - die Instanz also, die diese Urteile fällt. Sicherlich hat er einen strengen Charakter und Angst zu versagen oder sich der Lächerlichkeit preiszugeben. Er fürchtet sich sogar davor, für dumm oder oberflächlich gehalten zu werden. Bestimmt ist dieser Zensor im Verlauf dieses Programmes von Zeit zu Zeit in Szene getreten, um Sie zu ermahnen, keine wertvolle Zeit "an kindische Spielereien" zu verschwenden. (Ihr hochmütiger Zensor hat dies vielleicht sogar noch härter ausgedrückt.) Machen Sie sich nun ein genaues Bild von diesem Zensor. Wenn möglich, visualisieren Sie ihn als kleine Kreatur - diese Übung ist viel leichter durchzuführen, wenn Sie es mit einem kleinen Wesen zu tun haben. Heben Sie ihn nun in die Luft und tragen Sie ihn hinüber zu der Leiter, die rechts von Ihnen in der Mitte des Raumes steht. Steigen Sie auf die Leiter, halten Sie Ihren Zensor gut fest und setzen Sie ihn auf den Kronleuchter. Der Kronleuchter ist schmiedeeisern und wird weder hin und her schwingen noch von der Decke fallen. Er genügt jedoch als vorübergehendes "Gefängnis" für Ihren schrecklichen Zensor. Steigen Sie nun wieder von der Leiter hinab und stellen Sie sie vom Kronleuchter weg. Wenden Sie sich wieder Ihrem ursprünglichen Problem zu. Ihr Zensor kann Ihre Gedanken von seinem hohen Thron nicht hören und wird sich daher jeden Kommentars enthalten.

Erwägen Sie Ihr Problem nun noch einmal und listen Sie alle Lösungsmöglichkeiten auf, die Ihnen jetzt einfallen. Es ist unwichtig, ob Sie Ihnen lächerlich vorkommen oder ob Sie glauben, daß jemand Einwände dagegen erheben könnte oder daß sich ein weiteres Problem darin verbirgt. Schreiben Sie alle Lösungen auf, die Ihnen einfallen, auch solche, die Ihnen unrealisierbar erscheinen.

Gehen Sie diese Möglichkeiten nun noch einmal in Gedanken durch. Spielen Sie jede von Ihnen durch, halten Sie sie sich vor Augen, betrachten Sie sie von allen Seiten. Bringt diese Möglichkeit Sie auf einen anderen Gedanken? Löst sie bei Ihnen die Frage aus: Was wäre, wenn ...?

Nehmen Sie nun einen Stift in Ihre nicht-dominante Hand und machen Sie sich einige Notizen. Schreiben Sie alle Ideen auf, die Ihnen in den Sinn kommen. Jeder Gedanke sollte Ihnen willkommen sein. Vergessen Sie nicht, daß Ihr Unbewußtes Ihnen vielleicht eine ganz besondere Botschaft zukommen lassen will, vielleicht sogar in diesem Augenblick. Achten Sie darauf, daß Sie jederzeit bereit sind, diese Botschaft entgegenzunehmen.

Im Verlaufe des Tages werden Sie Ihren Zensor wieder vom Kronleuchter herunterholen, damit er ordnungsgemäß arbeiten kann. (Befolgen Sie niemals einen Ratschlag Ihrer rechten Hemisphäre ohne zuvor Ihre linke Hemisphäre zu Rate gezogen zu haben.) Doch jetzt sollten Sie die Freiheit genießen, sich alles vorzustellen, was Sie wünschen.

ÜBUNGSGRUPPE 6
Die Stimulierung der Sinne

Eine andere Art des Hörens

Hören Sie aufmerksam den Geräuschen in Ihrem Zimmer oder Arbeitsraum zu.

Seien Sie sich der Stille zwischen den einzelnen Geräuschen bewußt.

Nehmen Sie die Geräusche außerhalb des Zimmers wahr.

Und die Stille zwischen diesen Geräuschen.

Wenn außerhalb Ihres Zimmers Lärm herrscht, achten Sie auf den Rhythmus des Geräuschs. Verstärken Sie dieses Geräusch in Ihrem Mind, indem Sie sich vollkommen darauf konzentrieren.

Schalten Sie das Geräusch nun aus Ihrem Bewußtsein aus. Errichten Sie eine imaginäre, unsichtbare "Mauer der Stille" indem Sie sich mit der gleichen Intensität auf etwas anderes konzentrieren. Sie können die Geräusche von außen an Ihrer imaginären Mauer abprallen lassen.

Wenn Ihnen das schwerfallen sollte, versuchen Sie, ein Geräusch zu hören, das Sie selbst in Ihrem Geist erzeugt haben - vielleicht ein summendes Geräusch oder ein sich wiederholendes Geräusch. Haben Sie jemals den Geräuschen eines Zuges *aufmerksam* zugehört? Sie haben etwas

Wundersames an sich. (Fragen Sie ein Kind, wenn Sie es vergessen haben sollten.)

Schließen Sie Ihre Augen, stellen Sie sich vor, es sei Nacht und Sie stünden in sicherem Abstand von den Eisenbahnschienen.

Können Sie den Zug in der Ferne hören?

Hören Sie genau hin, wie er näherkommt ... wie die Lokomotive an Ihnen vorbeifährt ... wie jeder Waggon an Ihnen vorbeirumpelt ... Hören Sie jedem vorbeifahrenden Waggon zu, und stellen Sie sich den Zug so lang vor, wie Sie möchten.

Hören Sie genau hin, wie der letzte Waggon an Ihnen vorbeirollt. Achten Sie nun darauf, wie schnell die Geräusche verklingen, nachdem der Zug vorbeigefahren ist - als würden Sie über den Rand der Erde stürzen.

Der Zug ist vorbeigefahren,
und in der Ferne heult ein Hund den Mond an.
Hören Sie den Hund?
Und die Augenblicke der Stille dazwischen?
Sind Grillen zu hören?

Kehren Sie nun in Ihr Zimmer zurück.
Welche Geräusche können Sie dort hören?

Wenn es vorher Geräusche gab,
sind sie noch immer da?
Konnten Sie sie hören,
als der Zug in Ihrem Mind an Ihnen vorbeifuhr?

Wenn Sie die Geräusche jetzt hören, Sie aber nicht gehört haben, während Sie sich darauf konzentrierten, dem Zug zuzuhören, haben Sie die Erfahrung gemacht, welche Macht Ihr Mind über Geräusche von außen besitzt. Dies ist ein wertvolles Hilfsmittel, um kreativ zu arbeiten. Denn damit können Sie in einer Welt voller Lärm und Verwirrung Ihre eigenen Geräusche erzeugen - und Ihre eigene Stille. Sie können es sich aussuchen, was Sie hören möchten. Wenn Sie zum Beispiel nicht einschlafen können, da andere Menschen, Hunde oder Katzen Sie wachhalten, können Sie dieses Problem aus der Welt schaffen, indem Sie Ihre eigenen Geräusche in Ihrem Mind erzeugen.

Wenn Sie Probleme haben, sich auf Ihre Arbeit zu konzentrieren, während Sie von störendem Lärm umgeben sind, erzeugen Sie Ihre eigene Stille in Ihrem Kopf.

Wenn Sie ein ungewöhnliches Experiment mit Geräuschen machen wollen, halten Sie Ihr Ohr an die Spülmaschine und hören Sie den unterschiedlichen Spülgängen zu. Lassen Sie Ihrer Imagination dabei freien Lauf.

ÜBUNGSGRUPPE 7.
Phantasie-Reise

Ihre Flugmaschine

Atmen Sie tief ein und konzentrieren Sie sich auf Ihr Atmen. Stellen Sie sich nun einen sehr schönen und entspannenden Ort im Freien vor und nehmen Sie Ihre Imagination zur Hilfe, um sich an diesen Ort zu versetzen. Legen Sie sich hin und fühlen Sie die Oberfläche der Wiese ... oder den Sand ... oder was immer Sie sich vorstellen.

Stellen Sie sich eine bestimmte Jahreszeit vor.

Stellen Sie sich die Tageszeit vor.

Stellen Sie sich die Lufttemperatur vor und das Gefühl der Luft auf Ihrer Haut.

Fühlen Sie sich vollkommen ruhig und konzentriert.

Stellen Sie sich vor, daß Ihr Körper entspannt ist, während er schwer auf dem Boden lastet. Fühlen Sie, wie Ihr Körper immer schwerer wird und sich mehr und mehr entspannt.

Stellen Sie sich jetzt wieder vor, Ihr Körper habe sein ganz normales Gewicht - und nun ist er sogar leichter als sonst, sehr viel leichter als sonst. Sie fühlen sich so leicht, daß es den Anschein hat, als würden Sie nur ganz sanft Ihren Untergrund berühren. Stellen Sie sich das Gefühl vor zu schweben ... oder auf einem warmen Wasserbett zu liegen.

Fühlen Sie die Wärme des Wasserbetts unter sich. Lassen Sie es zu einem magischen Teppich werden, der sicher und behutsam einige Zentimeter über der Erde schwebt.

Malen Sie sich aus, wie es wäre, wenn Sie fliegen könnten.

Was wäre wohl, wenn die Menschen so leicht fliegen könnten, wie sie unter Wasser schwimmen können? Was wäre, wenn Sie einfach Ihre Arme ausstrecken würden und ins All fliegen könnten?

Vielleicht genügt es Ihnen vorerst, nur einen halben Meter über der Erde schweben. Aber wenn Sie mehr Vertrauen in Ihre neuen Kräfte gewonnen haben, möchten Sie vielleicht höher fliegen. Wenn Sie lieber mit irgend einem Fluginstrument fliegen möchten, sollten Sie sich zu Ihrer eigenen Sicherheit auf jeden Fall eines kreieren.

Vielleicht möchten Sie mit einem Heißluftballon fliegen.

Oder aber Sie ziehen es vor, sich große Flügel vorzustellen, ähnlich dem Gestell, das beim Drachenfliegen benutzt wird.

Sie können allerdings auch selbt Ihren eigenen wunderbaren Flugapparat erfinden, der Sie beim Fliegen unterstützt.

Wenn Sie ganz sicher sein wollen, schnallen Sie sich einen Fallschirm um.

Natürlich wissen Sie, daß man in Wirklichkeit nicht ohne Hilfsmittel fliegen kann. Doch wie die meisten kreativen Menschen sind Sie sich bewußt darüber, daß Sie das Gefühl des Fliegens so genau nachempfinden können, als wären Sie mit Flügeln auf die Welt gekommen.

Wählen Sie Ihre Art des Fliegens.

Heben Sie nun vom Boden ab, so hoch Sie wollen, aber nicht mehr.

Vielleicht möchten Sie ...
nur ein wenig vom Boden abheben ...
oder sogar bis ins Weltall vordringen, um mit den Sternen zu spielen.

Auf der Erde und auch in der Luft können Sie sich überall hinbegeben.

Es steht in Ihrer Macht, das Jahr zu ändern ...
große Entfernungen zurückzulegen ...
in die Vergangenheit zurückzukehren
oder in die Zukunft zu schreiten ...

Fliegen Sie solange Sie möchten, und wenn Sie wollen, lassen Sie sich an irgend einem Ort auf der Erde oder im Himmel nieder.

Dort erwartet Sie jemand.
Jemand aus der Gegenwart ...
oder aus der Vergangenheit ...
oder aus der Zukunft.

Wer ist diese Person?
Was sagt diese Person?
Wie antworten Sie?

Schreiben Sie über dieses Flugerlebnis so viel Sie möchten in Ihr Notizbuch.

Ergebnisse von Erfahrungen mit der rechten Hemisphäre bei dieser Übung

Ein sechsundvierzigjähriger Schriftsteller aus Kalifornien berichtete von folgender Phantasie:
Zunächst war mir gar nicht wohl bei dem Gedanken zu fliegen. Ich hatte Angst, die Kontrolle zu verlieren. Ich beschloß daher, zunächst nur ein wenig vom Boden abzuheben - gerade genug, um das Gefühl der "Schwerelosigkeit" zu

empfinden. Dann verwandelte sich das Wasserbett in ein Schlauchboot und ich hatte das Gefühl, auf hoher See dahinzutreiben, und anschließend verwandelte sich das Schlauchboot in ein richtiges Boot, das fliegen konnte. Ich stieg also ein wenig auf in die Lüfte, aber als ich auf die Erde hinabschauen wollte, hatte ich Angst, aus dem Boot zu fallen. Ich verwandelte das Boot also in einen Drachen, so daß ich mich aufrichten konnte und nicht nur den Himmel, sondern auch die Erde sehen konnte. Ich ließ mich von dem Drachen hoch in die Lüfte tragen, höher und höher, und die Erde kam mir so klein vor wie auf den Bildern, die aus dem All geschossen werden. Dann wurde mir klar, daß ich den Drachen nicht mehr benötigte, und soflog ich davon und ließ den dahintreibenden Drachen zurück.

Ich flog ein bißchen verspielt um einen Stern herum - es war kein richtiger Stern, sondern einer mit fünf Ecken wie man ihn sich als Kind vorstellt - und dann erinnerte ich mich an die Geschichte *Der Kleine Prinz* aus meiner Kindheit und ich wollte den kleinen Prinzen auf seinem Planet besuchen. Ich wollte seine Rose sehen, die so viele Dinge ins Rollen gebracht hatte. Als ich den Planeten gefunden hatte, war der Prinz nicht zu Hause, doch die Rose sagte mir, daß er an einem anderen Tag da wäre, falls ich zurückkommen wolle. Ich flog höher, und die Luft wurde kälter, und ich war zwischen dem Wunsch, die äußeren Grenzen des Weltalls zu erforschen und dem dem Verlangen, in wärmere Regionen zurückzukehren, hin und her gerissen. Ich beschloß zurückzukehren, weil es dunkel war und ich mich dort oben sehr einsam fühlte. Ich flog also hinab in wärmere Luftschichten, wo es noch Tag war. Ich sah einen Regenbogen in den strahlendsten Farben, die ich je gesehen habe. Er hatte die Form einer langen Berg- und Talbahn, die bis auf die Erde hinabreichte.

Ich fuhr die Bahn hinab bis nach ganz unten, vorbei an den Sternen und kehrte auf die Erde zurück.

Ich fühlte mich wie in einem herrlichen Traum, und ich bin froh, daß ich diese Erfahrung gemacht habe.

ÜBUNGSGRUPPPE 8:
Traumarbeit

Das Wissen der Eingeborenen

Die folgende Erfahrung ist eine Abwandlung der Techniken, die die Senoi anwenden, um Macht über schreckliche Traumwesen zu erlangen. Wie ich bereits zuvor erwähnt habe, lernen die Senoi, ihre Reaktionen auf Träume zu programmieren. Auf ähnliche Weise können wir durch die Arbeit mit Traumwesen in einem Zustand tiefer Entspannung eine gewisse Kontrolle über negative Traumsymbole und ihren Einfluß auf unsere Empfindungen erlangen.

Können Sie sich an einen Traum erinnern, in dem Sie das Opfer waren? Erinnern Sie sich an eine Situation, in der Sie diejenige Person waren, die von irgend jemand oder irgend etwas verfolgt, verletzt oder in Angst und Schrecken versetzt wurde. Die Senoi würden Sie Ihre Träume nun so programmieren lassen, daß Sie vor Schwierigkeiten nicht mehr davonliefen. Sie würden Sie dazu auffordern, sich dem Problem zu stellen und es zu bekämpfen. Sie könnten sogar die Hilfe anderer Traumwesen in Anspruch nehmen, die Ihnen im Kampf gegen die Traumfeinde Hilfe leisten könnten. Durch diese Konfrontation können Sie Einfluß auf den negativen Teil

Ihrer Person erlangen, der für die Schrecken in Ihrem Traum verantwortlich ist. Wenn Sie sich an einen solchen Traum erinnern können, schreiben Sie ihn in Ihr Notizbuch.

Kehren Sie nun in diesen Traum zurück. Versuchen Sie, ihn nochmals vollkommen zu erleben. Lassen Sie in dem Moment, wo Sie Ihren Feinden gegenübertreten, auch Ihre Angst zurückkehren. Halten Sie sich die Abfolge der Ereignisse in Ihrem Traum vor Augen, Ihr Handeln und Ihre Gefühle. Doch diesmal drehen Sie sich um und stellen sich Ihren Angreifern; rufen Sie jeden, den Sie benötigen, zu Hilfe. Kämpfen Sie solange, bis Sie das gefährliche Wesen vernichtet oder besiegt haben. Können Sie das Siegesgefühl über Ihr Traumwesen empfinden? Schreiben Sie die Gefühle auf, die sich in dem Moment einstellen, wenn Sie die Kontrolle über die Situation erlangen, die in der Vergangenheit so entsetzlich war.

Verlangen Sie von dem besiegten Wesen ein Geschenk. Es kann ein Gedicht oder ein Lied, eine Erkenntnis oder sonst etwas Brauchbares sein. Nehmen Sie von dieser Begegnung etwas Nützliches mit. Schreiben Sie auf, was Sie geschenkt bekommen haben. Gefällt es Ihnen? Können Sie damit etwas anfangen? Wenn Ihnen das Geschenk nicht gefällt, kehren Sie in Ihren Traum zurück und verlangen ein anderes Geschenk. Man kann mit Traumwesen grob und anmaßend umgehen. Es ist keineswegs ungehörig, wenn man sich in Träumen einfach duchsetzt.

Können Sie sich an einen Traum erinnern, in dem Sie das Gefühl hatten zu fallen? Wenn ja, halten Sie diesen Traum schriftlich in Ihrem Notizbuch fest.

Kehren Sie nun in diesen Traum zurück und versuchen Sie, das Gefühl des Fallens noch einmal zu erleben. Doch diesmal haben Sie Kontrolle über den Fall, indem Sie den Sturz ganz einfach abfangen und zu fliegen beginnen. Fühlen Sie dabei ganz bewußt, wie Sie in der Luft schweben, sich langsam seitwärts bewegen und dann hoch ins All aufsteigen. Wenn Sie aus irgend einem Grund nicht fliegen möchten, öffnen Sie Ihren Fallschirm und sinken ganz langsam und vorsichtig hinab in einen Heuhaufen. Genießen Sie den Flug. Die Senoi würden vorschlagen, daß Sie den Fall fortsetzen, sanft landen und sich umsehen, welche Überraschung Sie an Ihrem Landeplatz erwartet. Sie glauben, daß Sie von einem Teil Ihres Selbst, das sich nur selten zu Wort meldet, in ein seltsames Land gerufen worden sind. Dort werden Sie eine Nachricht finden, etwas, das Sie intuitiv lernen oder verstehen werden. Erforschen Sie dieses neue Land. Versuchen Sie, die Erkenntnisse, die Sie dort erwarten, zu entdecken.

ÜBUNGSGRUPPE 9:
Freies Assoziieren

Morgenweisheit Nr. 3

Stellen Sie Ihren Wecker wieder auf zehn Minuten, und lassen Sie Ihren Gedanken freien Lauf. Die logischen und sequentiellen Denkmuster Ihrer linken Hemisphäre sind in dieser Übung überflüssig. Gestatten Sie den umherschweifenden Gedanken Ihres rechten Gehirns, unbewußte Gefühle und Assoziationen auszulösen. Denken Sie daran, nichts von dem, was Sie aufgeschrieben haben, zu lesen, ehe Sie am sechsten Tag die Anleitungen für die Deutung erhalten haben.

ÜBUNGSGRUPPE 10:
Geschenke der rechten Hemisphäre

Dritte Zusammenfassung der Einsichten

Wählen Sie aus der Bewußtheitskurve (S. 221) denjenigen Wert aus, der Ihrem gegenwärtigen Lebensgefühl am ehesten entspricht aus und schreiben Sie ihn auf. Vielleicht stellen Sie fest, daß Sie Ihre Gefühle inzwischen sehr viel schneller definieren können als zu Beginn dieser Übungen.

Haben Sie während der Arbeit mit dem Mandala allmählich ein wirkliches Gefühl für die Änderung Ihrer Gehirnwellen entwickelt? Einige Menschen bemerken dies bereits während der ersten Tage nach Beginn dieses Programmes. Andere stellen nie eine physiologische Veränderung fest, fühlen jedoch, daß sie in einem Modus der rechten Gehirnhälfte arbeiten, weil Sie plötzliche Eingaben aus dem Unterbewußtsein haben.

Halten Sie sich die Sache vor Augen, von der Sie sich befreit haben. Deuten die Formen oder Strukturen, die Sie ihr gegeben haben, in irgendeiner Weise auf Ihre Gefühle zu dieser Sache hin? Konnten Sie sich ihrer Macht entziehen, nachdem Sie sie begraben hatten? Gibt es irgend etwas in der natürlichen Einstellung Ihrer rechten Gehirnhälfte, das Ihre linke Gehirnhälfte verstehen sollte? Wenn ja, schreiben Sie es in Ihr Notizbuch.

Haben Sie bemerkt, wie viele Ideen an die Oberfläche kamen, als Sie Ihre Kritikfähigkeit für eine Weile ausgesetzt haben? Sehen Sie, wie wirkungsvoll Ihre rechte Gehirnhälfte sein kann, wenn ihr die Möglichkeit gegeben wird, ungezwungen mit Ideen und Einfällen herumzuspielen?

Was haben Sie von Ihrem Flugerlebnis gelernt? Haben Sie die Welt aus einer neuen Perspektive betrachtet? Wenn dies der Fall ist, hat diese Betrachtungsweise irgendwelche inneren Einstellungen oder Vorstellungen, die Sie in Bezug auf Ihre gegenwärtige Situation hatten, geändert?

Haben Sie im Verlauf Ihrer Phantasie etwas Beängstigendes oder Unangenehmes empfunden? Wenn ja, ist es vielleicht hilfreich, diesen Signalen Ihres Unbewußten besondere Aufmerksamkeit zu schenken, denn dies sind Bereiche, die potentiell Probleme für Sie in sich bergen. Wenn die Gefühle nicht außergewöhnlich schmerzhaft waren, werden Sie davon profitieren, sie auszuwerten und versuchen zu verstehen, warum sie Macht über Sie besitzen. Wenn Sie negative Gefühle haben, sprechen Sie sie aus und notieren Sie Ihre Beobachtungen dazu.

Ihre phantasievolle rechte Hemisphäre ist in hohem Maße stimuliert worden. Versuchen Sie, zwischen dieser und der nächsten Sitzung in Ihrem Arbeitszimmer für alle neuen Ideen oder Gefühle offen zu sein. Dabei sollten Sie jedoch ihren Zeitplan einhalten und sich nicht in eine emotional bedrohliche Situation begeben, während Sie noch verletzlich sind.

ÜBUNGSGRUPPE 11:
Affirmationen

Das Geschenk annehmen

Wie der Archäologe in unserer Geschichte, haben auch Sie sich auf die Suche nach etwas sehr Wertvollem begeben. Jetzt haben Sie endlich die Stelle gefunden, an der der Schatz begraben ist. Es liegt nun an Ihnen, ihn zu bergen.

Selbst die wertvollsten Dinge machen keine Freude, wenn sie für immer verborgen und unzugänglich bleiben;

man muß sie sehen, gebrauchen und genießen können. Kreatives Potential will sich ausdrücken können.

Die Affirmation für den dritten Tag des Programmes wird Sie ermutigen, diese einzigartige Kreativität, die nur Sie zum Ausdruck bringen können, anzuwenden.

Schreiben Sie Ihren Namen in jedes der freien Felder der folgenden Affirmation, die Sie in Ihr Notizbuch übertragen können. Während Sie jede Zeile laut vor sich hersagen und Ihren Namen an den vorgesehenen Stellen einsetzen, erinnern Sie sich an die Assoziation, die Sie hervorrufen können, um die Wirkung dieser Worte zu verstärken.

Wenn Sie zum Beispiel sagen: "Ich, _____, habe großes Verlangen, meine Kreativität in allen ihren Formen auszudrücken", wissen Sie, daß dies eine wohlüberlegte Einstellung ist, die Ihre Motivation aufrechterhalten wird.

Wenn Sie sagen, "Du, _____, hast ein großes Verlangen, deine Kreativität in all Ihren Formen auszudrücken", könnten Sie sich eine Person vorstellen, die Ihnen nahe ist und Sie mit solchen Worten ermutigt.

Wenn Sie sagen, "Sie (Er), _____, hat ein großes Verlangen, ihre (seine) Kreativität in all ihren Formen auszudrücken", könnten Sie an jemanden denken, dessen Phantasie und Engagement Sie sehr bewundern, und Sie könnten sich vorstellen, daß diese Person Ihre Motivation mit diesen Worten unterstützt. Schreiben Sie nun die drei Affirmationssätze auf und machen Sie sich diese Assoziationen zunutze.

Um Ihr rechtes Gehirn zu programmieren, wird es hilfreich sein, diese Motivation auf nonverbale Weise zu erfahren. Beginnen Sie wie gewohnt, indem Sie die Augen schließen, tief einatmen und sich in einen Zustand der Entspannung versetzen. Konzentrieren Sie sich auf einen Ort, der mit einem Kreativitätsbereich verbunden ist, in dem Sie sich gerne ausdrücken würden. Es kann das Studio eines Künstlers sein, eine Konzerthalle, ein Zeichentisch oder irgendein Platz bei Ihnen zu Hause oder in Ihrem Büro, an dem Sie gerne kreativ tätig wären. Stellen Sie sich vor, daß Sie sich an diesem Ort befinden und an einem Projekt arbeiten, das Sie schon immer in Angriff nehmen wollten. Sehen Sie vor Ihrem geistigen Auge, wie Sie eine ausgezeichnete Arbeit leisten. Vergegenwärtigen Sie sich das Gefühl, etwas erreicht zu haben - nicht durch Worte, sondern durch jenes innere Bewußtsein, das so angenehm ist. Sehen Sie, wie die Arbeit Fortschritte macht. Genießen Sie Ihr Werk im Verlauf des Entstehungsprozesses. Erfolg wird nicht nur durch das Lob und die Anerkennung anderer bestimmt, sondern zuallererst in Ihrem eigenen Bewußtsein begründet. Schenken Sie sich die Befriedigung zu wissen, daß das Werk, an dem Sie in Ihrer Visualisation arbeiten, eine hervorragende Arbeit ist und daß Sie auf Ihre Anstrengungen und Ihre Leistung stolz sein können.

16

Der vierte Tag

Während der ersten Urlaubstage an einem Ort, an dem
Sie noch nie zuvor waren, empfinden Sie vielleicht zusammen mit Ihrer Freude eine gewisse Beklommenheit. Denn
schließlich bergen neue Orte und neue Erfahrungen stets
auch jenes mysteriöse "Unbekannte" in sich. Aber am
vierten Tag haben Sie sich wahrscheinlich in Ihrer neuen
Umgebung eingelebt, und wenn die Wahl Ihres Urlaubs-
ortes glücklich war, werden Sie sich inzwischen auch entspannt haben und das Abenteuer genießen.

Bei dieser Reise in Ihr Inneres werden Sie anfangs unter
Umständen sehr ähnliche Ängste empfunden haben. Sie
werden sich gefragt haben, ob die Übungen nicht mehr
Gefühle erwecken könnten, als Ihnen recht ist. Würde
diese Stimulation zu den erwarteten Ergebnissen führen?
Würden die zu Beginn des Buches gemachten Verspre-
chungen erfüllt werden?

Ich hoffe, daß Sie nun, zu Beginn des vierten Tages, die
gleiche Begeisterung empfinden, wie die meisten Menschen,
die dieses Programm absolvieren. Lassen Sie sich mit Hilfe

dieser Übungen zu neuen Begegnungen mit Ihrem inneren Selbst führen. Erinnern Sie sich daran, daß eine Integration von Vergangenheit und Gegenwart Sie in die Lage versetzt, alle Ihre Erfahrungen für Ihre Kreativität zu nutzen.

Setzen Sie sich bequem hin und sorgen Sie dafür, daß Sie während der Übungen nicht gestört werden. Wie an jedem Tag im Verlauf dieses Programmes ist es wichtig, Ihre gegenwärtigen Gefühle der Spannung oder Entspannung zu überprüfen bovor Sie beginnen. Notieren Sie den Wert auf der Bewußtheitskurve (Seite 221), der Ihren augenblicklichen Gefühlen entspricht.

Richten Sie nun Ihre Aufmerksamkeit auf den Punkt der Bewußtheitskurve, der einen Zustand tiefer Entspannung angibt. Stellen Sie sich diesen Zustand der Ruhe und des inneren Friedens vor, während Sie den heutigen Tag in Angriff nehmen.

ÜBUNGSGRUPPE 1:
Überlisten der linken Gehirnhälfte

Mandala Nr. 4

Während Sie Ihre Aufmerksamkeit auf das Mandala auf der nächsten Seite richten, werden Sie sich einer ganz besonderen Fähigkeit bewußt: sich voll und ganz auf etwas konzentrieren zu können. Spüren Sie diese starke Konzentration ganz tief in Ihrem Inneren, so kann man dies auch als "Zentrieren" oder "Centern" beschreiben. Sie konzentrieren sich ohne Worte, ohne Gedanken, einzig und allein durch die besondere Aktivität Ihrer rechten Gehirnhälfte. Sie werden feststellen, daß Ihre Alltagssorgen Sie nicht aus der Konzentration bringen können, die Sie mit Hilfe des

Mandala errreichen. Das innere Plappern Ihrer linkshirnge-
steuerten Gedanken schwächt sich zu einem Flüstern ab
und verliert sich in einer tiefen Stille.

ÜBUNGSGRUPPE 2:
Biofeedback-Training

Die Kraft der Suggestion

Sie sitzen in Ihrem bequemsten Sessel, bringen Ihren Mind
in Einklang mit Ihrem Körper und denken über die Botschaft
nach, die er Ihnen sendet. Betrachten Sie anschließend Ihre
Gefühle und richten Sie Ihre Aufmerksamkeit auf die Beziehung zwischen Ihrem Mind und Ihrem Körper.

Atmen Sie tief durch in der einfachen und erholsamen Art
und Weise, wie Sie es gelernt haben. Zählen Sie beim Einatmen bis fünf ... halten Sie den Atem an ... und atmen Sie
wieder aus.

Atmen Sie nochmals tief durch ...
und vielleicht noch einmal.

Richten Sie Ihre gesamte Aufmerksamkeit nun auf Ihre Füße
und auf eventuelle Verspannungen in Ihren Füssen. Atmen
Sie ganz natürlich, und stellen Sie sich beim Einatmen vor,
daß Sie die Anspannung aus Ihren Füßen durch Ihren Körper in Ihre Lungen saugen. Bleiben Sie ein wenig bei
diesem Bild der geistigen Anspannung. Und nun stellen Sie
sich vor, daß Sie diese Spannung durch Ihren Mund ausatmen. Sie werden das Gefühl haben, als würde die Anspannung tatsächlich beim Ausatmen entweichen und damit
zugleich alle destruktiven Spannungen in Ihrem Körper.

Lassen Sie die Anspannung
aus Ihren Füßen entweichen ...
und entspannen Sie sich.

Konzentrieren Sie sich auf die Anspannung in Ihren Beinen.
Stellen Sie sich beim Einatmen vor, Sie würden die Anspannung aus Ihren Beinen in Ihre Lungen saugen. Halten Sie
die Spannung und zählen Sie bis fünf ... und stellen Sie sich
vor, daß Sie all diese Spannung aus Ihrem Körper ausatmen.

Lassen Sie die Anspannung
aus Ihren Beinen entweichen und ...
entspannen Sie sich.

Konzentrieren Sie sich auf die Anspannung in Ihrem Gesäß
und anschließend auf die in Ihrem Unterleib und in Ihrer
Beckengegend. Ziehen Sie beim Einatmen alle Anspannung
aus diesen Körperteilen und saugen Sie sie in Ihre Lunge.
Halten Sie die Spannung - und atmen Sie sie langsam aus
Ihrem Körper aus.

Lassen Sie die Anspannung aus Ihrem Gesäß,
Ihrem Unterleib und Ihrer Beckengegend entweichen.
Und entspannen Sie sich.

Und nun Ihre Brust und Ihre Schultern. Ziehen Sie die Anspannung in Ihre Lungen und atmen sie Sie durch Ihren
Mund aus.

Lassen Sie die Anspannung
in Brust und Schultern entweichen und ...
entspannen Sie sich.

Nun Ihre Arme: saugen Sie die Anspannung in Ihre Lungen. Die Anspannung anhalten ... zwei ... drei ... vier ... fünf und durch den Mund ausblasen, aus Ihrem Körper in die Luft.

Lassen Sie die Anspannung
in Ihren Armen entweichen und ...
entspannen Sie sich.

Fühlen Sie die Anspannung in Ihrem Nacken. Saugen Sie diese Anspannung in Ihre Lungen, halten Sie sie und blasen Sie sie beim Ausatmen hinaus.

Lassen Sie die Anspannung
in Ihrem Nacken entweichen und ...
enspannen Sie sich.

Während Sie einatmen fließt die Anspannung aus Ihrem Kopf in Ihre Lungen und wird beim Ausatmen aus Ihrem Körper hinausgeblasen.

Lassen Sie die Anspannung
in Ihrem Kopf entweichen und ...
entspannen Sie sich.

Ihre linke Gehirnhälfte hat keinerlei Interesse an dem, was Sie soeben getan haben.

Ihre rechte Gehirnhälfte dagegen ist nun stimuliert worden und bereit, Ihnen beim Erreichen Ihrer Ziele behilflich zu sein.

Genießen Sie das Gefühl von Frieden und Zuversicht. Denken Sie eine Weile über die Veränderungen nach, die sich jetzt, da Ihre rechte Gehirnhälfte das Kommando übernimmt, einstellen. Können Sie die Verlagerung von Ihrer linken Gehirnhälfte in Ihre rechte spüren?

Seien Sie sich der Veränderungen in Ihrem Mind und Ihrem Körper bewußt. Notieren Sie die entsprechende Zahl von der Bewußtheitskurve (Seite 221).

ÜBUNGSGRUPPE 3:
Phantasie-Reise

Eine geheime Höhle

Beginnen Sie diese Übung, indem Sie tief ein- und ausatmen, und kehren Sie in den Wald zurück, den Sie bereits am ersten Tag dieses Programmes betreten haben. Spüren Sie die kühle Luft auf Ihrer Haut. Der Tag ist in Nebel gehüllt.

Achten Sie beim Betreten des Waldes auf die Geräusche, die Sie hören ... den Geruch des Waldes ... und die Stimmung, die in diesem Wald herrscht ...

Gehen Sie zu dem Bach und betrachten Sie für einen Augenblick das rauschende Wasser. Genießen Sie die Geräusche und beobachten Sie, wie das Wasser gegen die Felsen geschleudert wird, ehe Sie eine sichere Stelle finden, an der Sie den Bach überqueren können.

Wählen Sie nun einen neuen Weg, über den Sie zu einem Gebirgspfad gelangen. Folgen Sie diesem Pfad, der Sie höher in die Berge führt ... immer höher ... bis Ihre Beine die Anstrengung spüren ... bis Sie nicht länger bergauf steigen wollen.

Halten Sie inne und sehen Sie sich um. Suchen Sie die Höhle, die fast völlig von Felsen verdeckt wird. Vergegenwärtigen Sie sich, daß Ihnen in der Höhle keine Gefahr zustoßen wird, und daß Sie dort etwas sehr Bedeutsames finden werden.

Beim Betreten der Höhle spüren Sie die kühle Luft auf Ihrer Haut. Warten Sie einen Moment; erlauben Sie zunächst Ihren Augen, sich an das gedämpfte Licht zu gewöhnen. Die Wände der Höhle sind rauh und feucht. Berühren Sie die Wände und fühlen Sie die Feuchtigkeit. Nehmen Sie das Geräusch eines Wasserfalls tief im Inneren der Höhle wahr.

Weiches Licht fällt aus einer hohen Öffnung in die Höhle. Sie können in die nächste raumartige Erweiterung der Höhle schauen. Betreten Sie diesen Raum und erkunden Sie die Höhle.

Während Sie noch tiefer in die Höhle vordringen, flakkert aus einer Seitenöffnung ein Feuer, und Sie sehen einen Menschen, der neben dem Feuer auf einem großen, flachen Felsen sitzt. Sie sind einer Person von großer Weisheit und Erkenntnis begegnet, die Ihnen die Antworten auf wichtige Fragen enthüllen kann und der Sie Ihr volles Vertrauen schenken können. Diese Person kennt Sie bereits seit sehr langer Zeit.

Stellen Sie dieser außergewöhnlichen Person eine Frage, die Ihnen besonders wichtig erscheint. Schreiben Sie diese Frage in Ihr Notizbuch.

Wie lautet die Antwort, die Sie erhalten?

Sie können gern noch weitere Fragen stellen. Halten Sie Fragen und Antworten in Ihrem Notizbuch fest.

Halten Sie sich vor Augen, daß diese weise und fürsorgliche Person durch die Kraft Ihrer rechten Gehirnhälfte erzeugt wurde - allein zu dem Zweck, Ihnen zu helfen, die geheimeren Bestandteile Ihres Selbst zu verstehen. Lassen Sie Ihre Imagination noch einen Moment in dieser Höhle verweilen. In der nächsten Übung werden Sie das Innere eingehender erforschen und wunderbare, überraschende Entdeckungen machen.

ÜBUNGSGRUPPE 4:
Erinnerungsstücke

Höhlenzeichnungen

Sie befinden sich noch immer mit der weisesten, fürsorglichsten Person, die Sie sich vorstellen können, im Innenraum der Höhle. Die Fragen, die Sie dieser außergewöhnlichen Person gestellt haben, wurden beantwortet, und es ist nun an der Zeit, daß Sie noch tiefer in die Höhle vordringen. Es werden Ihnen keine Gefahren zustoßen, und Ihre Entdeckungen werden Ihr Verständnis für Sie selbst erweitern.

Folgen Sie der weisen Person in den nächsten Raum. Es ist ein großer, ovaler Raum mit glatten Wänden und unter Ihren Füßen liegt weicher Sand. Ein schmaler Wasserkanal fließt durch den Raum. Das Wasser ist ein Meter tief und an der breitesten Stelle ungefähr zweieinhalb Meter breit.

In dem Wasser liegt ein Boot für Sie bereit; es ist klein und stabil gebaut. Die liebevolle Person hilft Ihnen in das Boot, mit dem Sie sich auf eine Reise zu einem Ort lebhafter Erinnerungen begeben. Vielleicht möchten Sie der Person noch etwas sagen bevor Sie aufbrechen. Wenn ja, nehmen Sie sich die Zeit und schreiben Sie es in Ihr Notizbuch.

Was ist es, das Sie vielleicht gefühlt haben, aber nicht über die Lippen brachten?

Was sagt diese Person Ihnen, ehe Sie ablegen?

Hatten Sie gehofft, daß Ihnen etwas gesagt würde, was nun ungesagt geblieben ist? Wenn ja, schreiben Sie auf, was Sie gerne gehört hätten.

Hören Sie genau zu, wenn diese fürsorgliche Person Ihnen diese Worte nun sagt.

Wenn es Ihnen sehr schwer fällt, sich zu verabschieden, können Sie die weise und liebevolle Person bitten, Sie auf Ihrer Reise zu begleiten.

Das Boot wird auf einzigartige Weise angetrieben: Es bewegt sich vorwärts oder rückwärts, je nachdem wie Sie es mit Ihren Gedanken steuern. Wenn Sie es sich im Boot bequem gemacht haben, lenken Sie das Boot vorwärts. Beachten Sie, wie leicht es sich durch das Wasser bewegt - langsam und sicher ... Der automatische Steuermann steuert Ihr Boot durch das Wasser, während Sie die Umgebung zu Ihrer Rechten und Linken betrachten.

Beachten Sie die Fresken an den Wänden der Höhle. Diese riesigen Wandmalereien zeigen Abschnitte aus Ihrem Leben, in denen Sie mit sich und den Entscheidungen, die Sie fällten, glücklich und zufrieden waren. Sie zeigen, wie kompetent und talentiert Sie in Wirklichkeit sind.

Steuern Sie Ihr Boot ganz nah an den Rand des Wassers, damit Sie die Bilder aus der Nähe betrachten können. Schauen Sie nur, wie zuversichtlich und glücklich Sie auf diesen Malereien wirken. Einige der Bilder zeigen "kleine Augenblicke" vertrauter Zeiten mit einem Freund. Andere Zeichnungen zeugen von allgemeineren Erfahrungen.

Schreiben Sie das, was Sie auf den Wandmalereien sehen, in Ihr Notizbuch.

Wenn Sie damit fertig sind, lenken Sie Ihr Boot vorwärts und lassen Sie sich den schmalen Bach hinabtreiben, während Sie die Szenen aus früheren Lebensabschnitten betrachten, bis Sie auf ein Bild stoßen, das Ihnen besonders gut gefällt. Schreiben Sie auf, was Sie sehen.

Befehlen Sie dem Boot anzuhalten und auf Sie zu warten, während Sie an Land gehen, um die Wandmalereien genauer zu betrachten.

Stellen Sie sich vor, direkt in die Szene hineinzutreten und sich in einen der Darsteller zu verwandeln, in den Hauptdarsteller. Während Sie die Szene betreten, werden Sie in die Zeit und an den Ort der Szene zurückversetzt, und Ihr Gedächtnis wird sich an alles erinnern, das Sie aus dieser Zeit zurückrufen möchten.

Erleben Sie noch einmal alle schönen und angenehmen Momente während jener Zeit, und schalten Sie alle störenden Empfindungen, die eventuell auftauchen könnten, aus. Erleben Sie noch einmal die Erfolgsgefühle. Und nun halten Sie alles, was Sie empfinden und sehen, schriftlich fest.

Nehmen Sie dieses Erfolgsgefühl mit sich, wenn Sie Ihr Boot wieder besteigen. Steuern Sie Ihr Boot nun weiter durch die Höhle. Sie sehen so herrliche Motive, wie Sie sie noch nie zuvor gesehen haben. Lassen sie sich von Ihrem Boot bis an den Ausgangspunkt zurückbringen - ins Sonnenlicht, an einen vertrauten Ort, wo Sie an Land gehen. Versetzen Sie sich nun mit der Kraft Ihrer Gedanken zurück in Ihr Arbeitszimmer.

ÜBUNGSGRUPPE 5:
Schreiben mit der anderen Hand

Aufdringliche Gedanken

Haben Sie jemals versucht, sich von bestimmten Gedanken zu befreien, die sich immer wieder gegen Ihren Willen einstellen? Sie überfallen Sie in ruhigen Momenten, stören Sie bei der Arbeit und lösen Aufruhr und Ängste aus. Diese Übung zeigt Ihnen, wie Sie sich von solchen lästigen Gedanken befreien können - wenn Sie wirklich tief in Ihre Phantasie eintauchen und es zulassen, daß sie realer wird als der lebhafteste Traum.

Wir schlagen zwei unterschiedliche Arten von Übungen vor: eine dient dazu, feindliche Eindringlinge auszuschalten, die andere, freundlich gesinnte für eine Weile zu vertrösten. Beide Arten von Eindringlingen können Ihre Produktivität beeinträchtigen und müssen gelegentlich aus Ihren Gedanken verbannt werden.

Die folgende Visualisation kam mir eines Tages, während ich an diesem Buch arbeitete. Während ich versuchte zu schreiben, nörgelten zwei streitsüchtige Personen ständig an meinen Einfällen herum. Die beiden waren weder Verwandte noch Freunde von mir. Dennoch schienen sie großen Einfluß auf meine Konzentrationsfähigkeit gewonnen zu haben. Daher mußte ich mir eine Übung ausdenken, um sie loszuwerden. Die beiden Personen hatten mit ihren negativen Einstellungen Stunden wertvoller Arbeitszeit ruiniert, ehe ich eine effektive Methode entdeckte, um sie aus meinen Gedanken auszuschließen.

Wenn Sie ebenfalls von zwei Nörglern belästigt werden sollten oder wenn Ihre Konzentration durch Ängste beeinträchtigt wird, stellen Sie sich Ihren Mind als Zimmer vor.

Stellen Sie sich vor, daß dieser Raum in Ihrem Kopf vorne zwei Löcher hat - offene Fenster könnte man sagen, wie Augen zur Welt. Und auf jeder Seite des Zimmers, wo die Ohren sitzen könnten, sind ebenfalls zwei Löcher.

Stellen Sie sich vor, daß Ihre Quälgeister sich in diesem Raum befinden und genau jene Dinge sagen, die sie in Ihrem inneren Dialog gesagt haben. Beobachten Sie, wie sie Sie zermürben, beschuldigen und verärgern. Wenn Sie ganz sicher sind, nun genug von alledem gehört zu haben, können Sie zur Tat schreiten.

Da Sie über eine außergewöhnliche Vorstellungskraft verfügen, können Sie diese Eindringlinge in zwei schimpfende Vögel verwandeln.

Die Vögel fliegen in dem Raum, der Ihr Mind ist, umher, machen Lärm, schlagen wild mit den Flügeln und lassen in dieser Aufregung auch Federn.

Wenn Sie sicher sind, *wirklich genug davon zu haben*, befehlen Sie einem der beiden Vögel, *aus Ihrem linken Ohr hinauszufliegen*!

Hören Sie, wie das Gezeter allmählich leiser wird, je weiter er davonfliegt.

Fordern Sie nun den anderen Vogel auf, durch Ihr rechtes Ohr hinauszufliegen.

Hören Sie zu, wie er davonfliegt und wie sein Lärmen in der Ferne verklingt.

Jetzt, da sich keine Vögel mehr in Ihrem Kopf befinden, nehmen Sie einen großen Staubsauger und saugen alle Federn, die auf dem Boden herumliegen, auf. Falls notwendig, können Sie den Raum auch naß aufwischen.

Stellen Sie sich vor, daß Ihr Mind frisch und sauber sein wird, nachdem Sie diese Arbeit beendet haben. Die Eindringlinge können nicht zurückkehren, da Sie es Ihnen nicht erlauben werden.

Von Zeit zu Zeit hören Sie vielleicht das Geschimpfe in der Ferne. Dann müssen Sie sich nur vor Augen halten, daß die Störenfriede nicht gegen Ihren Willen zurückkehren können.

Schreiben Sie diese Visualisation in Ihr Notizbuch. Als erstes sollten Sie die Eindringlinge benennen und beschreiben, wie sie aussahen, bevor Sie sie in Vögel verwandelten, und wie sie nachher aussahen.

Nehmen Sie den Kugelschreiber nun in Ihre nicht-dominante Hand und schreiben Sie einige andere "Vögel" auf, die in Ihrem Kopf destruktiven Lärm verursachen. Vielleicht kommt es Ihnen sogar in den Sinn, eine eigene Übung zu entwickeln, um sie auf andere Weise aus Ihren Gedanken zu vertreiben.

Auch freundliche Eindringlinge können Sie von der Arbeit abhalten. Manchmal muß man sich zunächst um sie kümmern, ehe das Leben weitergehen kann. Selbstverständlich brauchen Menschen, die Sie lieben und gern haben, Ihre Aufmerksamkeit, aber nicht unbedingt jetzt, während Sie arbeiten. Wenn in diesem Augenblick niemand Ihre Aufmerksamkeit braucht, können wir uns an die Arbeit machen, Ihre Sorgen über diese Menschen aus der Welt zu schaffen. Wenn Sie sich unter Umständen im Verlauf dieser Übung um ein Baby oder um einen alten Menschen kümmern müssen, sollten Sie auf diese Übung verzichten, um deren Bedürfnisse berücksichtigen zu können.

Wenn Sie allerdings wissen, daß Ihre Aufmerksamkeit während der verbleibenden Arbeitszeit nicht von anderen Personen in Anspruch genommen wird, setzten Sie diese Übung fort, um die Gedanken, durch die Sie abgelenkt werden, zu vertreiben.

Erstellen Sie eine Liste der Personen oder Dinge, die Ihrer Meinung nach Ihre Konzentrationsfähigkeit bei der Arbeit ablenken.

Entwerfen Sie nun in Ihrem Mind einen Ort, der Ihre Bedürfnisse für einige Stunden vollkommen zufriedenstellt. Wenn Sie sich um einen Verwandten, der krank ist, Sorgen machen, stellen Sie sich diese Person an einem Ort vor, wo die besten Ärzte und das beste Pflegepersonal sich um diese Person kümmern, bis Sie Ihre Arbeit beendet haben.

Stellen Sie sich vor, wie sicher und wie wohl sich die Person bei einem so fähigen und aufopferungsvollen Personal fühlen wird.

Wenn Sie sich Sorgen um einen Teenager machen, schicken Sie ihn zu einem besonderen Jugendzentrum, wo der Junge oder das Mädchen ein langes, ausführliches Gespräch mit einem der besten Therapeuten oder Berater der Welt führen kann. Stellen Sie sich weiterhin vor, daß diese Person, die Ihnen sehr nahe steht, von dieser Idee begeistert ist.

Wenn Sie Geldsorgen haben, überlassen Sie die Problematik einem Finanzberater, der bereits mehr finanzielle Krisen überwunden hat als jeder andere im Land. Stellen Sie sich vor, daß Ihre Angelegenheit für die nächsten Stunden in guten Händen liegt.

Überprüfen Sie nun noch einmal die Liste, die Sie soeben angefertigt haben, und die Lösungen, die Sie für die einzelnen Punkte gefunden haben. Seien Sie sich bewußt darüber, daß die Menschen sich *gerne* an den jeweiligen Ort, den Sie für sie entworfen haben, begeben (was in einigen Fällen selbst schon ein kleines Wunder ist). Sie können sich sogar vorstellen, wie sehr sie sich, nachdem Sie Ihre Arbeit beendet haben, bei Ihnen dafür bedanken werden, daß Sie ihnen eine so phantastische Umgebung geschaffen haben.

Schicken Sie sie nun zu diesem Ort, um mit der Arbeit beginnen zu können.

Nehmen Sie Ihren Kugelschreiber in die andere (nichtdominante) Hand und beschreiben Sie, wie Sie sich nun fühlen, nachdem Sie nun für einige Stunden jeglicher Verantwortung enthoben sind.

ÜBUNGSGRUPPE 6:
Die Stimulierung der Sinne

Eine andere Art des Fühlens

Schließen Sie Ihre Augen und atmen Sie tief durch. Legen Sie die Hand, mit der Sie gewöhnlich schreiben, auf den Rücken der anderen Hand und fühlen Sie die Knochen, die Venen und die Haut, so wie Sie es am ersten Tag dieses Programmes taten. Bewegen Sie Ihre Hand, um ein Kleidungsstück, das Sie tragen, zu fühlen und den Stoff, die Strukturen und die Temperatur genau wahrzunehmen. Suchen Sie einen anderen Stoff auf dem Sessel oder auf dem Boden, um den Unterschied zu spüren.

Öffnen Sie die Augen und berühren Sie
einen Gegenstand aus Holz ...
einen Gegenstand aus Stein oder Glas.

Gehen Sie im Zimmer umher und suchen Sie nach anderen Gegenständen, die Sie berühren und ertasten können. Denken Sie über die Unterschiede nach, nicht in Worten, sondern halten Sie sich mit dem nonverbalen Bewußtsein Ihrer rechten Gehirnhälfte die Einzigartigkeit jedes dieser Dinge vor Augen.

Wenn ein Gegenstand im Zimmer sehr detailliert geformt ist, fahren Sie mit den Händen über die Oberfläche und ertasten Sie jedes Detail mit Ihren Fingern.

Setzen Sie sich nun einen Augenblick mit geschlossenen Augen hin.

Stellen Sie sich vor, daß Sie Ihre Hand in warmes Wasser tauchen. Plötzlich wird das Wasser kühler und kühler. Lassen Sie die Hand im Wasser, auch wenn es sich jetzt noch weiter abkühlt. Wenn das Wasser kalt ist, *ziehen Sie in Erwägung,* Ihre Hand herauszuziehen, lassen Sie sie jedoch noch einen kleinen Moment im Wasser. Erst wenn das Wasser wirklich unangenehm kalt ist, ziehen Sie die Hand heraus.

Wickeln Sie die Hand nun in eine imaginäre weiche Decke ein. Lassen Sie die Decke immer wärmer werden, wärmer und wärmer. Stellen Sie sich vor, es sei eine Heizdecke, und Sie drehen die Temperatur mit Ihrer anderen Hand auf HEISS. Lassen Sie Ihre Hand in der Decke, bis es unangenehm heiß ist, und legen Sie dann die Decke beiseite.

Wenn Sie die Temperaturschwankungen gespürt haben - und sei es nur in begrenztem Ausmaß - haben Sie sich selbst erneut bewiesen, welche Macht Ihr Mind über Ihren Körper hat. (Diese Übung kann auf den ganzen Körper erweitert werden, um sie an besonders heißen oder kalten Tagen zu nutzen.)

Aufgrund Ihrer geistigen Vorstellungskraft sind Sie in der Lage, überall, wo Sie sich aufhalten, die gewünschte Temperatur zu erzeugen. Erinnern Sie sich an die Yogis, die selbst bei Minustemperaturen nur mit einem dünnen Hemd bekleidet sind? Eine derartige Kontrolle erfordert natürlich jahrelange Übung. Die meisten von uns wären wahrscheinlich schon zufrieden, wenn sie Ihr Temperaturempfinden um fünf bis zehn Grad nach oben oder unten regulieren könnten.

Anhand dieser Übung können Sie auch mit Ihrer Einbildungskraft und Ihrem Wahrnehmungsvermögen für taktile Gegenstände spielen, um vergessene Informationen wieder zugänglich zu machen.

Wenn Sie sich an irgend etwas erinnern möchten, so benutzen Sie Ihre sinnliche Wahrnehmung, um sich in diese Zeit zurückzuversetzen. Erinnern Sie sich an das Gefühl von Kleidung, schweren Wintermänteln oder Schals, an das Gefühl eines Fells oder an die Sanftheit von Seide.

Lassen Sie sich von den Erinnerungen Ihres Tastsinnes um ein Jahr zurückversetzen, noch ein Jahr, und noch ein Jahr ...

338

Erinnern Sie sich an das Gefühl einer Berührung, um etwas
wiederzuentdecken, das Sie vergessen hatten.

ÜBUNGSGRUPPE 7:
Phantasieren

Sie sind der Autor: Dies ist Ihr Drehbuch

Stellen Sie sich vor, Sie seien ein erfolgreicher Autor und
schreiben gerade an einer Geschichte. Vergewissern Sie sich,
daß Sie Ihre linke Gehirnhälfte bei der Bestimmung von Ort,
Personen und Handlung nicht zu Rate ziehen. Ihre rechte
Gehirnhälfte hat für Sie eine Geschichte parat, und wenn Sie
sich still hinsetzen und aufnahmebereit sind, wird diese
Geschichte sich vor Ihrem geistigen Auge entwickeln.

Einige Autoren beginnen mit den Figuren, andere mit der
Handlung, wieder andere mit einem visuellen Eindruck.

Nehmen wir einmal an, Sie würden gerne mit der Wahl
des Handlungsortes beginnen. Bleiben Sie ruhig sitzen, während Ihr Mind die einzelnen Möglichkeiten durchgeht; seien
Sie aufnahmebereit für das Bild, das auftauchen wird. (Wenn
Ihr Mind sich für keinen bestimmten Ort entscheidet, können
Sie die Flugphantasie von gestern wiederholen, um die Erde
zu überblicken und den geeigneten Ort zu finden). Wenn Sie
den ersten Handlungsort gefunden haben, beschreiben Sie
ihn: was sehen, hören, schmecken, fühlen und riechen Sie?

Setzen Sie sich ruhig an den Ort, den Ihre rechte Gehirnhälfte ausgesucht hat, und warten Sie, bis der erste Darsteller
auftaucht. Es kann durchaus jemand sein, mit dem Sie ganz
und gar nicht gerechnet haben. Um was für eine Person handelt es sich? Was empfindet diese Person? Mit welchem spezifischen Dialog wird Ihre Geschichte beginnen?

Setzen Sie sich an den Rand der Szene. Beobachten, hören und fühlen Sie alles, was sich vor Ihren Augen abspielt, und halten Sie es schriftlich fest. Von Zeit zu Zeit möchten Sie vielleicht selbst in die Rolle einer der Darsteller schlüpfen, um nachvollziehen zu können, was sich aus einer ganz bestimmten Perspektive gesehen abspielt.

Zu einem anderen Zeitpunkt möchten Sie vielleicht die Rolle eines anderen Darstellers übernehmen und alles aus der Perspektive dieser Person wahrnehmen. Ganz gleich wie Sie dabei vorgehen möchten - Ihr Ansatz ist richtig. Entdecken Sie Ihren eigenen Weg in die Geschichte, je nachdem, wie es Ihre rechte Gehirnhälfte vorschlägt.

Beginnen Sie nun, Ihre Geschichte aufzuschreiben. Sie können in ihr interessanten Personen begegnen. Wenn Darsteller, Handlung und Ort der Handlung Sie hinreichend faszinieren, können Sie die Geschichte zum Abschluß bringen. Lassen Sie die Geschichte sich entwickeln, während Sie schreiben.

Wenn Sie mehr über Geschichten und die Art und Weise, wie Sie geschaffen werden, erfahren möchten, wenden Sie sich nun der nächsten Übung zu.

ÜBUNGSGRUPPE 8:
Traumarbeit

Lernen Sie den Produzenten Ihres Traums kennen

Sie werden sich an die Erzählungen von Steve Allen und Dr. James Grotstein über ein Traumtheater erinnern. Sie können sich diese Erkenntnisse für Ihre eigene Traumarbeit zunutze machen. Halten Sie in Ihrem Notizbuch den Traum der letzten oder vorletzten Nacht fest.

Atmen Sie tief durch und entspannen Sie sich. Schließen Sie die Augen und stellen Sie sich ein Zimmer vor, in dem Ihre Träume erschaffen werden. Dieser Raum, der sich in Ihrer rechten Gehirnhälfte befindet, braucht dennoch keinerlei Ähnlichkeit mit einem Gehirn zu haben, da er ein Produkt Ihrer Phantasie ist. Stellen Sie sich den Raum so vor, wie Sie ihn haben möchten. Vielleicht fällt es Ihnen leichter, wenn Sie sich einen dunklen Ort vorstellen, wo Nachtwesen in dämmrigen Ecken liegen, während der Traumproduzent in einem bequemen Sessel Platz genommen hat. In dem Raum kann eine mysteriöse Atmosphäre herrschen - es handelt sich schließlich um einen Ort der Metaphern und Traumsymbole.

Treten Sie langsam in diesen Raum. Geben Sie Ihren Augen Zeit, sich an das dämmrige Licht zu gewöhnen. Jetzt, da Sie sich in dem Raum befinden, bewegen Sie sich langsam auf den Produzenten zu und sprechen Sie ihn freundlich an. Bieten Sie dieser kreativen Persönlichkeit ein Geschenk an. Vielleicht haben Sie Gebäck mitgebracht, oder eine Flasche Wein, oder auch einen Blumenstrauß. Erklären Sie dem Produzenten, daß Sie keineswegs die Absicht haben, ihn zu belästigen, sondern lediglich ein besseres Verständnis für die Aufführungen suchen, die Nacht für Nacht in Ihrem Kopf stattfinden. Erklären Sie ihm, daß Sie häufig faszinierende Bilder sehen, die Sie verwirren und befremden - die manchmal (wie es sich für jedes gute Theater gehört) sogar Ängste bei Ihnen auslösen. (Es ist nie falsch, einem Wunsch Lob vorauszuschicken, daher empfehle ich, daß Sie sich zunächst bei dem Produzenten für alle unterhaltsamen Produktionen, an die Sie sich erinnern, bedanken.)

Bitten Sie nun den Produzenten, der sicherlich eines Ihrer kreativsten Elemente verkörpert, einige Fragen, die Sie zu einigen Aufführungen haben, zu beantworten. Warum wiederholt sich zum Beispiel ein bestimmter Traum immer wieder, wie das Sommerprogramm im Fernsehen? Welche

Botschaft, die Sie bislang noch nicht entschlüsselt haben, könnte er enthalten? So sehr Sie Rätsel auch mögen, noch mehr sind Sie an deren Lösungen interessiert. Bitten Sie den Produzenten, Ihnen die Dinge, die Sie im Traum der vergangenen Nacht nicht verstanden haben zu erklären.

Wenn Ihr Produzent sich weigert, eine Frage zu beantworten, vertrauen Sie der Diskretion Ihres inneren Selbst. Traumproduzenten, die ja ganz und gar im Unbewußten existieren, wissen, daß der bewußte Mind manchmal noch nicht in der Lage ist, sich mit Informationen auseinanderzusetzen, die in nächtlicher Symbolik angedeutet wurden. Vielleicht ist für Sie noch nicht der richtige Zeitpunkt gekommen, um die vollständige Antwort zu erfahren. Fragen Sie den Produzenten, wie Sie sich auf diese Information vorbereiten können. Wenn Sie auch darauf keine Antwort erhalten, bitten Sie um einen erklärenden Traum, der Sie dem Verständnis einen Schritt näher bringt. ich vermute, daß Sie dies mit etwas Druck tun. Sie sollten jedoch stets darauf achten, Ihren Produzenten nicht zu sehr zu drängen. Seien Sie sich der kreativen Geschenke auf respektvolle Weise bewußt. Behandeln Sie Ihre Träume wie einen Vogel, der vollkommen ruhig in Ihrer geöffneten Hand sitzt.

ÜBUNGSGRUPPE 9:
Freies Assoziieren

Morgenweisheit Nr. 4

Stellen Sie Ihren Wecker wieder auf zehn Minuten und schreiben auf, was Ihnen spontan in den Sinn kommt (und denken Sie daran, nichts von dem, was Sie aufschreiben, vor dem sechsten Tag zu lesen). Erinnern Sie sich daran, daß diese Übung Ihnen Zugang zu unbewußten Materialien ermöglicht, die in Ihrem Privat- und in Ihrem Berufsleben von spezifischer Bedeutung sein können.

ÜBUNGSGRUPPE 10:
Geschenke der rechten Gehirnhälfte

Vierte Zusammenfassung der Einsichten

Suchen Sie auf der Bewußtheits-Kurve (Seite 221) den Wert, der Ihrem momentanen Lebensgefühl am ehesten entspricht und notieren Sie ihn.

Entwickeln Sie allmählich ein Gefühl für die Verlagerung, die stattfindet, wenn Sie von einer Hemisphäre zur anderen wechseln? Manchen Menschen fällt es ganz leicht, andere wiederum finden es sehr schwierig. Ganz gleich, wie es sich bei Ihnen verhält, seien Sie unbesorgt. Ihre Arbeit macht Fortschritte und wird sich auch in Zukunft gut weiterentwickeln. Wie schnell Sie dabei Fortschritte machen ist von sekundärer Bedeutung - wichtig ist, daß die Richtung stimmt.

Fällt Ihnen das Visualisieren inzwischen leichter? Sie könnten zum Beispiel darüber nachdenken, wie real die Höhle und die Höhlenzeichnungen Ihnen im Vergleich zu dem Haus inmitten der Wiesen vorkamen. Welche Veränderungen fallen Ihnen bei Ihren Visualisierungen auf? Was sehen oder fühlen Sie? Was schmecken Sie? Was riechen Sie? Die größte Veränderung ist vielleicht Ihre Fähigkeit, "in die Erfahrung einzusteigen". Beschreiben Sie Ihre Gedanken und Gefühle in Ihrem Notizbuch.

Glichen die Darsteller in der Drehbuch-Übung Personen, die Sie kennen? Menschen, die Sie als Erweiterungen Ihrer selbst empfanden? Möchten Sie mit diesen Darstellern noch einmal arbeiten?

Erstellen Sie eine Liste der Erkenntnisse Ihrer rechten Gehirnhälfte. (Seien Sie sich auch der Ideen bewußt, die Sie noch nicht greifen und in Worte fassen können, die aber darum kämpfen, ins Bewußtsein vorzudringen).

Denken Sie aber auch daran, wie wichtig es ist, Wünsche der rechten Gehirnhälfte dem analytischen Urteil Ihrer linken Hemisphäre zu unterziehen, ehe Sie diese in die Tat umsetzen.

ÜBUNGSGRUPPE 11:
Affirmationen

Sie haben die Macht

Sie haben die Macht, die Gegenwart durch Erinnerungen zu bereichern, von guten Zeiten zu zehren und schwere Zeiten als Katalysator Ihrer Entwicklung zu nutzen.

Programmieren Sie Ihre linke Gehirnhälfte darauf, die Verantwortung für Ihre Stimmung, Ihre Aktivität und Ihren Erfolg zu übernehmen.

bertragen Sie die folgenden Affirmationen in Ihr Notizbuch und lesen Sie sie laut vor:

Ich, _____, übernehme die Verantwortung für den konstruktiven Gebrauch meiner Kreativität.

Schreiben Sie den vollständigen Satz in Ihr Notizbuch.

Stellen Sie sich nun vor, daß eine Person, die Ihnen sehr nahe steht, Ihnen bestätigt, daß die Macht über diese Entscheidung ganz allein bei Ihnen liegt:

Du, _____, übernimmst die Verantwortung für den konstruktiven Gebrauch Deiner Kreativität.

Schreiben Sie den Satz in Ihr Notizbuch, und sprechen Sie die Worte laut mit, damit sich ihre volle Bedeutung in Ihren Mind einprägen kann.

344

Stellen Sie sich nun vor, daß eine sehr bekannte und angesehene Person die folgende Aussage über Sie macht: Sie/Er, _____, übernimmt die Verantwortung für den konstruktiven Gebrauch ihrer/seiner Kreativität.

Prgrammieren Sie nun Ihre rechte Gehirnhälfte, Ihr fühlendes Selbst, mit dem folgenden Bild:

Atmen Sie mit geschlossenen Augen tief durch und versetzen Sie sich an den besonderen Ort, den Sie sich vorgestellt haben, und den Sie deutlich vor Ihrem geistigen Auge sehen. Stellen Sie sich vor, dort ruhig und entspannt zu sitzen, im Einklang mit der inneren Ruhe, die sich im Verlauf der Übung einstellt.

Imaginieren Sie direkt vor Ihnen einen Bereich, in dem sich alle Hilfsmittel und sämtliches Werkzeug befinden, das Sie für die Durchführung Ihrer Lieblingsbeschäftigung benötigen. Es könnte zum Beispiel ein Tisch sein, auf dem die Ausstattung für Ihren Beruf liegt. Alles - mit Ausnahme Ihrer eigenen Person - befindet sich in diesem Bereich. Sie sitzen ein wenig entfernt davon, umgeben von vielen angenehmen Dingen, die Sie von der Arbeit, die Sie durchführen möchten, abhalten könnten. Erstellen Sie Ihre eigene Liste von Dingen, durch die Sie abgelenkt werden könnten: Es könnte eine Stereoanlage oder ein Fernsehgerät sein, Ihr Tennisverein oder ein Stapel mit "dringenden Erledigungen". Sicherlich wird Ihnen ähnliches einfallen. Tragen Sie diese Dinge in Ihr Notizbuch ein.

Stellen Sie sich nun vor, daß Sie an diesen Dingen, die Sie ablenken, vorbeigehen, hinüber zu dem Bereich, an dem Ihre Arbeit auf Sie wartet. Umgeben Sie den Arbeitsbereich mit schützenden Trennwänden oder ähnlichem. Setzen Sie sich in die Mitte dieses abgegrenzten Bereichs.

Verharren Sie eine Weile in diesem Bereich und lassen Sie sich von dem Gefühl, das die Sie umgebenden Dinge auf Sie ausüben, einnehmen. Vielleicht spüren Sie ein leises

Kribbeln entlang Ihres Rückens, das Ihre Vorfreude auf die Arbeit zum Ausdruck bringt.

Erleben Sie nun ohne Worte das Verantwortungsgefühl, das kreative Arbeit mit sich bringt. Empfinden Sie Ihre Freude darüber. Akzeptieren Sie die Tatsache, daß diese Freude auch hartes Arbeiten mit sich bringt. Hören Sie die Geräusche der Umwelt, die von außen zu Ihnen in den Arbeitsbereich dringen. Treffen Sie nun Ihre Wahl, mit dem vollen Bewußtsein dafür, was Sie wirklich für sich erreichen möchten. Entscheiden Sie sich.

17

Der fünfte Tag

Der Ort der Stille in Ihnen ist immer zugänglich für Sie, ganz gleich, welche Ängste die Außenwelt in Ihnen auslöst. Es liegt in Ihrer Macht, sich jederzeit an diesen Ort der Entspannung und Erneuerung zurückzuziehen.

Wenn Sie sich einmal bewußt geworden sind, welche Macht Sie über das Ausmaß der Entspannung Ihres Körpers besitzen, werden Sie die weitreichenden Anwendungsmöglichkeiten von Übungen mit der rechten Gehirnhälfte verstehen. Mit den Kräften Ihres Mind können Sie Ihre eigene innere Umgebung erschaffen. Sie können den Zustand tiefer Entspannung als Ausgangspunkt nehmen, von dem aus Sie sich auf hohe Energie und Kreativität zubewegen. Und in einem viel größeren Umfang als Sie bisher realisiert haben, verfügen Sie über die Möglichkeit, Erfolg als wichtigen Bestandteil in Ihr Leben zu integrieren. Lassen Sie Ihren Mind ruhig nach Erfolg verlangen, so daß Sie in Ihrer alltäglichen Realität für alles Positive empfänglich sind.

Nehmen Sie nun in einem bequemen Sessel in Ihrem Arbeitszimmer Platz und beobachten Sie Ihre Gedanken und Gefühle. Berücksichtigen Sie den Spannungszustand Ihres Körpers und Ihr Energiepotential, wenn Sie aus der Bewußtheits-Kurve (Seite 221) diejenige Zahl auswählen, die Ihre gegenwärtigen Gefühle am genauesten widergibt.

Konzentrieren Sie sich auf den Begriff "tiefe Entspannung" der Kurve. Während Sie die Worte betrachten, lassen Sie es zu, daß die tiefstmögliche Bedeutung dieses Begriffes zu einer Realität in Ihrer Erfahrung wird.

ÜBUNGSGRUPPE 1:
Überlisten der linken Gehirnhälfte

Mandala Nr. 5

Versuchen Sie, dem Mandala ein wenig mehr Zeit zu widmen als in den vergangenen Tagen. Vergessen Sie nicht, daß Sie das Plappern Ihrer inneren Stimme beruhigen wollen, während Ihre rechte Hemisphäre sich mit den räumlichen Beziehungen des Musters beschäftigt.

ÜBUNGSGRUPPE 2:
Biofeedback-Training

Die Kraft der Suggestion

Atmen Sie tief durch Ihre Nase ein. Halten Sie den Atem an und atmen Sie langsam durch den Mund aus. Inzwischen gelingt es Ihnen wahrscheinlich bereits, allein durch einmaliges tiefes Einatmen einen Zustand tiefer Entspan-

nung zu erreichen. Lassen Sie sich durch diese Biofeed-back-Übung in eine noch tiefere Entspannung versetzen.

Werden Sie sich des Gewichts Ihrer Augenlider be-wußt, die schwerer und schwerer werden, bis Sie den Wunsch haben, Ihre Augen zu schließen und die tiefe Entspannung zu empfinden.

Konzentrieren Sie sich auf Ihre Füße

während Sie die Muskeln anspannen,
die Spannung halten ...
und wieder entspannen.

Ihre Füße fühlen sich warm und sehr schwer an und sind sehr entspannt.

Konzentrieren Sie sich auf Ihre Beine

während Sie die Muskeln anspannen,
die Spannung halten
und wieder entspannen.

Ihre Füße fühlen sich warm
und schwer
und noch entspannter an.

Und nun Ihr Gesäß

anspannen ... halten ... entspannen.

Ihr Gesäß fühlt sich warm
und schwer
und entspannt an.

Und nun Ihr Bauch ...

anspannen ... halten ... entspannen.
Ihr Bauch fühlt sich warm
und schwer
und entspannt an.

Nun Ihre Hände ...

anspannen ... halten ... entspannen.
Ihre Hände fühlen sich warm
und schwer
und entspannt an.

Und Ihr Nacken ...

anspannen ... halten ... entspannen.
Ihr Nacken fühlt sich warm
und schwer
und entspannt an.

Zählen Sie langsam rückwärts von 10 bis 0.

10 ...
Während Sie rückwärts zählen,
fühlen Sie, wie Ihr Körper sich entspannt
tiefer und tiefer
in einen Zustand der Entspannung
tiefer und tiefer
9
Stellen Sie sich vor, eine lange Treppe hinunter-
zugehen ...
8
Sie entspannen sich mehr und mehr

7
und Sie gehen hinab ...
6
und weiter hinab
5
und fühlen sich noch entspannter
4
unendlich entspannt
3
schwerer
2
schwerer und wärmer
1
Sie fühlen sich wunderbar entspannt
vollkommen ruhig
und sinken in immer tiefere Entspannung.

Wenn Sie vollkommen entspannt sind, stellen Sie sich vor, wie Sie sich auf einer weichen, einladenden Decke ausstrecken, an jenem wunderbaren Zufluchtsort, an dem Sie sich sehr gerne aufhalten, wo Sie kreativer sind als an jedem anderen Ort, wo Sie sehr rasch Antworten auf Probleme finden, wo Sie Ihre intuitiven Kräfte freisetzen und die Lösungen finden, die für Sie persönlich am besten sind.

Sie möchten vielleicht noch ein wenig an diesem Ort Ihrer Vorstellung verweilen.

Vielleicht möchten Sie aber auch bis drei zählen, Ihre Augen öffnen und sich erfrischt und munter fühlen.
Notieren Sie die Zahl auf der Bewußtheits-Kurve (auf Seite 221), die Ihre gegenwärtigen Gefühle am genauesten wiedergibt.

ÜBUNGSGRUPPE 3:
Phantasie-Reise

Hinter verschlossenen Türen

Atmen Sie tief und entspannt durch und teilen Sie Ihrem Körper auf diese Weise mit, daß Sie bereit sind, einen Bewußtseinszustand der rechten Gehirnhälfte einzunehmen.

Stellen Sie sich vor, daß Sie einen langen, schmalen Korridor mit gedämpfter Beleuchtung entlanggehen. In der Ferne hören Sie Musik, Klänge, die Ihnen vage bekannt vorkommen - so als hätten Sie sie vor vielen Jahren schon einmal gehört.

Sie erreichen das Ende des Korridors, wo sich ein großer, runder Raum befindet; von diesem Raum gehen viele Türen ab, und jede Tür hat eine Nummer.

Treten Sie in diesen Raum und berühren Sie die Klinke jeder Tür. Die Zahlen auf den Türen stehen jeweils für Ihr entsprechendes Lebensjahr, und jede weitere Tür führt ein Jahr weiter zurück in Ihre Vergangenheit. Natürlich wissen Sie, daß Sie frei wählen und durch jede beliebige Tür treten können und alles das erfahren können, was Sie aus diesem Jahr erfahren möchten.

Unter den vielen Türen könnte eine sein, die Sie nicht öffnen sollten. Wenn dies der Fall ist, werden Sie auch nicht in diese Tür eintreten.

Wählen Sie eine Tür, die zu einem wichtigen Jahr in Ihrem Leben führt, und seien Sie sich bewußt darüber, daß Sie sowohl eine glückliche als auch eine schwierige Zeit auswählen können, jedoch auf keinen Fall einen Zeitraum, der mit einem zerstörerischen Trauma verbunden ist, falls sich so etwas in Ihrem Leben ereignet hat.

Berühren Sie den Griff der Tür, zu der Sie sich am meisten hingezogen fühlen und betrachten Sie die Zahl. Halten Sie sich diese Zahl sorgfältig vor Augen und drücken Sie dann die Klinke hinunter, um den von Ihnen gewählten Raum zu betreten.

Wenn Sie durch die Tür treten, achten Sie darauf, daß Ihr Körper nun die gleichen Gefühle empfindet wie in dem entsprechenden Jahr.

Und Sie sind sich der Gerüche bewußt
und der Geräusche
und des Gefühls, das dieser Ort vermittelt.

Sie sind vielleicht überrascht darüber, wen Sie dort antreffen ...

Oder auch nicht.
Vielleicht haben Sie die ganze Zeit lang gewußt,
wer dort auf Sie warten würde.

Beschreiben Sie in Ihrem Notizbuch, was Sie an diesem Ort vorfinden.

Beschreiben Sie, wen Sie sehen ...

und was gesagt wird ...

und was Sie damals sagen mußten
und was Sie heute sagen ...

354

und was Sie damals hören wollten
und was Sie heute hören möchten.

Wenn Sie möchten, können Sie sich noch eine Weile an diesem Ort aufhalten. Sie können aber auch bis drei zählen und in die Gegenwart, und damit in die Realität des Alltagslebens zurückkehren.

Vielleicht hat das Kind, das noch immer ein Teil Ihres Selbst ist und neben dem Erwachsenen existiert, der ebenfalls ein Teil Ihres Selbst ist, eine neue Erkenntnis über die Zeit Ihrer Kindheit gewonnen oder schmerzliche, beunruhigende Gefühle aus dieser Zeit aufgearbeitet. Wenn dies der Fall ist, halten Sie es in ihrem Notizbuch fest.

ÜBUNGSGRUPPE 4:
Erinnerungsstücke

Mißerfolge in Erfolge verwandeln

Fast jeder von uns kann sich an ein unangenehmes Ereignis während seiner Kindheit erinnern, das in seiner Erinnerung über die Jahre hinweg weiterlebt. Manche Menschen versuchen, diese Gedanken zu unterdrücken, fühlen sich aber doch von Zeit zu Zeit zu dieser Erinnerung hingezogen. Andere wiederum empfinden es als hilfreich, diese Gefühle auszuleben und die emotionale Verfassung zu "verbessern". Die Realität dessen, was geschah, ist nicht so kritisch wie unsere *Reaktion* auf diese Realität. Romanschriftsteller verarbeiten Ihre Vergangenheit ständig. Sie können dies ebenso.

Versetzen Sie sich in einen Zustand tiefer Entspannung, indem Sie tief und langsam einatmen, und
lassen Sie Ihre Gedanken so weit in die Vergangenheit schweifen, bis Sie auf ein Ereignis stoßen, das Sie
gerne verarbeiten möchten. •

Solange Sie nicht eine gewisse Erfahrung im Verarbeiten
von Erinnerungen gesammelt haben, sollten Sie kein trau-
matisches Ereignis wählen. Aber vielleicht sollten Sie sich
doch für eine Erinnerung an ein solches Ereignis entscheiden, bei dem Sie etwas taten oder sagten, das bei anderen
Menschen in irgendeiner Weise auf Ablehnung stieß.
Sicherlich ist es eine Erinnerung, die sich recht häufig bei
Ihnen einstellt. Viele Menschen haben ein leicht auszu-
lösendes Erinnerungsvermögen, das mit Gefühlen der Un-
zulänglichkeit verbunden ist. Beschließen Sie nun, daß Sie
diese Erinnerung zu Ihrem Vorteil verarbeiten wollen.
  Halten Sie sich vor Augen, daß die Erinnerung Ihnen
keinerlei Schaden zufügen, sondern eine heilsame Assoziation erzeugen wird, mit deren Hilfe Sie die Macht dieser
Erinnerung herabmildern werden.

Versetzen Sie sich in dieses Gefühl, indem Sie zunächst
den Ort visualisieren, an dem sich dieses unangenehme Ereignis zutrug. Vielleicht ist es hilfreich,
sich an Farben, Strukturen, Gerüche und den
Geschmack dessen zu erinnern, was Sie dort erlebt
haben. Erschaffen Sie nun diese Szene in Ihrem Mind,
wobei Sie auch die Gefühle berücksichtigen, die Sie
damals bewegten.

Halten Sie an dem Punkt der Szene inne, der für Sie am
unangenehmsten war, und stellen Sie sich vor, was Sie sich
damals stattdessen wünschten. Lassen Sie dies nun ein-

treten. Denken Sie daran: In Ihrer Phantasie haben Sie die Macht, diesen Wunsch Wirklichkeit werden zu lassen. Durchdringen Sie die Kraft dieses Ereignisses mit dieser neuen Entwicklung, dieser *Neuschöpfung,* die die negativen Assoziationen auslöscht und Ihnen ein positives Selbstgefühl vermittelt.

Lassen Sie die Person, bei der Sie auf die größte Ablehnung stoßen, auf Sie zutreten und etwas Positives zu Ihnen sagen. Hören Sie aufmerksam zu, während die Person aus Ihrer Vergangenheit etwas sagt, das bei Ihnen ein positives Selbstgefühl auslöst.

Wenn es eine Person gibt, von der Sie in den Arm genommen werden und gesagt bekommen möchten, daß Sie geliebt werden, lassen Sie die Person zu Ihnen treten und dies tun.

Wenn Sie gegen diese Person Feindseligkeiten hegen, seien Sie bereit, sich davon zu befreien. Wenn Ihnen schon der Gedanke daran schwer fällt, halten Sie sich vor Augen, wie zerstörerisch dieser Haß sich auswirkte, während er in Ihnen steckte. Stellen Sie sich vor, daß Sie diesen Haß überwinden können, wenn Sie wirklich wollen. Wenn Sie dieser Person nicht verzeihen wollen, tun Sie so, *als täten Sie es* nur für diesen einen Augenblick. Empfinden Sie für diesen einen Augenblick das Gefühl, als hätten Sie dieser Person verziehen, und verdeutlichen Sie sich, was für eine beruhigende und heilende Erfahrung es ist, einem anderen Menschen zu verzeihen. Überdenken Sie nun nochmals Ihre Möglichkeiten: Fühlen Sie sich besser, wenn Sie dieser Person vergeben, oder kehren Sie lieber zurück zu Ihren haßerfüllten Gefühlen? Die Entscheidung liegt bei Ihnen.

ÜBUNGSGRUPPE 5:
Schreiben mit der anderen Hand

Als ob

Denken Sie an etwas, das Sie in Ihrem Leben ändern möchten. Am sinnvollsten wäre es, sich für etwas zu entscheiden, das Sie schon seit langer Zeit ändern möchten: negative Verhaltensmuster zu Hause oder bei der Arbeit, zuviel essen, rauchen, trödeln. Wählen Sie etwas, das Ihrer Situation entspricht.

Stellen Sie sich nun vor, wie es wäre, wenn sich diese Änderung tatsächlich verwirklichen ließe. Lassen Sie dem Gefühl, das diese Erfahrung begleitet, in Ihrer Vorstellung freien Lauf, und visualisieren Sie sich selbst so, als sei der Erfolg bereits Realität geworden. Nehmen Sie sich so viel Zeit wie nötig, um tatsächlich sehen zu können, wie Sie sich in dieser veränderten Situation verhalten. Schreiben Sie auf, was für ein Gefühl es wäre, wenn sich diese Vorstellung verwirklichen ließe. Erstellen Sie in Ihrem Notizbuch eine Liste aller positiven Dinge, die sich als Folge dieser Veränderung einstellen würden.

Stellen Sie sich nun eine Sache vor, mit der Sie bereits heute beginnen könnten, um diese Änderung herbeizuführen.

Nehmen Sie den Stift in Ihre *nicht-dominante* Hand und listen Sie alle negativen Folgen dieser Veränderung auf. Worauf müßten Sie fortan verzichten? Welchen Preis müßten Sie wirklich zahlen, wenn Sie diese Veränderung verwirklichen wollten?

Schreiben Sie nun mit beiden Händen die Antwort zu der folgenden Frage auf: *Möchten Sie diese Veränderung tatsächlich herbeiführen?*

ÜBUNGSGRUPPE 6:
Die Stimulierung der Sinne

Eine andere Art des Schmeckens und Riechens

Atmen Sie tief durch und stellen Sie sich innerlich darauf ein, die Erforschung Ihrer Vergangenheit fortzusetzen. Schließen Sie Ihre Augen für einen Augenblick und lassen Sie Ihre Gedanken abschweifen: Gedanken und Worte verblassen und hinterlassen in Ihnen ein Gefühl der Stille.

Haben Sie in diesem Moment frische,
unverbrauchte Luft in Ihrem Arbeitszimmer?
Befinden sich Blumen oder Duftkissen in Ihrer Nähe?
Ist die Luft muffig von Zigarettenqualm
oder Essensgerüchen?
Halten Sie Ihren Handrücken gegen Ihre Nase und
nehmen Sie jeden daran haftenden Geruch wahr ...
Parfum oder Seife oder Lotion oder ...

Nehmen Sie nun den Geschmack in Ihrem Mund wahr.

Indem Sie sich auf den Geschmack und die Gerüche konzentrieren, die Sie mit bestimmten Erinnerungen in Verbindung bringen, können Sie Unterhaltungen, Gedanken und Gefühle aus einer ganz bestimmten Zeit zurückrufen,

Lassen Sie Ihren Mind in die Vergangenheit zurückkehren und ganz besondere, erinnerungswürdige Augenblicke hervorrufen. Vielleicht liegt dieser Zeitpunkt einen Monat zurück, vielleicht auch ein Jahr oder noch länger. Ich werde einige Begriffe aufzählen, mit denen Sie gewisse Assoziationen verbinden werden. Einige dieser Worte werden ganz besondere Erinnerungen auslösen. Andere Worte werden keine Assoziationen auslösen. Lassen Sie sie ungehindert Ihren Mind passieren, ohne daß sie Ihre Konzentration stören oder unterbrechen. Prüfen Sie nach, ob einige dieser Worte die Erinnerung an einen bestimmten Geruch oder Geschmack auslösen und warten Sie ab, wohin die Erinnerung an diese Eindrücke Sie führt.

Ein bestimmter Duft kann Sie zum Beispiel an eine ganz bestimmte Person erinnern. Vielleicht möchten Sie an dieser Stelle innehalten und sich in diese Erinnerung zurückversetzen. Vielleicht möchten Sie sie aber auch vorbeiziehen lassen und sich der nächsten Assoziation zuwenden.

Riechen Sie den Rauch eines Kaminfeuers oder von Zigaretten oder den Geruch eines Waldbrandes ... Lassen Sie nun die folgenden Worte langsam an Ihrem Mind vorbeiziehen und Assoziationen auslösen:

	Tannenzapfen
Ozean	
	Turnhalle
Mottenkugeln	
	Pfeifentabak
frischgebackenes Brot	
	warmer Apfelstrudel
Wein	
	Lippenstift
Haare	
	Dachboden
Zuhause	

Wenn keines dieser Worte bei Ihnen eine bedeutungsvolle Erinnerung ausgelöst hat, lassen Sie Ihren Mind frei andere Erinnerungen assoziieren und warten Sie ab, wohin diese Verbindungen Sie führen.

Ihre Sinne stehen in einer engen Beziehung zu Ihren Erfahrungen in der Vergangenheit. Versuchen Sie, Ihre fünf Sinne im täglichen Leben zu würdigen. Schon bald werden Ihnen viele subtile Dinge auffallen, die Ihnen bislang nicht bewußt waren. *Diese Subtilitäten stehen vielleicht in keinerlei Beziehung zu bestimmten Sinnesorganen, aber sie werden durch die Sinne angeregt.*

Durch die Entfaltung dieses Bewußtseins werden Sie beginnen ein besseres Verständnis und eine größere Würdigung Ihrer Umwelt zu entwickeln.

Ergebnisse von Erfahrungen mit der rechten Hemisphäre bei dieser Übung

Sie haben nun erfahren, wie durch die Stimulierung der Sinne Erinnerungen und sehr intensive Emotionen hervorgerufen werden können. Wie ich vor einigen Jahren feststellte, kann dies mehr als nur ein interessantes Experiment sein.

Damals in einem Herbst, als die Santa-Ana-Winde (auch "Santanas" genannt) über Südkalifornien wehten, wurde mein Haus vom Feuer zerstört. Der Anblick mächtiger Bäume, die sich unter den heißen, rasenden Winden bogen, der Geruch von Staub und Rauch in der Ferne, das Geräusch von Ästen, die auf das Haus fielen, lösten danach jahrelang heftige Angstgefühle in mir aus. Das geschah so lange, bis ich mich eines Tages dazu entschloß, über diese Gefühle zu schreiben und ihnen erlaubte, mit all ihrer Macht in mein Bewußtsein vorzudringen. Indem ich über diese Gefühle schrieb, gewann ich gleichzeitig eine gewisse Distanz dazu. Das hatte wiederum zur Folge, daß ich heute nicht mehr so große Ängste ausstehen muß, wenn Santa-Ana-Winde im Herbst über Kalifornien hinwegwehen.

SANTANAS

Jedes Jahr
wehen in den Bergen Kaliforniens *Santanas,*
"Teufelswinde" nannten die Indianer sie vor langer Zeit.
Die Luft knistert vor Hitze; Feuer brechen aus. Flammen nagen an verdörrtem, sprödem Gras, saugen das Leben aus Eukalyptus, Birke und Eiche.
Jedes Jahr
schlagen und dreschen Holzhacker mit ihren Schwingen wie bösartige, rasende Vögel -
und Sirenen heulen über verschlungene Straßen.
Jedes Jahr brennen die Berge.
Malibu. Topanga. Berverly Glen. Alle trifft es.
In Bel Air verbrannten '61 vierhundertundfünfzig Häuser.

Dreimal in drei Jahren packte ich nach Warnungen mein Hab und Gut zusammen - und jedesmal war es unnötig.
Das vierte Mal blieb für nichts Zeit
als davonzurennen mit Babies und einem Hund
und einer Kette von Gebeten und über die Berge zu flüchten.

Schwarzer Himmel verfärbte sich malvenfarbig über den Flammen, die emporstiegen, um nach den Sternen zu züngeln.

362

Ich blieb die ganze Nacht fort. Bald schon kam das Morgen-
grauen:
eine Fusion geschmolzener Dinge - Silber, Photographien
und Kleidung,
verwoben mit Mörtel und Holz - wie eine Decke über
einem offenen Grab.
Nichts stand. Nichts außer Schornsteinen,
steinerne Gedenkzeichen, wo Häuser starben.
Alles dort, lebendig gefressen.

Ich habe nicht neu gebaut. Einige taten es.
Aber in jedem Herbst, wenn *Santanas* zu wehen beginnen,
erwache ich nachts vom Geruch der Angst und dem Gefühl
des Verlustes.
Die Zeit dreht sich für eine Weile im Kreis. Geht nicht weiter.
So sehr ich mich bemühe, der Griff der Vergangenheit ist
fest.
Was für ein seltsames Phänomen, der menschliche Mind.
Nicht glauben zu können, daß nach all dieser Zeit die
Gefahr vorbei ist.

ÜBUNGSGRUPPE 7:
Phantasieren

Ein Ort in der Ferne,
ein Zeitpunkt in der Vergangenheit.

Wenn Sie wollen, können Sie sich an jedes Ereignis aus
Ihrer Vergangenheit erinnern. Atmen Sie tief durch. Stellen
Sie sich vor, daß sich vor Ihnen eine große Leinwand
befindet und neben Ihnen ein Projektor. In Ihren Händen
halten Sie eine Fernbedienung, mit der Sie jedes ge-

363

wünschte Bild aus Ihrem Leben auf die große Leinwand projizieren können. Menschen, die Sie kannten und geliebt haben, Menschen, die Sie nie geliebt haben aber lieben wollten, Gesichter, an die Sie sich nur vage erinnern - alle Erinnerungen erscheinen auf dem Bildschirm, wenn Sie es wünschen. Auch Ihr eigenes Bild kann auf dem Bildschirm erscheinen.

Wenn Ihnen irgendeine bestimmte Szene nicht gefällt, können Sie auf einen Knopf der Fernsteuerung drücken und sie wird verschwinden.

Vielleicht möchten Sie einige Jahre zurückgehen,

und noch einige Jahre.

Vielleicht möchten Sie noch weiter zurückgehen.

Vielleicht sehr viele Jahre.

Sie haben die Wahl, Sie können sich selbst in jedem beliebigen Alter sehen.

Beachten Sie, daß ein ganz besonderer Mensch zusammen mit Ihnen auf dem Bild ist. Konzentrieren Sie sich auf dieses Bild und erinnern Sie sich, wie wichtig Ihnen diese Person zu jener Zeit war.

Aufgrund Ihrer außergewöhnlichen Vorstellungskraft besitzen Sie die Fähigkeit, sich direkt in das Bild zu begeben und diese jüngere Version Ihrer Person zu werden. Die Menschen in dem Bild werden Ihnen echt vorkommen, und Ihre Anwesenheit in dieser zurückliegenden Zeit und an diesem Ort wird Ihnen ebenfalls echt vorkommen; Sie

364

haben jetzt die Gelegenheit, diesen Personen das zu sagen, was Sie immer schon sagen wollten oder auch das, was Ihnen in diesem Moment einfällt.

Sie besitzen die Fähigkeit, diese Szene zu beenden, wenn Sie es möchten, und in das Hier und Jetzt zurückzukehren. Sie haben auch die Fähigkeit, die Szene fortzusetzen und alle Dinge aus jener Zeit, die danach drängen, zu verarbeiten.

Sie können die Szene auf jede beliebige Weise beenden.

Sie können alle Ihre Beobachtungen über das, was sich zutrug, und über die Änderungen, die Sie in der Szene vornahmen, in Ihr Notizbuch schreiben.

ÜBUNGSGRUPPE 8:
Traumarbeit

Dialog mit den Darstellern

Wenn Ihr Produzent gestern entgegenkommend war, möchten Sie Ihn heute vielleicht wieder besuchen und ihm Fragen bezüglich Ihres Traumes während der vergangenen Nacht stellen. Sollte die Gegenwart eines so kreativen Genies Sie jedoch eingeschüchtert haben, waren Sie vielleicht gar nicht in der Lage, den vollen Nutzen aus dieser Begegnung zu ziehen. Wenn dies der Fall gewesen sein sollte, versuchen Sie, mit den Darstellern selbst zu sprechen. Wählen Sie zunächst einen Traum (oder einen Ausschnitt aus einem Traum) der vergangenen Nacht aus. Schreiben Sie ihn zusammen mit Ihren Assoziationen, die sich im Zusammenhang mit diesem Traum einstellen, in Ihr Notizbuch.

Gingen Ihnen darüber hinaus noch andere Dinge durch den Kopf, während Sie diesen Traum zu Papier brachten? Wer war der Hauptdarsteller in Ihrem Traum? Nun, Sie waren es natürlich. Vielleicht ist Ihnen bekannt, daß Sie in Ihren Träumen Ihre Gefühle häufig auf eine andere Person projizieren. Es könnte zum Beispiel den Anschein haben, daß das Thema Ihres Traums Ihr Kind war oder ein Mensch, den Sie lieben, Ihr bester Freund oder auch Ihr ärgster Feind. Ihre Wünsche und Ängste werden von jedem dieser Traumcharaktere dargestellt. Sie werden das feststellen, wenn Sie mit den "Schauspielern" sprechen, die die verschiedenen Rollen Ihres Selbst spielen.

Atmen Sie tief durch, schließen Sie die Augen und erlauben Sie es sich, die schattenhaften Regionen zu betreten, in denen Ihr Traum produziert wurde.

Suchen Sie Ihren Traum-Produzenten auf und entscheiden Sie intuitiv, ob Sie diese Angelegenheit mit ihm besprechen wollen oder ob Sie besser direkt mit den Schauspielern reden sollten.

Die Schauspieler sind alle am Rande der Szene versammelt. Der von Ihrem Ich-Produzenten ausgewählte Schauplatz des Traumes ist sehr wichtig. Beachten Sie alle Details des Szenenaufbaus. Bieten Sie dann allen Mitwirkenden ein Geschenk an. (Vielleicht Blumen, oder Pralinen?) Dies ist ein deutlicher Ausdruck Ihres guten Willens. Schreiben Sie nun die Namen (oder Beschreibungen) der Darsteller auf, an die Sie sich erinnern.

Später erinnern Sie sich vielleicht an andere Charaktere. Auch über diese sollten Sie sich in Ihrem Notizbuch etwas vermerken.

Gehen Sie zunächst zu dem Darsteller, in den Sie sich am besten hineinversetzen können. Stellen Sie dieser freundlichen Person verschiedene Fragen: "Wie haben Sie sich in der vergangenen Nacht, als diese Dinge sich zutrugen, gefühlt...?" In welcher Weise reagiert der Darsteller auf diese Frage?

Als nächstes können Sie dem Schauspieler sagen: "Ich kann nachvollziehen, wie Sie sich gefühlt haben ... ich halte Ihre Gefühle für gerechtfertigt und keineswegs für _____ (setzen Sie Ihr eigenes Wort ein: feige, lächerlich, dumm ...)"

Fragen Sie dann: "Möchten Sie mir irgend etwas mitteilen, das durch Ihre Gefühle oder Ihr Handeln im Traum nicht klar zum Ausdruck gekommen ist?"

Gehen Sie nun zu einem anderen Traum-Darsteller, einer Person, die sich nicht freundlich verhielt, Sie vielleicht sogar beängstigte. Sie können sich diesem Darsteller beruhigt nähern, denn Sie wissen, daß er nur in diesem Dämmerzustand existiert und Sie nicht verletzen kann, wenn Sie es nicht zulassen. Stellen Sie diesem Traum-Darsteller verschiedene Fragen. Versetzen Sie sich in die Gefühle, die Sie in diesem Traum empfanden. "Warum wollten Sie mich verletzen?" oder "Warum waren Sie so böse auf mich?" oder ... (Stellen Sie Ihre eigene Frage).

Unter den Darstellern können sich auch solche befinden, die keine Menschen sind, sondern "Naturdarsteller", zum Beispiel Feuer oder Überschwemmungen oder unbeschreibliche Monster. Gehen Sie auf jeden dieser Darsteller zu und stellen Sie ihm die folgenden Fragen:

"Hilf mir, Dich zu verstehen. Was stellst Du in meinem Traum dar? Was willst Du von mir?"

"Gibt es vielleicht eine Eigenschaft, in der wir einander sehr ähnlich sind? Gibt es Geheimnisse, die du mir gerne mitteilen möchtest?"

Wenn Sie den Schauplatz verlassen, nehmen Sie ein Andenken mit, das Ihnen gefällt - ein Geschenk der Darsteller, die ja Teilaspekte Ihrer Gesamtpersönlichkeit sind. Es kann irgend etwas sein, das Sie als lohnenswert erachten: eine Affirmation, ein Versprechen, ein Gedicht, eine Erkenntnis.

ÜBUNGSGRUPPE 9:
Freies Assoziieren

Morgenweisheit Nr. 5

Beginnen Sie mit dem freien Assoziieren und lassen Sie sich von Ihren Gedanken tragen, ganz gleich, welche Gefühle und Hoffnungen oder Ängste sich dabei einstellen. Lassen Sie Ihren Mind ungehindert von einem Ort zum nächsten springen. Denken Sie daran, nichts von dem, was Sie aufschreiben, zu lesen. Morgen erfahren Sie alles Notwendige, um die Übungen des freien Assoziierens der vergangenen Tage zu verarbeiten. Schließen Sie Ihre Augen für einen Augenblick, und lassen Sie Ihren Mind umherschweifen. Ihre Gedanken sollen sich auf einen Begriff konzentrieren. Dieser Begriff sollte das erste Wort im ersten Satz Ihrer freien Assoziationen sein.

ÜBUNGSGRUPPE 10:
Geschenke der rechten Gehirnhälfte

Fünfte Zusammenfassung der Einsichten

Notieren Sie mit Hilfe der Bewußtheits-Kurve von Seite 221 den Wert, der Ihrem momentanen Lebensgefühl am meisten entspricht.

Entwickeln Sie allmählich ein Gefühl dafür, Ihre kreativen Energien zu definieren und auch selbst zu steuern? Notieren Sie die neuen Erkenntnisse, die Sie als Ergebnis Ihrer Arbeit gemacht haben. An manchen Tagen werden Sie mehr Einsichten im persönlichen Bereich Ihrer emotionalen Bewußtseinserweiterung erhalten. An anderen Tagen beziehen sich die Erkenntnisse eher auf Entscheidungen, die Sie bei der Arbeit treffen möchten. Seien Sie für jede Form der Erkenntnis offen, und halten Sie sich vor Augen, daß Ihre rechte Gehirnhälfte manchmal Antworten für tiefgreifende Probleme bereithält und auf Fragen zu allgemeineren Themen überhaupt nicht eingeht.

Auch sollten Sie auf jede Erkenntnis, die Ihnen geschenkt wird, eingehen. Ganz gleich was Ihre logische, kritische linke Gehirnhälfte denken mag, Ihre intuitive rechte Gehirnhälfte wird Ihnen Antworten gemäß Ihren eigenen Maßstäben erteilen.

Legen Sie Ihrer kritischen linken Gehirnhälfte die Vorschläge Ihrer rechten Gehirnhälfte vor, und achten Sie dabei auf eventuell auftretende Konflikte zwischen beiden Hemisphären.

Wie unterscheiden sich die Empfehlungen der beiden Hemisphären, wenn ein Kompromiß angebracht erscheint?

ÜBUNGSGRUPPE 11:
Affirmationen

Der Wert dieser Fähigkeiten

Um Ihre Kreativität vollständig entwickeln zu können, müssen Sie an sich selbst und an Ihre Fähigkeiten glauben. Sie müssen daran glauben, daß Sie über verborgene Fähigkeiten verfügen und diese auch entwickeln können. Glauben Sie an Ihr Recht, sich Zeit zu nehmen, um Ihre Fähigkeiten zu entfalten; glauben Sie daran, daß Ihre Kreativität nicht nur für Sie selbst, sondern auch für andere von Bedeutung ist. Diese Überzeugung wird es Ihnen ermöglichen, Hindernisse zu überwinden, die Sie andernfalls davon abhalten könnten, Ihr kreatives Talent zum Ausdruck zu bringen.

Dieser Grundsatz trifft auf jede Form der Kreativität zu, ganz gleich, ob Sie Ihre Fähigkeiten in Konzert- oder Sitzungssälen entfalten, ob Sie mit Ihren Händen oder mit Ihrem Kopf arbeiten. Der Glaube an sich selbst ist die entscheidende Grundlage - und er ist in einer Welt, die geistiger Entwicklung nur zögernd Anerkennung schenkt, nicht immer leicht zu finden.

Die folgende Affirmation wird alle Ihre positiven Erkenntnisse der vergangenen Tage nochmals bestätigen. Tragen Sie also Ihren Namen voller Zuversicht ein. Sprechen Sie die Worte der Bestätigung laut nach, während Sie die folgenden drei Sätze in Ihr Notizbuch eintragen.

Ich, _____, glaube an den Wert meiner Kreativität.

Du, _____, glaubst an den Wert Deiner Kreativität.

Sie (er), _____, glaubt an den Wert ihrer (seiner) Kreativität.

Glauben Sie, daß Sie auf dieser Welt einzigartig sind? Es gibt nicht einen Menschen, der Ihnen vollkommen gleicht. Und niemand außer Ihnen kann Ihr Leben gestalten.

Wenden Sie Ihre Atemtechnik an, um sich auf die folgende Visualisation vorzubereiten und Ihrer rechten Gehirnhälfte Zuversicht in diese Wahrheit zu vermitteln:

Stellen Sie sich vor, allein und mit geschlossenen Augen an Ihrem besonderen Ort zu sitzen. Sie benötigen keine Worte der Bestätigung. Stattdessen dringen Sie zu dem stillen Ort im Mittelpunkt Ihres Wesens vor, wo Sie die Gegenwart Ihres inneren Ratgebers spüren können. Dies kann sowohl die weise Person sein, die Sie in der Höhle angetroffen haben, als auch ein anderer Ratgeber, der Sie besser kennt als Sie sich selbst. Suchen Sie diese Person, die fest an Sie und an Ihre Fähigkeiten glaubt. Warten Sie, bis Sie die Anwesenheit dieser besonderen Person spüren können. Wenn Sie die Gegenwart dieser Person spüren, schauen Sie in die Augen dieser Person und lassen Sie die volle Bedeutung dieser Affirmation bis tief ins Innere Ihres Selbst vordringen. Worte sind für diese Versicherung nicht notwendig:

Sie sind eine wertvolle Person und die Arbeit Ihres kreativen Geistes wird etwas hervorbringen, das sowohl für Sie als auch für andere von Bedeutung ist.

18

Der sechste Tag

Die Entdeckung Ihrer kreativen Kräfte und die Fähigkeit, richtig mit Ihnen umzugehen, sind zwei gleichgewichtige Faktoren für Ihren persönlichen Erfolg. Beide Faktoren verhalten sich zueinander wie die zwei Schalen einer Waage. Von Zeit zu Zeit wird der Schwerpunkt auf Ihren kreativen Entdeckungen liegen, denn Sie werden im Verlauf Ihres ganzen Lebens ständig neue Aspekte Ihres kreativen Potentials entdecken. Zu anderen Zeiten wiederum steht die Beherrschung Ihrer kreativen Kräfte im Vordergrund, wenn es nämlich um die Umsetzung der Entdeckungen in kreatives Schaffen geht.

Am Ende des sechsten Tages werden Sie bei der Erweiterung beider Aspekte Ihres kreativen Potentials große Fortschritte erzielt haben.

Inzwischen wird es Ihnen nur noch geringe oder gar keine Schwierigkeiten mehr bereiten, das Ausmaß Ihrer kreativen Energie anhand der Bewußtheits-Kurve zu bestimmen. Vielleicht möchten Sie die Bewußtheits-Kurve auch in Zukunft hin und wieder zu Hilfe nehmen - es wäre aber auch denkbar, daß Sie Ihre kreative Energie inzwischen so gut einschätzen können, daß Sie keine weitere Hilfestellung mehr benötigen.

Wie dem auch sei, auch am heutigen sechsten Tag sollten Sie die Zahl auf der Bewußtheits-Kurve, die Ihrem augenblicklichen Gefühl am meisten entspricht, in Ihr Notizbuch eintragen.

ÜBUNGSGRUPPE 1:
Überlisten der linken Gehirnhälfte

Mandala Nr. 6

Mit jedem Tag, an dem Sie das Mandala anwenden, werden Sie aus diesem Vorgang einen größeren Nutzen für sich ziehen. Vielleicht können Sie sich heute noch länger als an den vorherigen Tagen auf das Zentrum des Musters konzentrieren, wobei Sie es sich gestatten, mit Form und Struktur des Mandala zu spielen. Machen Sie sich mit der scheinbaren Bewegung der Form, deren Strukturen sich vor- und zurückbewegen, ineinander übergehen und wieder auseinanderlaufen, vertraut.

Bleiben Sie gegenüber den Gedanken die in Ihr Bewußtsein dringen, so gleichgültig wie möglich. Lassen Sie sie ein- und ausdringen, ohne ihnen Aufmerksamkeit zu widmen. Versuchen Sie niemals, sie forciert aus Ihrem Bewußtsein zu drängen; denn alles, was in Ihr Bewußtsein eindringt, wird von selbst wieder verschwinden, wenn Sie mit dem Mandala arbeiten.

Vielleicht möchten Sie irgendwann einmal Ihr eigenes Mandala entwerfen. Viele Leute empfinden dies als Bereicherung; wenn Sie beim Entwurf Ihres Mandalas zusätzlich

Farbe verwenden möchten, könnte dies ein interessantes Experiment für Sie werden.

Für heute genügt es jedoch, wenn Sie sich mit Hilfe des Mandalas in einen Zustand innerer Ruhe begeben.

ÜBUNGSGRUPPE 2:
Biofeedback-Training

Geistige Massage

Diese Übung eignet sich sehr gut für Menschen mit einer ausgeprägten Einbildungskraft - insbesondere aber für alle, die gut auf Körpermassage reagieren. Bei dieser Übung liegen Sie auf dem Bauch. Sie können sich auf den Teppich, auf ein Sofa oder auch auf Ihr Bett legen, wenn es nicht zu weich gefedert ist.

Nachdem Sie sich auf den Bauch gelegt haben, atmen Sie dreimal tief und gleichmäßig durch, wobei Sie die Atemtechnik anwenden, die Sie in den vergangenen Tagen erlernt haben.

Schließen Sie die Augen und lassen Sie Ihren Körper auf die Stille reagieren, die Sie empfinden. Lassen Sie sich hinabgleiten an einen Ort des Friedens und der inneren Ruhe.

Stellen Sie sich vor, daß eine Person bei Ihnen ist, die über wunderbare beruhigende Kräfte verfügt, eine Person, die Ihnen hilft, einen Zustand tiefer Entspannung zu erreichen.

Stellen Sie sich weiter vor, daß diese Person ihre sanften, heilenden Hände ganz dicht über Ihrem Kopf hält.

Alle Ihre Sorgen reagieren auf die Wärme, die von diesen Händen ausgeht, und nach kurzer Zeit schon verflüchtigen sich alle Gedanken.

Und Sie fühlen sich ruhig
und entspannt.

Die Hände berühren Ihren Kopf und gleiten hinab zu Ihrem Hals und anschließend zu Ihren Schultern. Jegliche Anspannung in Ihrem Hals und Ihren Schultern verschwindet.

Und Sie fühlen sich ruhig
und entspannt und
entspannen sich
mehr und mehr.

Die Hände umfassen Ihren linken Oberarm und gleiten langsam hinab zu Ihrem Ellbogen. Während die Hände alle Zonen Ihres Arms berühren, löst sich die Anspannung in ihm allmählich auf.

Und Sie fühlen sich ruhig
und entspannt.

Die Hände gleiten über Ihre Faust und öffnen Ihre Hand. Sie drücken sanft die Druckpunkte in Ihrer Handfläche.

Sie spüren die Wärme
und jeden sanften Druck.

Nach und nach entspannt sich jeder Finger, während die Hände die Muskeln beruhigen.

Und Sie sind ruhiger und
noch tiefer entspannt.

Die Hände wenden sich wieder Ihren Schultern zu, die Daumen drücken auf beide Seiten der obersten Wirbel Ihres Rückgrats. Die Finger spreizen sich auf Ihrem Rücken aus. Langsam gleiten die Hände über Ihre Wirbelsäule, langsam und sanft, und entspannen dabei jeden einzelnen Wirbel. Ganz langsam arbeiten die Hände sich tiefer.

Und Sie sind ruhig
und entspannt.

Die Hände verlieren nie den Kontakt zu Ihrem Körper. Sie bewegen sich zu Ihrem linken Bein, streichen langsam über Ihren Oberschenkel, und jeder einzelne Muskel entspannt sich unter dieser Berührung.

Und Sie sind ruhig
und tief entspannt.

Über Ihr Knie ... Ihre Waden ... Fußgelenke ...

Und Sie fühlen sich ruhig
und vollkommen entspannt.

Die Hände drücken gegen Ihre Ferse, die Fußsohle, den Fußballen ... und entspannen jeden einzelnen Zeh,

bis Sie vollkommen ruhig
und entspannt sind.

Die Hände bleiben mit Ihrem Körper in Kontakt und massieren die rechte Seite Ihres Körpers so lange, bis Sie zur nächsten Übung übergehen möchten.

378

Fangen Sie nun an zu zählen: eins ... zwei ... drei. Öffnen Sie die Augen. Sie sind wieder hellwach und genießen das entspannte, angenehme Gefühl. Bewerten Sie Ihre Gefühle anhand der Bewußtheits-Kurve (Seite 221), ehe Sie mit der nächsten Übung beginnen.

ÜBUNGSGRUPPE 3:
Phantasie-Reise

Eine Treppe in die Vergangenheit

Versetzen Sie sich wieder in einen Zustand tiefer Entspannung. Genießen Sie dieses friedvolle Gefühl und löschen Sie alle bewußten Gedanken aus Ihrem Mind aus. Stellen Sie sich nun vor Ihrem geistigen Auge ein imaginäres, fernes Land vor. Dieses Land sollte Ihnen vage bekannt vorkommen, so als wären Sie im Traum bereits einmal dort gewesen.

Es gibt einen hohen Berg und Sie stehen auf dem Gipfel. Von dort aus haben Sie einen weiten Blick auf die Landschaft, die sich unter Ihnen erstreckt.

Vielleicht sind Sie überrascht, einen steinernen Weg vorzufinden, der hinunter auf eine tiefer gelegene Ebene führt. Diesen Weg können Sie gefahrlos begehen, und während Sie diese natürliche steinerne Treppe langsam hinabgehen, zählen Sie jede einzelne Stufe mit.

10
Sie steigen noch
9
weiter hinab.

8
während Sie Stufe für Stufe
hinabsteigen
7
und auf einer der zahlreichen Plattformen anhalten
möchten,
6
stellen Sie fest, wie leicht es wäre, von den Stufen aus
auf einen Absatz der Plattform zu gelangen.
5
Und nun erkennen Sie vertraute Gegenstände auf der
Plattform wenige Meter vor Ihnen. Diese Gegenstände kennen Sie aus Ihrer fernen Vergangenheit.
4
Sie haben den Wunsch, diese Plattform genauer zu
erkunden,
3
und Sie stellen fest, daß Sie in einem Land sind, das
weit zurück in der Vergangenheit liegt. Sie befinden
sich in einem Haus, in dem Sie in Ihrer Kindheit gelebt haben.
2
Langsam betreten Sie diesen altbekannten und vertrauten Ort ... die Person, die Sie dort erwartet, ist der
liebste Mensch, an den Sie sich aus Ihrer Kindheit
erinnern können, und dieser Mensch weiß/wußte/hat
immer alles gewußt und wird Ihnen auf alle Fragen,
die Sie ihr stellen werden, Antwort geben.

Wer ist diese Person, die Sie erwartet?

Wie lautet die Frage, die Sie schon immer stellen wollten?

Wie lautet die Antwort auf diese Frage?

Sie zählen ganz langsam eins ... zwei ... drei ... und kehren zurück in die Gegenwart.

Hat die Antwort auf die Frage des Kindes eine Bedeutung für Dinge, mit denen Sie sich in Ihrem Leben als Erwachsener befassen? Bedenken Sie: Obwohl eine gegenwärtige Situation sich sehr von einer Situation in der Vergangenheit unterscheiden mag, können Ihre Gefühle in beiden Situationen sehr ähnlich sein.

ÜBUNGSGRUPPE 4:
Erinnerungsstücke

Rückwärtsbewegungen

Stellen Sie sich vor, daß Sie sich wiederum auf dem Gipfel des hohen Berges befinden. Schauen Sie sich nach allen Seiten um und beschreiben Sie die Szenerie. Schaffen Sie sich den schönsten Ort, den Sie sich vorstellen können. Sie können diesen Ort in jede Zeit und jede Jahreszeit legen, die Sie wünschen. Vielleicht möchten Sie ruhig sitzen und den Sonnenaufgang beobachten, oder Sie stellen sich einen warmen Sommerabend vor und beobachten die Sterne. Genießen Sie die Fähigkeit und die Freiheit, Ihre Umgebung frei wählen zu können. Wenn eine Jahreszeit oder eine Landschaft Ihnen nicht zusagt, experimentieren Sie weiter und wählen Sie eine andere. Schreiben Sie auf, was Sie vor Ihrem geistigen Auge sehen.

Nicht weit von Ihnen befindet sich ein großes Teleskop. Es ist ein Instrument, das über phantastische Möglichkeiten verfügt. Gehen Sie zu diesem Gerät und richten Sie es auf die ferne Vergangenheit; lassen Sie die folgenden Gegenstände vor dem Teleskop vorbeiziehen, bis eines von ihnen Ihre Aufmerksamkeit auf sich zieht:

Flugzeug

Auto

Boot

Zug

Fahrrad

Dreirad

Rollschuhe

Schlittschuhe

Skateboard

Skier

Schlitten

Kinderwagen

Pferd

(Oder jedes andere Transportmittel das Ihnen gefällt.)

Ihr Mind sollte sich solange auf einen Gegenstand oder ein Fahrzeug konzentrieren, bis es eine ganz bestimmte Erinnerung in Ihnen wachruft. Schreiben Sie in Ihr Notizbuch, an was Sie sich erinnern und wie Sie sich fühlen.

Hat diese Erinnerung etwas hervorgebracht, das für Sie in Ihrer jetzigen Situation von Bedeutung ist? Irgend etwas, das mit den Gefühlen, die Sie in letzter Zeit empfunden haben, übereinstimmt? Wenn Sie etwas deutlich vor Augen haben, schreiben Sie es auf; wenn nicht, schreiben Sie den ersten Gedanken auf, der Ihnen im Zusammenhang mit Ihrem gegenwärtigen Leben in den Sinn kommt.

Werden Sie sich bewußt darüber, wie Ihr Mind Vergangenheit und Gegenwart anhand langer Erinnerungsfäden, die Sie in der Hand haben, miteinander verbindet. Wenn Sie zu einer neuen Erkenntnis gelangen, schreiben Sie sie auf.

Aufgrund der Fähigkeiten Ihres Mind haben Sie Zugang zu Ihrer gesamten Vergangenheit. Wenn Sie eine tiefere Einsicht in Ihre Gefühle gewinnen möchten, kehren Sie zurück in Ihre Kindheit und lernen Sie, die Botschaft, die Ihnen dort zuteil wird, aufzunehmen. Sie können zu jedem beliebigen Zeitpunkt in jedes Alter zurückkehren. Sie können jedes Gefühl und jede Erinnerung, die Sie für wertvoll erachten, wiederaufleben lassen.

Übungsgruppe 5:
Schreiben mit der "anderen" Hand

Personenspiel

Denken Sie an eine Person, die starke negative Gefühle in Ihnen hervorruft. Es kann eine Person sein, vor der Sie sich fürchten, die Sie nicht mögen oder nicht achten. es kann sich um eine Person handeln, die Sie sehr gut kennen oder um jemanden, den Sie nur durch Ihre Arbeit oder in einer bestimmten Situation kennen. Schreiben Sie den Namen dieser Person in Ihr Notizbuch.

Beschreiben Sie diese Person. Beginnen Sie mit einer Beschreibung der äußeren Erscheinung und gehen Sie anschließend über zu Persönlichkeitsmerkmalen und Charakterzügen. Versuchen Sie die Intensität Ihrer Gefühle so gut wie möglich in diese schriftliche Beschreibung mit einzubringen.

Nehmen Sie den Stift nun in Ihre nicht-dominante Hand. Wieviele der von Ihnen aufgezählten Merkmale könnten auch auf Sie selbst zutreffen? Gibt es an dieser Person negative Eigenschaften, die in irgendeiner Weise mit Eigenschaften zusammenhängen, die Sie an sich selbst nicht mögen? Gehen Sie diesem Gedanken nach, indem Sie die Antwort auf diese Frage mit Ihrer anderen Hand aufschreiben.

Nehmen Sie den Stift nun wieder in Ihre dominante Hand und versuchen Sie, sich an irgendeine Situation zu erinnern, in der Sie sich auf ähnliche Weise verhielten, wie diese Person.

Gibt es irgendwelche Änderungen, die Sie aufgrund dieser Übung an sich vornehmen möchten?

Möchten Sie Ihre Verhaltensweise in Bezug auf diese Person in irgendeiner Weise verändern?

Haben Sie irgend etwas an dieser Person festgestellt, das als Erklärung dafür dienen könnte, warum er oder sie derart heftige Reaktionen bei Ihnen auslösen kann?

Wäre es möglich, daß Sie diese Gefühle durch ein bestimmtes Verhalten ausgelöst haben?

Stellen Sie eine Bedrohung für diese Person dar?

Stellt diese Person eine Bedrohung für Sie dar?

Erinnern Sie sich an die letzten beiden Begegnungen mit dieser Person. Haben Sie irgend etwas unternommen, um die Situation zu verbessern oder zu verschlechtern?

Wenn dies für Sie eine sehr quälende Situation ist, verspüren Sie vielleicht den Wunsch, mit Hilfe einer Visualisation zu der fürsorglichen Person in der Höhle (oder wo auch immer Sie Ihren inneren Ratgeber treffen möchten) zurückzukehren. Stellen Sie einige Fragen bezüglich Ihrer Gefühle und wie Sie sie besser verstehen und konstruktiver einsetzen können.

ÜBUNGSGRUPPE 6:
Sensorische Stimulation

Eine andere Art des Wissens

Wir erhalten auf unterschiedliche Art und Weise Informationen über andere Menschen. Neben den offensichtlichen und alltäglichen Informationen existieren auch subtilere: Wir "lesen" Körpersprache oder das Schweigen zwischen den einzelnen gesprochenen Worten, wir nehmen plötzliche Veränderungen im Gesichtsbereich wahr oder das rasche Anspannen der Halsmuskeln.

Zum Teil handelt es sich beim sogenannten "sechsten Sinn" um sehr genaue Beobachtungen, die unser Bewußtsein nicht wahrnimmt, die aber in unserem unbewußten Wahrnehmungsvermögen verarbeitet werden. Selbstverständlich ist Intuition mehr als nur das. Es ist ein Vorgang, der sich einem wissenschaftlichen Verständnis entzieht. Intuition kann nicht manipuliert werden, aber wenn wir uns in einem Zustand entspannter Bereitschaft befinden, können wir unser Bewußtsein für diese "andere Art des Wissens" öffnen. Sie können Ihre Sensitivität in vielen kritischen Bereichen erweitern, wenn Sie auf Ihre Vorahnungen, Botschaften oder jegliche Form übersinnlicher Erfahrung eingehen.

Betrachten Sie dies bitte nicht als eine Aufforderung, all Ihr Vertrauen in "magisches Denken" zu setzen. Ich möchte Sie lediglich dazu anregen, Ihre angeborenen Fähigkeiten der rechten Gehirnhälfte zu nutzen und offen zu sein für Botschaften, die Ihr rechtes Gehirn für Sie bereithält. Das ist keine Magie sondern eine umfassendere Nutzung Ihrer Gaben.

Schließen Sie die Augen und versetzen Sie sich durch tiefes, ruhiges Ein- und Ausatmen in einen Zustand,

385

in dem Sie für Visualisationen empfänglich sind. Versuchen Sie, so tief wie möglich in eine Art Halbschlaf zu versinken. Vielleicht möchten Sie ganz langsam rückwärts von zehn bis eins zählen. Vielleicht ist es auch hilfreich, wenn Sie sich vorstellen, eine lange Treppe hinabzusteigen. Stellen Sie sich vor, von einem Gefühl der Wärme und Schwere umgeben zu sein. Sie können in Ihrem Mind jede Situation erschaffen, die gut für Sie ist, bis Sie jenen Zustand intensiver Konzentration erreicht haben, in dem alle Gedanken ausgelöscht sind und in dem Sie bereit sind, Botschaften zu empfangen, die Ihr Unbewußtes Ihnen zukommen lassen möchte.

Erzeugen Sie vor Ihrem geistigen Auge eine Traumbühne. Laden Sie den Regisseur Ihres Traums ein, neben Ihnen Platz zu nehmen und das Traumtheaterstück mit Ihnen zu betrachten.

Sie können Ihren eigenen Traum erzeugen, und mit Hilfe der Mitglieder das Ensembles werden Sie die für Sie vorteilhafteste Theaterproduktion auswählen.

Entwerfen Sie eine Szene, die verschleiert im Nebel liegt und mit gedämpftem Licht in sanften Tönen beleuchtet ist. Lassen Sie den Nebel wie einen mysteriösen Vorhang zwischen Ihnen und der Besetzung erscheinen. Und nun füllt sich die Bühne vor Ihnen langsam mit Personen, die durch den Nebel hindurch kaum zu erkennen sind.

Sie sehen, wie einer der Darsteller durch den Nebel in Ihr Blickfeld tritt; lassen Sie diese Person dort einen Augenblick verweilen und anschließend wieder in den Nebel zurücktreten. Nun tritt eine andere Person vor und anschließend die übrigen Darsteller, einer nach dem anderen, und zwar in der Reihenfolge, wie der Regisseur sie aufruft.

Wenn einer der Darsteller Ihnen etwas mitzuteilen hat, sollten Sie ihm aufmerksam zuhören. Gestatten Sie es den Darstellern, das Drehbuch zu improvisieren. Hören Sie ohne jeden Kommentar zu und achten Sie auf den tieferen Sinn, der sich hinter den Worten verbirgt. Es ist möglich, daß einer der Darsteller mit Ihnen für einen Moment allein sein möchte. Gehen Sie darauf ein. Es ist Ihr Traumtheater und die Besetzung besteht aus Menschen, die in dem Schauspiel Ihres Lebens mitgewirkt haben, und zwar sowohl in der Vergangenheit als auch in der Gegenwart (vielleicht stammen sie sogar aus Ihrer Zukunft).

Wenn Sie das Gefühl haben, einem der Darsteller etwas mitteilen zu müssen, ergreifen Sie nun die Gelegenheit. Seien Sie aufgeschlossen für alle Einsichten, zu denen Sie gelangen, ganz gleich welche Bedürfnisse dabei zum Ausdruck kommen und welche Wünsche auftauchen. Seien Sie sich jeder neuen Information bewußt.

Wenn Sie bereit sind, wieder in Ihren Arbeitsraum zurückzukehren, zählen Sie langsam bis drei und öffnen Sie die Augen.

Es ist sehr gut möglich, daß Ihre Intuition durch die Darsteller der Traumaufführung zu Ihnen gesprochen hat. Vielleicht müssen Sie zu einem späteren Zeitpunkt nochmals in dieses Theater zurückkehren, falls die Darsteller so leise gesprochen haben, daß Sie die Botschaften, die Sie Ihnen vermitteln wollten, nicht verstehen konnten.

Wenn Ihnen diese Visualisation das Gefühl vermittelt haben sollte, daß jemand anders Ihre Hilfe benötigt, setzen Sie sich mit diesem Gefühl auseinander. Vielleicht trifft dies objektiv nicht zu, aber Sie sollten dem Gefühl trotzdem nachgehen, um ganz sicher zu sein.

ÜBUNGSGRUPPE 7:
Phantasieren

Reise zu einem fremden Planeten

Stellen Sie sich vor, weit in der Zukunft zu leben, in einem Zeitalter, das dem unseren Hunderte von Jahren voraus ist. Die wissenschaftlichen Erkenntnisse sind in erstaunlichem Maße fortgeschritten und die technischen Möglichkeiten unbegrenzt. Sie planen eine Reise an einen Ort, an dem Sie vorher noch nie waren. Der Faktor Zeit existiert nicht; allein das ferne All stellt die neuen Grenzen dar. Lassen Sie sich nicht durch die Realitäten Ihres gegenwärtigen Wissenschaftsverständnisses begrenzen. Vor einigen Jahrhunderten haben Wissenschaftler viele Dinge, die für uns heute ganz selbstverständlich sind, nicht einmal erahnen können.

Ihre Raumfähre steht zum Abflug bereit, und Sie haben sich nun von allen Menschen, die Sie lieben, verabschiedet. Sie haben vor, in einigen Wochen von Ihrer Reise zurückzukehren.

Stellen Sie sich nun vor, bereit zu sein, das Raumschiff zu betreten. Im letzten Moment fällt Ihnen ein, daß Sie etwas auf die Reise mitnehmen wollten - und plötzlich erscheint dieser Gegenstand vor Ihren Augen. Es scheint keinen Grund dafür zu geben, ihn mitzunehmen, aber Sie spüren, daß Sie ihn sehr gerne bei sich haben würden. Schreiben Sie die Bezeichnung oder Beschreibung des Gegenstandes, den Sie mitnehmen möchten auf.

Ihr Raumschiff wird aus einer von dichtstehenden Bäumen umgebenen Lichtung abheben - Sie können sich einen Wald oder sogar einen Dschungel vorstellen, in dem das Raumschiff bislang verborgen war. Besteigen Sie nun das Raumschiff, von dem aus Sie einen Rundumblick haben, und betrachten Sie die Bäume am Rande der Lichtung. Zwischen den Bäumen nehmen Sie Bewegungen wahr. Ein Tier läuft auf Sie zu und möchte Sie begleiten. Impulsiv öffnen Sie die Tür und laden es zu Ihrer Reise ein. Beschreiben Sie das Tier, das Sie mitnehmen, und geben Sie ihm den ersten Namen, der Ihnen in den Sinn kommt.

Nun müssen Sie lediglich auf einen Knopf drücken und das Raumschiff hebt ab. Genießen Sie das Gefühl, von der Erde abzuheben. Genießen Sie das Gefühl von Geschwindigkeit, Kraft und Freiheit. Stellen Sie sich vor, was für ein Gefühl es ist, auf die Sterne hinabzuschauen, den Mond hinter sich zu lassen und zu wissen, daß Ihr Raumschiff Sie an jeden beliebigen Ort befördern kann, den Sie aufsuchen möchten. Entspannen Sie sich und genießen Sie diese Erfahrung.

Wenn Sie den Planeten vor sich sehen, den Sie besuchen möchten, bereiten Sie sich zur Landung vor. Achten Sie darauf, sanft und sicher zu landen. Wenn Sie das Raumschiff verlassen, befinden Sie sich an einem Ort, an dem Sie noch nie zuvor waren. Sie öffnen die Tür und schauen sich um. Das Tier, das Sie begleitet, bleibt dicht an Ihrer Seite. Sie nehmen den Gegenstand, den Sie von der Erde mitgebracht haben, in die Hand und verlassen das Raumschiff.

Beschreiben Sie in Ihrem Notizbuch alles, was Sie auf diesem Planeten sehen und fühlen.

Was geschieht als nächstes?

Wie verhält sich das Tier?

Suchen Sie nach einer sinnvollen Verwendung für den mitgebrachten Gegenstand (sofern Sie diese nicht bereits gefunden haben).

Wenn Sie bereit sind, zur Erde zurückzukehren, steigen Sie wieder in Ihr Raumschiff. Kehrt das Tier mit Ihnen zurück? Nehmen Sie den Gegenstand, den Sie von der Erde mitgebracht haben, wieder mit zurück? Was für ein Gefühl ist es, diesen Ort zu verlassen?

Sie befinden sich auf dem Rückflug zur Erde, die in weiter Ferne vor Ihnen liegt. Was für ein Gefühl ist es, heimzukehren?

Nachdem das Raumschiff sicher gelandet ist, öffnen Sie die Tür und schauen sich um, ob jemand gekommen ist, um Sie abzuholen. Was für ein Gefühl empfinden Sie beim Anblick dieser Person?

Denken Sie sich Ihr eigenes Ende der Geschichte aus, wenn irgend etwas noch nicht geklärt sein sollte. Dann schließen Sie die Augen und stellen fest, daß Sie sich schon wieder in Ihrem Arbeitsraum befinden. Öffnen Sie Ihre Augen und betrachten Sie die Ereignisse in Ihrer Geschichte. Wen oder was stellte das Tier dar? Was hat es für Sie getan (oder Sie für das Tier?). Warum haben Sie sich Ihrer Meinung nach für dieses besondere Tier entschieden? (Vielleicht ist es aufschlußreich, die Eigenschaften, die diesem Tier im allgemeinen zugeschrieben werden, näher zu betrachten.) Vielleicht haben Sie Ihr Haustier ausgewählt. Kann es sein, daß Sie sich dabei an das Vertraute hielten, als eine Art Sicherheitsnetz? Wenn Sie einen gutmütigen Löwen gewählt haben, taten Sie dies, damit er Sie beschützt? Wenn Sie sich für ein Kätzchen entschieden haben sollten, was könnte dies Ihrer Meinung nach bedeuten?

Erinnern Sie sich noch, wie es auf diesem fremden, fernen Planeten war? Inwiefern stellt er das Leben dar, so wie Sie es sich wünschen - oder wie Sie befürchten, daß es sich entwickeln könnte? Gibt es Anzeichen in dieser Geschichte, die Ihnen Hinweise auf einige Ihrer Wünsche oder Ängste geben? Halten Sie in Ihrem Notizbuch alle Einsichten fest, die Sie von diesem fernen Planeten mitgebracht haben.

ÜBUNGSGRUPPE 8:
Traumarbeit

Leiten Sie Ihren Traum-Boten an

Halten Sie einen Traum oder Ausschnitte aus einem Traum der vergangenen Nacht fest.

Schreiben Sie nun unter Anwendung der Techniken, die Sie in diesem Programm gelernt haben, Ihre Assoziationen zu diesem Traum auf.

Erzeugen Sie diesen Traum noch einmal vor Ihrem geistigen Auge, und konzentrieren Sie sich auf alle Bilder, die Ihre Aufmerksamkeit auf sich ziehen. Entwickeln Sie nun Ihren persönlichen Stil für die Traumarbeit: Möchten Sie die Darsteller verkörpern? Oder Ihren Traum-Regisseur zu Rate ziehen? Oder die Senoi-Technik anwenden? Spielen Sie mit diesen Ideen und entscheiden Sie sich für eine davon, die Sie nun in Ihrem Notizbuch ausprobieren können.

Versuchen Sie heute nacht, Ihren Traum zu programmieren. Ehe Sie zu Bett gehen, sollten Sie sich für ein bestimmtes Problem entscheiden, das Sie von Ihrem Traum-Regisseur bearbeiten lassen möchten. Drücken Sie diesen Wunsch so klar und deutlich wie möglich aus, und seien Sie sich vollkommen sicher, daß Sie die Antwort wirklich erfahren möchten. Stellen Sie die Frage so direkt wie möglich: "Bin ich wirklich an diesem Arbeitsplatz inter-essiert?" "Gibt es irgend etwas, das ich tun könnte, um die Bewältigung dieses Problems zu erleichtern?" "Möchte ich mein Vorhaben wirklich in die Tat umsetzen?"

Nachdem Sie sich ins Bett gelegt haben, richten Sie Ihre ganze Aufmerksamkeit auf diese Frage. Erzeugen Sie eine Visualisation, in der Sie Ihrem Traum-Regisseur mitteilen, daß Sie Hilfe benötigen. Bitten Sie Ihn darum, Ihnen mit Hilfe der Träume Anhaltspunkte zu vermitteln, anhand derer Sie die Einschätzung einer bestimmten Situation durch Ihre rechte Gehirnhälfte verstehen können.

Legen Sie Stift und Papier neben sich und halten Sie sich bereit, die Antwort aufzuschreiben.

ÜBUNGSGRUPPE 9:
Freies Assoziieren

Interpretation der Morgenweisheit

In den vergangenen sechs Tagen haben Sie in dieser Übung stets Dinge aufgeschrieben, und, sofern Ihre Neugierde nicht die Überhand gewonnen hat, haben Sie bislang noch keinen dieser Texte gelesen. Nun ist der Zeit-punkt gekommen, um zu lernen, wie Sie diese freien Assoziationen anwenden können. Der Schriftsteller S. L. Stebel erzählte mir von dieser Technik, mit der man persönliche Metaphern entdecken kann. Diese Technik kann selbstverständlich nicht nur von Schriftstellern angewandt werden, sondern von jedem, der sich dafür interessiert, die verschlüsselten Botschaften des Unbewußten zu entdecken.

Lesen Sie nach, was Sie an jedem der sechs Tage aufgeschrieben haben und unterstreichen Sie die Sätze, die für Sie von größtem Interesse sind. Versuchen Sie, möglichst aufgeschlossen für versteckte Bedeutungen zu sein. Nachdem Sie die Texte der vergangenen sechs Tage gelesen haben, lesen Sie die unterstrichenen Metaphern noch einmal und stellen Sie sich die folgenden Fragen:

Liegt eine emotionale Struktur vor, ein roter Faden, der sich durch alle (oder einige) Texte verfolgen läßt?

Besteht ein Zusammenhang zwischen den unterstrichenen Sätzen und anderen Gefühlen, über die ich nachgedacht habe - oder bewußt zu vermeiden gesucht habe?

Sind dabei Dinge enthüllt worden, die mir Einblicke in ganz bestimmte Probleme gewähren?

Nachdem Sie alle wichtigen Sätze, Metaphern und Überraschungen unterstrichen haben, erstellen Sie eine Liste. Diese Liste zählt die Geheimnisse auf, die Ihr Unbewußtes bereit ist, Ihnen mitzuteilen. Tiefergehende Erkenntnisse, auf die Sie noch nicht vorbereitet sind, werden Ihnen zu Ihrem eigenen Besten vorenthalten. Ein vorsichtiger Traum-Regisseur sollte die Enthüllung gewisser Dinge erst zulassen, wenn er oder sie in der Lage ist, die Information angemessen zu verarbeiten.

ÜBUNGSGRUPPE 10:
Geschenke der rechten Hemisphäre

Sechste Zusammenfassung der Einsichten

Schreiben Sie den Wert der Bewußtheitskurve auf Seite 221, der Ihre gegenwärtigen Gefühle beschreibt.

In den vergangenen Tagen haben Sie zahlreiche verschiedene Aspekte Ihrer Gefühle erforscht und sind dabei auf Erinnerungen und Wünsche gestoßen, die aus der Tiefe Ihres Unbewußten aufgetaucht sind.

Aufgrund aller Einsichten, die Ihnen in den vergangenen Tagen bei der Anwendung dieses Programmes bewußt geworden sind, verspüren Sie vielleicht den großen Wunsch, eine besondere Begabung oder einen gewissen Aspekt Ihrer Kreativität zum Ausdruck zu bringen.

In *The Eighth Day of Creation* schrieb Elizabeth O'Conner: "Wenn unsere ungenutzten Begabungen auch nur über eine gewisse eigenständige Macht verfügten, würden sie lauthals Anerkennung fordern - um benannt zu werden. Sie wären nicht nur Störenfriede in unseren Träumen, sie machten auch unsere Tage unbehaglich." Benennen Sie die Begabung, die aus Ihren Träumen und Phantasien zu Ihnen ruft, in Ihrem Notizbuch.

Wenn es Ihnen schwerfällt, diese Begabung zu benennen, denken Sie darüber nach, was Sie wirklich gerne tun würden. Manchmal setzt der starke Wunsch, etwas ganz Bestimmtes zu tun, den betreffenden Aspekt frei, und Sie werden auf diesem Gebiet größeres Talent in sich entdecken, als Sie es je für möglich gehalten hätten. Verrichten Sie Ihre Tätigkeit mit Freude, und Sie werden nicht nur Zufriedenheit empfinden, sondern Ihre Techniken ständig verfeinern. Erstellen Sie ein Liste kreativer Tätigkeiten, die Ihnen am meisten Vergnügen bereiten.

Gibt es eine Tätigkeit, die Sie gerne weiterentwickeln möchten, ohne bislang den Mut dazu gefunden zu haben (zum Beispiel Singen oder Rollschuhlaufen, Bergsteigen oder sonst etwas, das Sie zu Ihrem reinen Vergnügen gerne unternehmen würden)? Beschreiben Sie in Ihrem Notizbuch, wie schön es wäre, diesen Wunsch zu verwirklichen, selbst wenn andere Menschen dies für unsinnig halten mögen.

In *Moments* schrieb der Maler und Dichter Corita: "Liebe den Augenblick, und die Energie dieses Augenblicks wird alle Grenzen überwinden."

Kreativität erfordert Engagement. Die Entwicklung Ihres Talents verlangt beträchtliche Disziplin, denn Sie werden für viele andere schönen Dinge keine Zeit mehr haben, wenn Ihnen ernsthaft daran gelegen ist, sich der Weiterentwicklung Ihrer Kreativität zu widmen. Halten Sie die Tage und die Uhrzeit, an denen Sie an der Erweiterung Ihrer kreativen Fähigkeiten arbeiten möchten, schriftlich fest.

Denken Sie zurück an die Übungsgruppen, die Sie im Verlauf dieses Programmes erarbeitet haben. Schreiben Sie diejenigen Übungen auf, die für Sie von größtem Nutzen waren.

Legen Sie fest, wie Sie diese Übungen am effektivsten in Ihr Arbeitsprogramm integrieren können. Werden Sie auch weiterhin ein Tagebuch führen, in dem Sie Ihre Träume aufschreiben? Werden Sie die Biofeedback-Methode täglich anwenden, um Ihre kreative Energie beizubehalten? Welche besonderen Pläne haben Sie, um diese und andere Techniken der rechten Gehirnhälfte in Zukunft anzuwenden?

Setzen Sie sich Ziele, und definieren Sie diese Ziele in Ihrem Notizbuch so präzise wie möglich.

ÜBUNGSGRUPPE 11:
Affirmationen

Der erscheinende Geist

Ich möchte eine letzte Affirmationsübung gemeinsam mit Ihnen praktizieren, ehe Sie über den Rahmen dieses Buch hinausschreiten und Ihre kreative Zukunft selbst gestalten.

Sprechen Sie diese Worte leise, mit ruhiger Überzeugung, während Sie Ihren Namen in den Satz einfügen.

Ich, _____, nutze meine Kreativität zu meinem Vergnügen, meiner persönlichen Erfüllung und zu meinem Erfolg.

Tragen Sie Ihren Namen anschließend wieder in die Leerzeile ein und hören Sie den Worten zu, als würde jemand, den Sie lieben und der sehr stolz auf Sie ist und Sie zur Ausschöpfung Ihrer Begabung ermutigt, zu Ihnen sagen.

Du, _____, nutzt Deine Kreativität zu Deinem Vergnügen, Deiner persönlichen Erfüllung und Deinem Erfolg.

Und zum Schluß hören Sie nur diesen Worte der Affirmation zu, als würde jemand sie aussprechen, um dessen Anerkennung Sie sich schon seit langer Zeit bemühen:

Sie (Er), _____, nutzt seine Kreativität zu seinem Vergnügen, seiner persönlichen Erfüllung und seinem Erfolg.

Erzeugen Sie nun vor Ihrem geistigen Auge Ihren Lieblingsplatz und lassen Sie sich dort, wie in den vergangenen Tagen, ruhig nieder. Suchen Sie mit geschlossenen Augen den Mittelpunkt der Stille in Ihrem Inneren, und reagieren Sie auf das Gefühl des Friedens und des Wohlbehagens, von dem diese Stille begleitet wird.

Laden Sie Ihren inneren Ratgeber zu diesem besonderen Ort, den Sie vor Ihrem geistigen Auge sehen, ein.

Wenn es Ihnen angemessen erscheint, bieten Sie dieser weisen und fürsorglichen Person, die Sie ohne jegliche Vorbedingungen akzeptiert und nur um Ihr Bestes bemüht ist, ein Geschenk an.

Lassen Sie die Hände dieser Person sanft auf Ihrem Kopf ruhen. Spüren Sie, wie die Liebe und die heilenden Kräfte durch die Fingerspitzen dieses mächtigen Wesens in Ihr Selbst strömen. Fühlen Sie, wie die Botschaft dieser weisen Person alle Teile Ihres Körpers und Ihres Mind durchdringt.

Akzeptieren Sie die volle Bedeutung der Affirmation, die Ihnen ohne Worte durch ein tieferes Bewußtsein der Wahrheit vermittelt wird.

Mögen die Worte dieser Affirmation Ihr Leben lang Gültigkeit für Sie besitzen.

ENDE

Anmerkungen

Zu den Testmethoden, mit deren Hilfe Forscher näheres über die besonderen Aktivitäten der beiden Hemisphären erfahren können, zählen:

DER WADA-TEST

Wenn eine Gehirnhälfte anästhesiert wird, können die Funktionen der anderen Hälfte genau untersucht werden. Ärzte wenden diese Methode, die unter dem Begriff Wada-Test bekannt ist, regelmäßig vor chirurgischen Eingriffen bei Patienten mit Hirnschäden an, um die dominante Hemisphäre bestimmen zu können. In die Arterie, die direkt in die linke oder rechte Hemisphäre des Gehirns führt, wird Natriumamobarbital injiziert. Dadurch wird eine Hälfte des Gehirns anästhesiert, wodurch den Ärzten ermöglicht wird zu beobachten, wie der Patient die nicht betroffene Hälfte nutzt. Später kann dieser Vorgang umgekehrt werden, um das Funktionieren der anderen Gehirnhälfte zu beobachten. Die Ergebnisse dieser Studien bestätigen die Gültigkeit von split-brain-Ergebnissen hinsichtlich der Spezialisierung der beiden Hemisphären.

Es liegen auch Tests vor für Personen mit gesunden Gehirnfunktionen und diese stimmen mit den Befunden bei klinischen Patienten überein.

TACHISTOSKOP

Mit Hilfe des Tachistokops prüft der Forscher, welche Gehirnhälfte bestimmte Informationen zuerst empfängt. Anhand von Messungen der Perzeptions- und Reaktionszeit der Testperson ermittelt der Forscher, welche Gehirnhälfte für welche spezifischen Aufgaben spezialisiert ist.

POSITRON-TOMOGRAPHIE

In der Nuklearmedizin verwendete Technik, mit der die Aktivitäten beider Gehirnhälften photographisch dokumentiert werden können. Mit Hilfe dieses Geräts können Forscher das gesunde Gehirn in seiner Tätigkeit beobachten. Gemessen wird die Glucoseverwertung im Gehirn. Radioaktive Substanzen, die in die Blutbahn injiziert werden, strömen in das Gehirn und ermöglichen es dem Arzt, Stoffwechselprozesse in den Gehirnhälften bis zu vierzig Minuten nach der Injektion zu beobachten.

ELEKTROENZEPHALOGRAMM (EEG)

Bei dieser Meßmethode werden außen am Schädel, oder nach operativer Freilegung an der Gehirnrinde Elektroden angebracht. Anschließend werden der Testperson verschiedene Tests vorgelegt. Das EEG zeichnet nun die durch die geistigen Aufgaben ausgelösten Gehirnprozesse auf. Hohe Spannungen und langsame Alphawellen lassen auf eine "entspannte" Hemisphäre schließen, niedrige Spannung und schnelle Betawellen sind Anzeichen für eine "arbeitende" Hemisphäre.

DICHOTISCHER HÖRTEST

Beim dichotischen Hörtest werden einer Person gleichzeitig über zwei Kanäle widerstreitende Informationen übermittelt, wobei zu jedem Ohr ein Kanal führt. Die Eingabe in das rechte Ohr wird in die linke Hemisphäre übertragen und umgekehrt. Die Testperson wird nur die Information wiedergeben, die von der für diese Art der Eingabe spezialisierten Hemisphäre empfangen wurde (zum Beispiel Sprache in der linken Hemisphäre und Musik in der rechten).

400

Wenn Sie näheres über die Forschungen der split brain-Studien und der zerbralen Lateralisation erfahren möchten, empfehle ich die folgenden Quellen in der Bibliographie:

Für den interessierten Laien: Blakeslee, Ferguson, Jaynes, Ornstein, Sagan, Springer und Deutsch.

Für Leser mit wissenschaftlichem Interesse: Bogen, Davidson, Dimond, Franco, Galin, Gazzaniga, Gordon, Gur, Hoppe, Levy, Nebes, Sackeim, Schwartz, Sperry und Zaidel.

Für Informationen zu Tonbändern, Seminaren und anderen Materialien über die angewandte Hemisphärenforschung wenden Sie sich bitte an:

SYNCHRON VERLAG
POSTFACH 150 440
1000 BERLIN 15
Tel.: 030 - 881 29 00

BIBLIOGRAPHIE

Adams, James L. *Conceptual Blockbusting.* 2nd ed. New York: W.W. Norton, 1974
Andersen, Marianne S. und Louis M. Savary, et. al., eds. Passages: *A Guide for Pilgrims of the Mind.* New York: A Collins Associates Book, Harper and Row, 1972.
Arguelles, Jose und Mariam. *Mandala.* Boulder und London: Shambhala, 1972.
Arieti, Silvano, *Creativity: The Magic Synthesis.* New York: Basic Books, 1976.
Austin, James H. *Chase, Chance, and Creativity.* New York: Columbia University Press, 1978.
Blakeslee, Thomas R. *Das Rechte Gerhirn.* Freiburg i. Breisgau: Aurum Verlag, 1982
Bogen, J. E. "The Other Side of the Brain: II. An Appositional Mind." *Bulletin of the Los Angeles Neurological Societies* 34 (1969) pp. 135-162.
Bogen, J. E. und Bogen, B. M. "The Other Side of the Brain: III. The Corpus Callosum and Creativity." *Bulletin of the Los Angeles Neurological Societies* 34 (1969) pp. 191-217.
Bogen, J. E. und M. S. Gazzaniga."Cerebral commissurotomy in man. Minor hemisphere dominance for certain visuopatial functions." *Journal of Neurosurgery* (1965) pp. 394-399.
Bogen, Joseph und David Macaulay. `A Walk through a Giant Brain.` *Human Nature* (Oktober 1978) pp.40-47.
Bressler, Dr David E. mit Richard Trubo. *Free Yourself from Pain.* New York: Simon and Schuster, 1979.
Bruner, Jerome. *On knowing.* Erweiterte Ausgabe. Cambridge: Harvard University Press, 1962.

Bry, Adelaide mit Marjorie Bair. *Directing the Movies of Your Mind*. New York: Harper and Row, 1978.

Capacchinone, Lucia. *The Creative Journal*. Athens, Ohio: Swallow Press Books, 1979.

Caruso, Charles. "Creativity as Enigma" *MD* (April 1982) pp. 139-146.

Corita. *Moments*. Boston: Beacon Press. 1982.

Davidson, Richard J. und Gary E. Schwartz. "Brain Mechanisms Subserving Self-Generated Imagery: Electrophysiological Specificity and Patterning." *Psychophysiology* (1977).

Davis, Martha, PhD, et al. *The Relaxation & Stress Workload*. Richmond, CA: New Harbinger Publications, 1980.

Delaney, Gayle M. V., PhD. *Living Your Dreams*. San Francisco: Harper & Row, 1979.

Dimond, S.I., Farrington, L., und Johnson, P. "Differing Emotional Response from Right and Left Hemispheres." *Nature* 261 (1976) pp. 690-692.

Edwards, Betty. *Garantiert Zeichnen lernen*. Reinbek: Rowolth, 1984

Epstein, G. *Wachtraumtherapie*. Stuttgart: Klett-Cotta, 1985

Ferguson, Marilyn. *Geist und Evolution. Die Revolution der Gehirnforschung*. München: Goldmann, 1986

Franck, Frederick. *The Zen of Seeing*. New York: Random House, 1973.

Franco, L. and R. W. Sperry. "Hemisphere Lateralization for Cognitive Processing of Geometry." *Neuropsychologia* 15 (1977) pp. 15, 107-114.

Galin, David, MD. "Implications for Psychiatry of Left and Right Cerebral Specialization." Arch. Gen. *Psychiatry* 31 (Oktober 1974) pp. 572-583.

Garfield, Patricia L., PhD. *Creativity Dreaming*. New York: Simon and Schuster, 1974.

Gawain, Shakti. *Kreativ Visualisieren*. Basel: Sphinx Verlag, 1986

Gazzaniga, Michael S. *The Bisected brain*. New York: Appleton-Century-Crofts, 1970.

Geschwind, Norman. "Specializiation of the Human Brain." *Scientific American* 241, No 3 (September 1979) pp. 180-199.

Ghiselin, Brewster. *The Creative Process: A Symposium*. New York: New American Library, 1952.

Gordon, H. W. "Hemispheric asymmetries in the perception of musical chords." *Cortex* (1971) pp. 387-398.

Gordon, H. W., und J. E. Bogen. "Hemispheric Lateralization of Singing after Intracorotid Sodium Amylobarbitone." J. *Neurol., Neuros., and Psychiat.* 37, No 6. p. 727.

Grotstein, James S. ed. *Do I dare Disturb the Universe? Memorial to Wilfred R. Bion*. Beverly Hills: Caesura Press, 1981.

Hampden-Turner, Charles. *Maps of the Mind*. New York: Macmillan, 1981.

Hoppe, Klaus D., MD. "Split Brain - Psychoanalytic Findings and Hypotheses." *Journal of the American Academy of Psychoanalysis* 6, No 2 (1978) pp. 193-213.

Hoppe, Klaus D., MD. "Split-Brains and Psychoanalysis." *Psychoanalytic Quarterly* Vol XLVI (1977) pp. 220-244.

Hoppe, Klaus D. und Joseph E. Bogen. "Alexithymia in Twelve Commissurotomized Patients." *Psychotherapy and Psychosomatics*. 28 (1977) pp. 148-155.

Jaynes, Julian. *Der Ursprung des Bewußtseins durch den Zusammenbruch der bikameralen Psyche*. Reinbek: Rowolth, 1988

Jung, Carl G. *Der Mensch und sein Symbole*. Olten und Freiburg i. Breisgau: Walter-Verlag, 1982

_____ *Erinnerungen, Träume, Gedanken.* Olten und
Freiburg i. Breisgau: Walter-Verlag, 1980
Kimura, D. "Left-Right Differences in the Perception of
Melodies." *Quarterly Journal of Experimental
Psychology* 16 (1964) pp. 353-358.
Koestler, Arthur. The Act of Creation. New York:
Macmillan, 1964.
Levy, Jerre, Robert D. Nebes und Roger W. Sperry. "Expressive language in the surgically separted minor
hemisphere." *Cortex* 7 (1971) pp. 49-58.
Levy, J., C. Travarthen, R. W. Sperry. "Perceptions of Bilateral Chimeric Figures following Hemispheric Deconnexion". *Brain* 95 (1972) pp. 61-78.
Lightman, Alan. "Science on the Right Side of the Brain."
Science 82, pp. 28-29.
Masters, Robert und Jean Houston. *Phantasie-Reisen.*
München: Kösel-Verlag, 1984
May, Rollo. *Der Mut zur Kreativität.* Paderborn: Jungfermann, 1987
McKim, Robert H. *Experiences in Visual Thinking.* 2nd ed.
Monterey, California: Brooks/Cole Publishing
Company, 1972.
Nebes, R. D. "Superiority of the minor hemisphere in commissurotomized man for the perception of partwhole relations." *Cortex* (1971) pp. 333-349.
O`Conner, Elizabeth, *Eighth Day of Creation.* Waco, Texas:
Word Books, 1971.
Olson, Robert W. *The Art of Creative Thinking.* New York:
Barnes & Noble, 1978.
Ornstein, Robert E. *Die Psychologie des Bewußtseins.* Köln:
Kiepenheuer & Witsch, 1974
_____ed. *The Nature of Human Consciousness.* San Francisco: W. H. Freeman and Company, 1973.
_____ "The Split and Whole Brain." *Human Nature* 1, No 5

(Mai 1978) pp. 76-83.

Plimpton, George, ed. *Writers at Work; the Paris Review Interviews*, Fifth Series. New York: Penguin Books, 1981.

Proust. Marcel. *Auf der Suche nach der verlorenen Zeit. Bd. 1. In: Swann's Welt.* Frankfurt am Main: Suhrkamp, 1979

Rainer, Tristine. *The New Diary.* Los Angeles: J. P. Tarcher, Inc, 1978.

Rainwater, Janette, PhD. *You`re in Charge.* Los Angeles: Guild of Tutors Press, 1979.

Restak, Richard M. "The Brain." *The Wilson Quarterly.* (Sommer 1982) pp. 89-113.

Sackeim, Harold A. und Ruben C. Gur. " Lateral Asymmetry in Intensity of Emotional Expression." *Neuropsychologia,* 16, pp. 473-481.

Sagan, Carl. *Die Drachen von Eden. Das Wunder der menschlichen Intelligenz.* München: Droemer/ Knaur, 1978

Samples, Bob. *The Methaphoric Mind: a Celebration of Creative Consciousness.* Reading, Mass.: Addison-Wesley, 1976.

Samuels, Mike, MD, und Nancy Samuels. *Seeing with the Mind`s Eye: The History, Techniques and Uses of Visualization.* New York: Random House, 1975.

Schulz, Charles M. *Classroom Peanuts.* New York: Holt, Rinehart and Winston, 1982.

_____ *Thank Goodness for People.* New York: Holt, Rinehart and Winston, 1976.

Schwartz, G. E. und R. J. Davidson und F. Maer. "Right Hemisphere Lateralization for Emotion in the Human Brain: Interactions with Cognition." *Science* 190 (1975) pp., 286-288.

Simonton, Carl O., Stephanie Matthews-Simonton, und

James L. Creighton. *Wieder gesund werden. Eine Anleitung zur Aktivierung der Selbstheilungskräfte für Krebspatienten und ihre Angehörigen.* Reinbek: Rowolth, 1982

Sperry, Roger. "Some Effects of Disconnecting the Cerebral Himispheres." Nobel Prize lecture, 8. Dezember 1981.

Sperry, R. W., E. Zaidel, und D. Zaidel. "Self Recognition and Social Awareness in the Disconnected Minor Hemisphere." *Neuropsychologia* 17, pp. 153-166.

Springer, Sally P. und Georg Deutsch. *Linkes - rechtes Gehirn: funktionelle Asymmetrien.* Heidelberg: Spektrum-der-Wissenschaft-Verlagsgesellschaft, 1987

Teresi, Dick ed. "Behavior and the Mind." *Omni`s Continuum: Dramatic Phenomena from the New Frontiers of Science.* Hoston: Little, Brown and Company, 1982. pp. 91-122.

Tucker, D. M. "Lateral Brain Function, Emotion, and Conceptualization." *Psychological Bulletin* 89 (1981) pp. 19-46.

Winnicott. D. "Transitional Objects and Transitional Phenomena" *Int. Journal of Psychoanalysis,* 34 (1953) p. 89.

Young, John G., MD. "Toward a Definition of Creativity." *MD* (Januar 1982) pp. 27-29.

Zaidel, E. "Auditory Language Comprehension in the Right Hemisphere Following Cerebral Commissurotomy and Hemispherectomy: A comparison with Child Language and Aphasia." *Language Acquisition and Language Breakdown.* ed. A. Caramazza und E. Zurif. Baltimore: Johns Hopkins, 1978.

Zaidel, E., D.W. Zaidel und R. W. Sperry. `Left and Right Intelligence: Case Studies of Raven`s Progressive Matrices following Brain Bisection and Hemidecortication.` 1981.

Über die Autorin

Marilee Zdenek leitet seit 1970 Seminare zum Themenbereich Kreativität. Während der letzten Jahre war sie Mitarbeiterin bei der Santa Barbara Writers Conference, wo viele Konzepte dieses Buches zum ersten Mal getestet wurden. Sie ist Präsidentin von *Right Brain Resources*, einem Unternehmen mit Sitz in Kalifornien, das sich auf kreativitätsbezogene Programme und Materialien spezialisiert hat. Während der letzten fünfzehn Jahre hat sie dem Verwaltungsrat von drei Hospitälern und einer chirurgischen/diagnostischen Beobachtungsstation angehört. *The Right Brain Experience* ist Marilee Zdeneks fünftes Buch. Sie ist ebenfalls Autorin der Bücher *Splinters in My Pride und Someone Special. God Is a Verb!* und *Catch the New Wind* hat sie zusammen mit Marge Champion geschrieben. Marilee Zdenek lebt gemeinsam mit Ihrem Ehemann, Dr. Albert N. Zdenek in Los Angeles und hat zwei erwachsene Töchter.

Inzwischen hat Marilee Zdenek ein weiteres Buch veröffentlicht: *Inventing the Future,* das in deutscher Übersetzung (*Die Erfindung der Zukunft*) ebenfalls im Synchron Verlag erscheint.

In der Reihe
MIND
erscheinen Bücher, die die Erkenntnisse der neueren
Gehirnforschung und Vorstellungen
über deren Konsequenzen
für die Zukunft
auf anschauliche und lebendige Weise
für den Leser zugänglich machen.

Lernen - Erziehung:
Barbara Meister Vitale
Lernen kann phantastisch sein

Management:
Weston H. Agor,Ph.D.
Intuitives Management

Bewußtsein:
John Moore
Im rechten Mind
Colin Wilson
Frankensteins Schloß

Allgemein:
Mogens Kirckhoff
Mind Mapping
Barbara Meister Vitale
Es lebe die Phantasie

SYNCHRON VERLAG - PF 150 440 - 1000 BERLIN 15